W0350330

TINTO

Basisordner
Sprache • Lesen

4

von
Christiane Bruns, Eva Jochmann, Sybille Schaub,
Julia Schröder, Martin Wörner

illustriert von
Eva Czerwenka, Tobias Krejtschi, Ingrid Sissung

© 2021 Cornelsen Verlag GmbH, Berlin.
Alle Rechte vorbehalten.

scook

Deine **interaktiven Gratis-Übungen** findest du hier:

1. Gehe auf scook.de.
2. Gib den unten stehenden Zugangscode in die Box ein.
3. Hab viel Spaß mit deinen Gratis-Übungen.

Dein Zugangscode auf
www.scook.de | djpt3-uoq2v

Cornelsen

Die STARK-Rechtschreibstrategien

S. 21	**Nomen und Satzanfänge großschreiben** Groß/klein?	der Tisch, die Angst ein Tisch – viele Tische **D**er **H**und bellt.
S. 81	**Wörter in Silben gliedern und abhören** Hör genau!	Schu le · lau fen · lang sam Blu men töp fe · Schwes ter · schlei chen
S. 61	**Verwandte Wörter finden** Gehört zu?	
	Wörter mit **ä** oder **e**, **äu** oder **eu**	W**ä**lder ←ä→ Wald l**äu**ft ←äu→ laufen
	Wörter mit **b** oder **p**, **d** oder **t**, **g** oder **k**	Ber**g** ←g→ Berge ro**t** ←t→ rote San**d** ←d→ sandig schrei**b**t ←b→ schreiben
	Wörter mit silbentrennendem **h**	ge**h**t ←h→ gehen
S. 121	**Länge des Selbstlautes prüfen** Lang/kurz?	spazieren · Katze · lesen erschrecken · Stiefel · bitten groß · Schloss · Hut · Gurke
S. 101	**Schwierige Wörter merken** Merk's dir!	**V**ogel · Fu**chs** · K**ä**fer Kur**v**e · B**oo**t · T**i**ger fa**h**ren · Interview · M**ai**

Angst ist ein Name für ein Gefühl.

Tisch ist ein **Ding**.

© 2021 Cornelsen Verlag GmbH, Berlin.
Alle Rechte vorbehalten.

Inhaltsverzeichnis

Kinder dieser Welt

Im Wald

Sonne, Mond und Sterne

© 2021 Cornelsen Verlag GmbH, Berlin.
Alle Rechte vorbehalten.

Drachen

Mädchen und Jungen

Strom überall

© 2021 Cornelsen Verlag GmbH, Berlin.
Alle Rechte vorbehalten.

© 2021 Cornelsen Verlag GmbH, Berlin.
Alle Rechte vorbehalten.

Eine Zeitung entsteht

Jahreszeiten und Feste

© 2021 Cornelsen Verlag GmbH, Berlin.
Alle Rechte vorbehalten.

Wörterliste

A a

• der **Aal,** die Aa|le
ab
ab|bie|gen, sie biegt ab, sie bog ab, sie ist ab|ge|bo|gen, sie wird ab|bie|gen
aber
ab|he|ben, es hebt ab, es hob ab, es ist ab|ge|ho|ben, es wird ab|he|ben
ab|rei|ßen, es reißt ab, es riss ab, es ist ab|ge|ris|sen, es wird ab|rei|ßen
ab|set|zen, sie setzt ab
(sich) **ab|stüt|zen,** er stützt sich ab
ab|tau|chen, er taucht ab
• die **Ach|se,** die Ach|sen
acht
• die **Ad|di|ti|on,** die Ad|di|ti|o|nen
• das **Ad|jek|tiv,** die Ad|jek|ti|ve
• der **Ad|vent**
Afri|ka
al|le
alt, äl|ter, am äl|tes|ten
am
Ame|ri|ka
an
an|de|re
an|fan|gen, er fängt an, er fing an, er hat an|ge|fan|gen, er wird an|fan|gen
an|grei|fen, sie greift an, sie griff an, sie hat an|ge|grif|fen, sie wird an|grei|fen
an|kreu|zen, er kreuzt an
an|schlie|ßend
an|spu|cken, es spuckt an
• die **Ant|ark|tis**
• der **April**
• die **Ar|beit,** die Ar|bei|ten
ar|bei|ten, er ar|bei|tet
(sich) **är|gern,** sie är|gert (sich)
• der **Ar|ti|kel,** die Ar|ti|kel
Asi|en
at|men, sie at|met
auch
auf|ge|regt
(sich) **auf|hal|ten,** sie hält (sich) auf, sie hielt (sich) auf, sie hat (sich) auf|ge|hal|ten, sie wird (sich) auf|hal|ten
auf|la|den, es lädt auf, es lud auf, es hat auf|ge|la|den, es wird auf|la|den
auf|pas|sen, sie passt auf
auf|rei|ßen, es reißt auf, es riss auf, es ist auf|ge|ris|sen, es wird auf|rei|ßen
auf|set|zen, er setzt auf
auf|tau|chen, sie taucht auf
auf|wir|beln, es wir|belt auf
• der **Au|gust**
aus
aus|schal|ten, sie schal|tet aus
• das **Aus|se|hen**
au|ßer|dem
au|ßer|ge|wöhn|lich
aus|sto|ßen, es stößt aus, es stieß aus, es hat aus|ge|sto|ßen, es wird aus|sto|ßen
Aus|tra|li|en

B b

ba|cken, er backt/bäckt, er back|te/buk, er hat ge|ba|cken, er wird ba|cken
bald
• der **Bär,** die Bä|ren
• die **Bar|te,** die Bar|ten
• der **Bar|ten|wal,** die Bar|ten|wa|le
• der **Baum|stamm,** die Baum|stäm|me
be|deu|ten, es be|deu|tet
• die **Be|deu|tung,** die Be|deu|tun|gen
sich **be|ei|len,** er be|eilt sich
be|feh|len, sie be|fiehlt, sie be|fahl, sie hat be|foh|len, sie wird be|feh|len
be|gin|nen, es be|ginnt, es be|gann, es hat be|gon|nen, es wird be|gin|nen
be|grün|den, sie be|grün|det
bei
bei|de
be|kannt
• die **Be|leuch|tung,** die Be|leuch|tun|gen
be|loh|nen, er be|lohnt
• das **Ben|zin**
• die **Be|ob|ach|tung,** die Be|ob|ach|tun|gen
• die **Be|son|der|heit,** die Be|son|der|hei|ten
be|son|ders
be|spre|chen, er be|spricht, er be|sprach, er hat be|spro|chen, er wird be|spre|chen

© 2021 Cornelsen Verlag GmbH, Berlin.
Alle Rechte vorbehalten.

In der Wörterliste stehen Verben in der Grundform und zur leichteren Identifizierung auch in der 3. Person Singular Präsens.
Bei einem Vokalwechsel im Wortstamm steht zusätzlich die 3. Person Singular Präteritum, Perfekt und Futur.
Bei einem Vokalwechsel im Wortstamm stehen bei Adjektiven neben der Grundstufe auch die Steigerungsformen.

be|trach|ten, er be|trach|tet
● die **Beu|le,** die Beu|len
be|vor
● das **Be|wusst|sein**
● die **Bi|blio|thek,** die Bi|blio|the|ken
● die **Bil|dung**
bis
biss|chen
bläu|lich
● der **Blau|wal,** die Blau|wa|le
● das **Boot,** die Boo|te
breit
brem|sen, er bremst
● das **Brot,** die Bro|te
● die **Bü|che|rei,** die Bü|che|rei|en

C c

● der **Cent,** die Cents
● der **Chor,** die Chö|re
● der **Clown,** die Clowns
● der **Co|mic,** die Co|mics
● der **Com|pu|ter,** die Com|pu|ter

D d

da
da|bei
da|nach
dann
da|run|ter
das
dau|ern, es dau|ert
da|vor
dein
● der **Del|fin,** die Del|fi|ne
den|ken, sie denkt, sie dach|te, sie hat ge|dacht, sie wird den|ken
denn
dem
der
des|halb
des|we|gen
● der **De|tek|tiv,** die De|tek|ti|ve
● die **De|tek|ti|vin,** die De|tek|ti|vin|nen
deut|lich
deutsch
Deutsch|land
● der **De|zem|ber**
dich
die
● der **Dieb,** die Die|be
● der **Diens|tag,** die Diens|ta|ge
dies
dir
● die **Di|vi|si|on,** die Di|vi|si|o|nen
doch
● der **Don|ners|tag,** die Don|ners|ta|ge
dort
● der **Dra|che,** die Dra|chen
● der **Draht,** die Dräh|te
drei
● die **Droh|ne,** die Droh|nen
dru|cken, er druckt
drü|cken, er drückt
durch
durch|füh|ren, sie führt durch
● der **Durst**

E e

● die **Ech|se,** die Ech|sen
● das **Eich|hörn|chen,** die Eich|hörn|chen
ei|gent|lich
ein|at|men, er at|met ein
ein|gie|ßen, er gießt ein, er goss ein, er hat ein|ge|gos|sen, er wird ein|gie|ßen
ein|mal
eins
ein|schal|ten, sie schal|tet ein
ein|schla|fen, sie schläft ein, sie schlief ein, sie ist ein|ge|schla|fen, sie wird ein|schla|fen
elek|trisch
end|lich
eng|lisch
ent|de|cken, er ent|deckt
ent|ste|hen, es ent|steht, es ent|stand, es ist ent|stan|den, es wird ent|ste|hen
ent|täuscht
ent|wer|fen, er ent|wirft, er ent|warf, er hat ent|wor|fen, er wird ent|wer|fen
● die **Erd|bee|re,** die Erd|bee|ren
● die **Er|de**
er|fah|ren, sie er|fährt, sie er|fuhr, sie hat er|fah|ren, sie wird er|fah|ren
● der **Er|fin|der,** die Er|fin|der
● die **Er|fin|de|rin,** die Er|fin|de|rin|nen
● die **Er|fin|dung,** die Er|fin|dun|gen
er|folg|reich
er|for|schen, er er|forscht
er|hal|ten, sie er|hält, sie er|hielt, sie hat er|hal|ten, sie wird er|hal|ten
(sich) **er|ho|len,** sie er|holt (sich)
● die **Er|käl|tung,** die Er|käl|tun|gen
er|ken|nen, sie er|kennt, sie er|kann|te, sie hat er|kannt, sie wird er|ken|nen
er|neu|er|bar
ers|tens
er|trin|ken, sie er|trinkt, sie er|trank, sie ist er|trun|ken, sie wird er|trin|ken
● der **Er|wach|se|ne,** die Er|wach|se|nen
er|zäh|len, er er|zählt
et|was
es

© 2021 Cornelsen Verlag GmbH, Berlin.
Alle Rechte vorbehalten.

Die in der DaZ-Didaktik übliche farbige Kennzeichnung der Artikel von Nomen durch Artikelpunkte unterstützt das Erlernen des grammatischen Geschlechts. Sie stellt eine Hilfe insbesondere für mehrsprachige Kinder dar.

euch
Eu|ro|pa
exis|tie|ren, es exis|tiert
ex|pe|ri|men|tie|ren, sie ex|pe|ri|men|tiert

F f

fah|ren, er fährt, er fuhr, er ist ge|fah|ren, er wird fa|hren
das **Fahr|rad,** die Fahr|rä|der
der **Fahr|rad|helm,** die Fahr|rad|hel|me
der **Fahr|rad|weg,** die Fahr|rad|we|ge
die **Fan|ta|sie,** die Fan|ta|si|en
die **Far|be,** die Far|ben
fast
fau|chen, er faucht
die **Faust,** die Fäus|te
der **Fe|bru|ar**
feh|len, es fehlt
die **Fei|er,** die Fei|ern
fer|tig
das **Fett**
fett
feucht
das **Feu|er,** die Feu|er
der **Feu|er|fun|ke,** die Feu|er|fun|ken
das **Feu|er|werk,** die Feu|er|wer|ke
fin|den, er fin|det, er fand, er hat ge|fun|den, er wird fin|den
die **Fin|ne,** die Fin|nen
das **Fleisch**
flei|ßig
flie|ßen, es fließt, es floss, es ist ge|flos|sen, es wird flie|ßen
flink
die **Flos|se,** die Flos|sen
das **Flug|zeug,** die Flug|zeu|ge
die **Flu|ke,** die Flu|ken
der **Fluss,** die Flüs|se
die **Flüs|sig|keit,** die Flüs|sig|kei|ten
der **For|scher,** die For|scher
die **For|sche|rin,** die For|sche|rin|nen
frech
der **Frei|stoß,** die Frei|stö|ße
der **Frei|tag,** die Frei|ta|ge
fres|sen, es frisst, es fraß, es hat ge|fres|sen, es wird fres|sen
die **Freu|de**
sich **freu|en,** sie freut sich
der **Freund,** die Freun|de
die **Freun|din,** die Freun|din|nen
die **Freund|schaft,** die Freund|schaf|ten
fried|lich
fros|tig
fröh|lich
der **Früh|blü|her,** die Früh|blü|her
der **Früh|ling**
der **Fuchs,** die Füch|se
fünf
der **Fun|ke,** die Fun|ken
für
die **Furcht**

G g

ganz
der **Gar|ten,** die Gär|ten
das **Ge|bäu|de,** die Ge|bäu|de
ge|ben, es gibt, es gab, es hat ge|ge|ben, es wird ge|ben
die **Ge|burt,** die Ge|bur|ten
die **Ge|fahr,** die Ge|fah|ren
ge|fähr|lich
die **Ge|gend,** die Ge|gen|den
das **Ge|heim|nis,** die Ge|heim|nis|se
ge|hen, er geht, er ging, er ist ge|gan|gen, er wird ge|hen
ge|hört, er ge|hört
gei|zig
ge|lan|gen, es ge|langt
gelb
ge|müt|lich
ge|ni|al
ge|nug
das **Ge|päck**
ge|ra|de
das **Ge|rät,** die Ge|rä|te
gern
der **Ge|sang,** die Ge|sän|ge
das **Ge|schöpf,** die Ge|schöp|fe
das **Ge|setz,** die Ge|set|ze
gestern
das **Ge|tränk,** die Ge|trän|ke
ge|wäh|ren, er ge|währt
ge|wal|tig
ge|wis|sen|haft
gie|ßen, sie gießt, sie goss, sie hat ge|gos|sen, sie wird gie|ßen
die **Gieß|kan|ne,** die Gieß|kan|nen
das **Gift,** die Gif|te
glän|zen, es glänzt
glatt
glau|ben, er glaubt
gleich
gleich|zei|tig
glit|zern, es glit|zert
das **Glück**
glü|hend
die **Glüh|lam|pe,** die Glüh|lam|pen
der **Gras|halm,** die Gras|hal|me
groß, grö|ßer, am größ|ten
der **Grund,** die Grün|de
gründ|lich
die **Grup|pe,** die Grup|pen
der **Gruß,** die Grü|ße
grü|ßen, sie grüßt
die **Gruß|karte,** die Gruß|kar|ten
gu|cken, er guckt
gut, bes|ser, am bes|ten

© 2021 Cornelsen Verlag GmbH, Berlin.
Alle Rechte vorbehalten.

Hh

das **Haar,** die Haa|re
ha|ben, ich ha|be, du hast, er/sie/es hat, wir ha|ben, ihr habt, sie ha|ben; er hat|te, er hat ge|habt, er wird ha|ben
der **Hai,** die Haie
halb
hal|ten, er hält, er hielt, er hat ge|hal|ten, er wird hal|ten
hän|gen, es hängt, es hing, es hat ge|han|gen, es wird hän|gen
hän|gen blei|ben, es bleibt hän|gen, es blieb hän|gen, es ist hän|gen ge|blie|ben, es wird hän|gen blei|ben
hart, här|ter, am här|tes|ten
häu|fig
der **Haus|halt,** die Haus|hal|te
die **Haut**
das **Heft,** die Hef|te
die **Hei|mat,** die Hei|ma|ten
hei|ßen, er heißt, er hieß, er hat ge|hei|ßen, er wird hei|ßen
hel|fen, es hilft, es half, es hat ge|hol|fen, es wird hel|fen
he|raus
der **Herbst**
he|rein
das **Herz,** die Her|zen
heu|len, er heult
heu|te
hier
hilf|reich
der **Him|mel**
hi|naus
hi|nein
hin|ter
hi|nun|ter|schlu|cken, er schluckt hi|nun|ter
das **Hob|by,** die Hob|bys
hoch, hö|her, am höchs|ten
hö|ren, sie hört
der **Hun|ger**

Ii

die **Idee,** die Ide|en
ihm
ihn
ihr
ih|re
im
im|mer
in
die **In|for|ma|ti|on,** die In|for|ma|tio|nen
(sich) **in|for|mie|ren,** er in|for|miert (sich)
das **Ins|tru|ment,** die Ins|tru|men|te
in|te|res|sant
das **In|ter|view,** die In|ter|views
in|ter|vie|wen, sie in|ter|viewt

Jj

ja
die **Ja|cke,** die Ja|cken
das **Jahr,** die Jah|re
der **Ja|nu|ar**
je|de, je|der, je|des
je|mand
jetzt
der **Ju|li**
jung, jün|ger, am jüngs|ten
der **Jun|ge,** die Jun|gen
der **Ju|ni**

Kk

das **Ka|bel,** die Ka|bel
der **Kä|fig,** die Kä|fi|ge
das **Kalb,** die Käl|ber
kalt, käl|ter, am käl|tes|ten
die **Käl|te**
ka|putt
kein
keu|chen, er keucht
das **Kind,** die Kin|der
klar
die **Klas|se,** die Klas|sen
die **Klas|sen|zei|tung,** die Klas|sen|zei|tun|gen
die **Klei|dung**
klin|geln, es klin|gelt
kom|mu|ni|zie|ren, sie kom|mu|ni|ziert
kön|nen, er kann, er konn|te, er hat ge|konnt, er wird kön|nen
der **Kon|ti|nent,** die Kon|ti|nen|te
kor|ri|gie|ren, er kor|ri|giert
kräf|tig
das **Kraft|werk,** die Kraft|wer|ke
die **Kral|le,** die Kral|len
das **Kraut,** die Kräu|ter
das **Kreuz,** die Kreu|ze
die **Kreu|zung,** die Kreu|zun|gen
das **Kreuz|wort|rät|sel,** die Kreuz|wort|rät|sel
der **Krill**
kühl
der **Kühl|schrank,** die Kühl|schrän|ke
kur|siv
die **Kur|ve,** die Kur|ven

Ll

lä|cheln, er lä|chelt
das **La|ger|feu|er,** die La|ger|feu|er
der **Laib,** die Lai|be
das **Land,** die Län|der
lang, län|ger, am längs|ten
der **Lärm**

© 2021 Cornelsen Verlag GmbH, Berlin. Alle Rechte vorbehalten.

lässig
● das **Laub**
● der **Laubbaum,**
die Laubbäume
laufen, sie läuft, sie lief,
sie ist gelaufen,
sie wird laufen
● die **Lava**
● das **Layout,** die Layouts
leben, er lebt
● die **LED-Lampe,**
die LED-Lampen
● der **Lehrer,** die Lehrer
● die **Lehrerin,**
die Lehrerinnen
leiten, es leitet
● der **Lenker,** die Lenker
letzte, letzter, letztes
leuchten, es leuchtet
leuchtend
die **Leute**
links
sich **lohnen,** es lohnt sich
loslassen, sie lässt los,
sie ließ los,
sie hat losgelassen,
sie wird loslassen
● die **Lust**

M m

machen, sie macht
● das **Mädchen,** die Mädchen
magisch
● der **Mai**
● der **Mais**
man
● der **Mann,** die Männer
● die **Mannschaft,**
die Mannschaften
● der **März**
● die **Maschine,**
die Maschinen
● das **Maß,** die Maße
● das **Maßband,**
die Maßbänder
matschig
● das **Maul,** die Mäuler
mechanisch
● das **Meer,** die Meere
● das **Meerwasser**
mehr
mehrere
meilenweit
mein
● die **Menge,** die Mengen
meistens
messen, er misst, er
maß, er hat gemessen,
er wird messen
mich
● das **Mikrofon,**
die Mikrofone
● das **Mikroskop,**
die Mikroskope
● die **Milchstraße**
miteinander
● der **Mittwoch,**
die Mittwoche
modern
mögen, sie mag,
sie mochte,
sie hat gemocht,
sie wird mögen
● die **Möglichkeit,**
die Möglichkeiten
● der **Mond,** die Monde
● der **Montag,** die Montage
● das **Moor,** die Moore
● das **Mountainbike,**
die Mountainbikes
● die **Mühe,** die Mühen
● die **Multiplikation,**
die Multiplikationen
● die **Musik**

N n

● der **Nachbar,** die Nachbarn
nachdenken, sie denkt
nach, sie dachte nach,
sie hat nachgedacht,
sie wird nachdenken
● der **Nachmittag,**
die Nachmittage
nächste, nächster,
nächstes
● die **Nacht,** die Nächte
● der **Nachweis,**
die Nachweise
● der **Nadelbaum,**
die Nadelbäume
nah, näher,
am nächsten
nehmen, er nimmt,
er nahm,
er hat genommen,
er wird nehmen
● der **Neid**
nervös
nett
neu
neugierig
neun
niedlich
niemand
nirgendwo
● das **Nomen,** die Nomen
● der **Norden**
● der **November**
nutzen, er nutzt
nützlich

O o

ob
● der **Oktober**
orange
sich **orientieren,**
er orientiert sich
● die **Ostsee**
● der **Ozean,** die Ozeane

P p

paar
● die **Packung,**
die Packungen
● der **Pass,** die Pässe
passend
● die **Pause,** die Pausen
● die **Pedale,** die Pedalen
pflanzen, sie pflanzt
● der **Pilz,** die Pilze
● der **Planet,** die Planeten
● der **Platz,** die Plätze
plötzlich

© 2021 Cornelsen Verlag GmbH, Berlin.
Alle Rechte vorbehalten.

prä|sen|tie|ren, sie prä|sen|tiert
• die **Pro|jekt|wo|che,** die Pro|jekt|wo|chen
• der **Pul|lo|ver,** die Pul|lo|ver
pünkt|lich

Q q

qual|men, es qualmt
• der **Quark**

R r

• das **Rad|fah|ren**
• der **Rat**
rat|sam
• der **Räu|ber,** die Räu|ber
• das **Recht,** die Rech|te
• der **Re|dak|teur,** die Re|dak|teu|re
• die **Re|dak|teu|rin,** die Re|dak|teu|rin|nen
• die **Re|dak|tions|sit|zung,** die Re|dak|tions-sit|zun|gen
re|flek|tie|ren, es re|flek|tiert
• der **Re|gen**
rei|ßen, sie reißt, sie riss, sie hat ge|ris|sen, sie wird rei|ßen
• der **Re|por|ter,** die Re|por|ter
• die **Re|por|te|rin,** die Re|por|te|rin|nen
ret|ten, er ret|tet
• der **Rie|se,** die Rie|sen
rie|sig
• der **Riss,** die Ris|se
• der **Rit|ter,** die Rit|ter
ros|tig
rot
• der **Ruck**
• der **Rück|strah|ler,** die Rück|stra|hler
ru|hig
rund
• der **Rüs|sel,** die Rüs|sel

S s

• die **Sa|che,** die Sa|chen
• die **Sä|ge,** die Sä|gen
• die **Sai|te,** die Sai|ten
sam|meln, sie sam|melt
• das **Sam|mel|al|bum,** die Sam|mel|al|ben
• der **Sams|tag,** die Sams|ta|ge
• das **Säu|ge|tier,** die Säu|ge|tie|re
schäu|men, es schäumt
schie|ßen, sie schießt, sie schoss, sie hat ge|schos|sen, sie wird schie|ßen
• die **Schlag|zei|le,** die Schlag|zei|len
schlie|ßen, es schließt, es schloss, es hat ge|schlos|sen, es wird schlie|ßen
schlüp|fen, er schlüpft
• der **Schluss,** die Schlüs|se
schmal
• der **Schmet|ter|ling,** die Schmet|ter|lin|ge
schmü|cken, er schmückt
• der **Schnee**
schnell
• die **Schön|heit,** die Schön|hei|ten
schreck|lich
schrei|ben, er schreibt, er schrieb, er hat ge|schrie|ben, er wird schrei|ben
• die **Schu|le,** die Schu|len
schup|pig
schüt|zen, sie schützt
schwarz
schwer
schwe|re|los
schwie|rig
• die **Schwie|rig|keit,** die Schwie|rig|keit|en
schwim|men, er schwimmt, er schwamm, er ist ge|schwom|men, er wird schwim|men
sechs
sech|zig
se|hen, sie sieht, sie sah, sie hat ge|se|hen, sie wird se|hen
sein, ich bin, du bist, er/sie/es ist, wir sind, ihr seid, sie sind; er war, er ist ge|we|sen, er wird sein
sein, sei|ne
seit
seit|dem
selbst|ver|ständ|lich
• der **Sep|tem|ber**
• die **Sicht**
• das **Sieb,** die Sie|be
sie|ben
sin|gen, er singt, er sang, er hat ge|sun|gen, er wird sin|gen
• die **Sit|zung,** die Sit|zun|gen
• das **Smart|phone,** die Smart|phones
so|gar
• die **So|lar|zel|le,** die So|lar|zel|len
• der **Som|mer**
• der **Sonn|abend,** die Sonn|aben|de
• das **Son|nen|sys|tem,** die Son|nen|sys|te|me
• der **Sonn|tag,** die Sonn|ta|ge
• die **Sor|ge,** die Sor|gen
span|nend
• die **Span|nung,** die Span|nun|gen
spa|ren, sie spart
spar|sam
• der **Spaß,** die Spä|ße
spa|zie|ren, er spa|ziert
• das **Spiel|feld,** die Spiel|fel|der
• der **Sport**

© 2021 Cornelsen Verlag GmbH, Berlin. Alle Rechte vorbehalten.

sport|lich
• der **Sport|platz,** die Sport|plät|ze
• die **Spra|che,** die Spra|chen
• die **Spu|cke**
spu|cken, er spuckt
sta|che|lig
stark, stär|ker, am stärks|ten
stau|nen, er staunt
• die **Steck|do|se,** die Steck|do|sen
ste|hen, er steht, er stand, er hat ge|stan|den, er wird ste|hen
• der **Stern,** die Ster|ne
sto|ßen, sie stößt, sie stieß, sie hat ge|sto|ßen, sie wird sto|ßen
• der **Stoß|zahn,** die Stoß|zäh|ne
strah|len, sie strahlt
• die **Stra|ße,** die Stra|ßen
sich **stre|cken,** er streckt sich
• der **Streit**
streu|en, er streut
• der **Strom**
• der **Sturm,** die Stür|me
• der **Stür|mer,** die Stür|mer
stür|misch
• die **Sub|trak|ti|on,** die Sub|trak|ti|o|nen
• die **Such|ma|schi|ne,** die Such|ma|schi|nen
• das **Sym|bol,** die Sym|bo|le

T t

• der **Tag,** die Ta|ge
täg|lich
• die **Tas|ta|tur,** die Tas|ta|tu|ren
tat|säch|lich
• das **Team,** die Teams
• der **Tee,** die Tees
• das **Tier,** die Tie|re
• der **Ti|ger,** die Ti|ger
• der **Tipp,** die Tipps
tip|pen, sie tippt
• das **Tisch|bein,** die Tisch|bei|ne
• der **Ti|tel,** die Ti|tel
• der **Tod,** die To|de
toll
tra|di|ti|o|nell
• der **Trai|ner,** die Trai|ner
• die **Trai|ne|rin,** die Trai|ne|rin|nen
• das **Trai|ning,** die Trai|nings
• die **Trau|er**
trau|rig
tren|nen, sie trennt
trink|bar
trin|ken, er trinkt, er trank, er hat ge|trun|ken, er wird trin|ken
tro|cken
trotz|dem
tüf|teln, er tüf|telt

U u

über|all
über|re|den, sie über|re|det
über|tra|gen, er über|trägt, er über|trug, er hat über|tra|gen, er wird über|tra|gen
• die **Über|zahl**
über|zeu|gen, sie über|zeugt
• die **Uhr,** die Uh|ren
um|sto|ßen, er stößt um, er stieß um, er hat um|ge|sto|ßen, er wird um|sto|ßen
um|welt|freund|lich
un|deut|lich
• der **Un|fall,** die Un|fäl|le
un|ge|fähr
• das **Un|ge|heu|er,** die Un|ge|heu|er
un|glück|lich
un|si|cher
un|ter
un|ter|wegs

V v

• die **Ve|nus**
• das **Verb,** die Ver|ben
ver|bin|den, es ver|bin|det, es ver|band, es hat ver|bun|den, es wird ver|bin|den
• das **Ver|bot,** die Ver|bo|te
ver|brau|chen, sie ver|braucht
• die **Ver|bren|nung,** die Ver|bren|nun|gen
• der **Ver|gleich,** die Ver|glei|che
ver|grö|ßern, sie ver|grö|ßert
• der **Ver|kehr**
ver|kehrs|si|cher
ver|klei|nern, er ver|klei|nert
ver|läss|lich
ver|mes|sen, sie ver|misst, sie ver|maß, sie hat ver|mes|sen, sie wird ver|mes|sen
ver|pa|cken, er ver|packt
ver|pas|sen, sie ver|passt
• die **Ver|samm|lung,** die Ver|samm|lun|gen
ver|schmut|zen, es ver|schmutzt
(sich) **ver|söh|nen,** er ver|söhnt (sich)
ver|ste|hen, er ver|steht, er ver|stand, er hat ver|stan|den, er wird ver|ste|hen
viel|leicht
vier
voll
von|ei|nan|der
• die **Vor|fahrt,** die Vor|fahr|ten
vor|kom|men, es kommt vor, es kam vor, es ist vor|ge|kom|men, es wird vor|kom|men

© 2021 Cornelsen Verlag GmbH, Berlin. Alle Rechte vorbehalten.

- der **Vor|schlag,** die Vor|schlä|ge
- die **Vor|schrift,** die Vor|schrif|ten
- **vor|stel|len,** sie stellt vor

W w

- die **Waa|ge,** die Waa|gen
- das **Wachs,** die Wach|se
- **wähl|bar**
- **wahr**
- der **Wal,** die Wa|le
- das **Wald|tier,** die Wald|tie|re
- das **Wal|kalb,** die Wal|käl|ber
- die **Was|ser|kraft,** die Was|ser|kräf|te
- die **Was|ser|ober|flä|che,** die Was|ser|ober|flä|chen
- **weiß**
- **weit**
- **wenn**
- die **Welt,** die Wel|ten
- das **Welt|all**
- **wer|den,** ich wer|de, du wirst, er/sie/es wird, wir wer|den, ihr wer|det, sie wer|den; er wur|de, er ist ge|wor|den, er wird wer|den
- die **Werk|statt,** die Werk|stät|ten
- **wie|der**
- **wie|gen,** er wiegt, er wog, er hat ge|wo|gen, er wird wie|gen
- der **Win|ter**
- **wis|sen,** er weiß, er wus|ste, er hat ge|wusst, er wird wis|sen
- der **Wis|sen|schaft|ler,** die Wis|sen|schaft|ler
- die **Wis|sen|schaft|le|rin,** die Wis|sen|schaft-le|rin|nen
- der **Witz,** die Wit|ze
- **wit|zig**
- **wo**
- **woh|nen,** sie wohnt
- die **Wol|ke,** die Wol|ken
- **wol|len,** er will, er woll|te, er hat ge|wollt, er wird wol|len
- das **Wun|der,** die Wun|der
- die **Wur|zel,** die Wur|zeln

Z z

- **za|ckig**
- der **Zahn,** die Zäh|ne
- **zart**
- **zehn**
- das **Zeug|nis,** die Zeug|nis|se
- **ziem|lich**
- das **Zim|mer,** die Zim|mer
- der **Zir|kus,** die Zir|kus|se
- die **Zi|tro|ne,** die Zi|tro|nen
- der **Zoo,** die Zoos
- **zu|frie|den**
- der **Zug,** die Zü|ge
- die **Zun|ge,** die Zun|gen
- **zu|sam|men**
- **zwei**
- **zwei|spal|tig**
- **zwi|schen**

© 2021 Cornelsen Verlag GmbH, Berlin. Alle Rechte vorbehalten.

Für Wörterlisten-Profis

1 Welches Wort kommt in der Wörterliste als Nächstes?

genial ____________ Unfall ________________ immer ______ Musik ____________

2 Unter welchem Buchstaben stehen die wenigsten Wörter? ____________

Unter welchem Buchstaben stehen die meisten Wörter? ____________

3 Welche Wörter stehen nicht in der Wörterliste? Streiche sie durch.

überall • sitzen • die Wohnung • orange • es • die Hose • trinken • der September
das Zebra • meilenweit • süß • bekannt • aus • der Clown • weich • ziehen

Kinder dieser Welt

lächeln

● Aussehen

● Kind

gleich

verstehen

● Haar

● Sprache

fröhlich

sich erholen

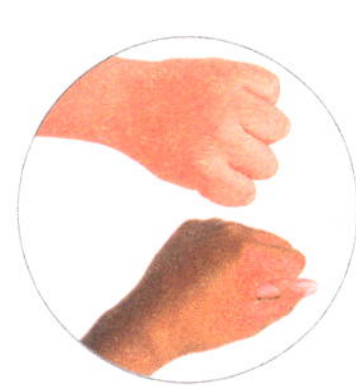

● Haut

● Welt

deutsch

gucken

Übe die Wörter auf der Rückseite.

englisch

© 2021 Cornelsen Verlag GmbH, Berlin.
Alle Rechte vorbehalten.

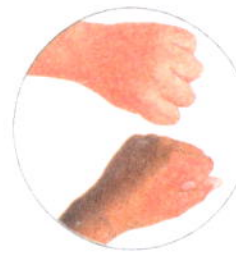

Kind

child

Kontrolliere mit der Vorderseite.

Alles richtig? ☐

Hier schreibe ich Wörter, Texte, Ideen und Fragen zum Bild auf.

© 2021 Cornelsen Verlag GmbH, Berlin.
Alle Rechte vorbehalten.

Einen Cartoon und eine Aufzählung lesen

Jörg Mühle

MEINE KLASSE

27 Kinder.
15 Mädchen. **12** Jungen.
6 können mit den Ohren wackeln.
21 können ihre Ohren nicht von selbst bewegen.
11 tragen Brille. **16** tragen keine Brille.
25 popeln in der Nase (davon **23** heimlich).
2 popeln nicht.
19 sprechen nur Deutsch.
8 sprechen außer Deutsch noch eine andere Sprache.
24 schreiben mit rechts. **3** mit links.
12 sind Einzelkinder. **15** Kinder haben Geschwister.
12 sind noch nie umgezogen.
10 sind einmal umgezogen.
5 sind mehrmals umgezogen.
15 haben braune Augen. **9** haben blaue.
3 haben grüne.
17 spielen gerne Fußball. **7** ist Fußball egal.
3 finden Fußball doof.
11 haben ein aktuelles Lieblingslied.
9 können sich zwischen zwei Liedern nicht entscheiden.
7 ist Musik egal.
Alle haben schon mal etwas Peinliches erlebt.
Alle haben schon mal jemanden angelogen.
Alle haben schon mal davon geträumt, berühmt zu sein.
Alle hatten schon einmal Bauchweh.
Alle haben Angst davor, dass sie jemand doof findet.
Alle haben schon mal schlecht geträumt.
Alle haben schon mal ein Tier gerettet.
Alle lachen gerne.
Alle sind schon mal fies hingefallen.
Alle fühlen sich manchmal alleine.
Alle mögen Schokolade.

Alexandra Maxeiner

Wie ist das in deiner Klasse?

☐ Mädchen ☐ Jungen

☐ braune Augen ☐ grüne Augen ☐ blaue Augen

☐ können mit den Ohren wackeln. ☐ haben ein aktuelles Lieblingslied.

☐ sprechen außer Deutsch noch eine andere Sprache.

© 2021 Cornelsen Verlag GmbH, Berlin.
Alle Rechte vorbehalten.

Ein Kinderbuch lesen

Ich so, du so

Momchil, 11 Jahre, er lebt in Bulgarien:

Mit wem lebst du zusammen? Mit meinem Vater und meinem Hund. **Was hast du heute gegessen?** Noch nichts. Es ist 8.30 Uhr und so früh esse ich noch nichts. **Was hast du am letzten Wochenende gemacht?** Am Samstag war ich Ski fahren, am Sonntag war ich auf drei Geburtstagsfeiern. **Was ist dein kostbarster Besitz?** Mein kostbarster Besitz ist mein Hund. Ich verbringe meinen ganzen Tag mit ihm. **In welchen Momenten bist du besonders glücklich?** In dem Moment, wenn die Schule zu Ende ist, fühle ich mich immer sehr, sehr glücklich. **Mit wem oder was würdest du gerne einen Tag das Leben tauschen?** Ich würde in den Körper meines Vaters schlüpfen, denn immer, wenn er von der Arbeit kommt, ist er sehr, sehr müde. Ich will herausfinden, was ihn so müde macht.

Milla, 10 Jahre, sie lebt in Deutschland:

Mit wem lebst du zusammen? Mit meiner Mutter, meinem Vater, meiner großen Schwester, meiner kleinen Schwester und der Freundin meines Vaters. **Was hast du heute gegessen?** Obstsalat, Suppe und Grünkohleintopf mit Wurst. **Was hast du am letzten Wochenende gemacht?** Ich war im Museum und im Zoo. **Was ist dein kostbarster Besitz?** Habe keinen. **In welchen Momenten bist du besonders glücklich?** Ich bin glücklich, wenn ich etwas mit meiner Familie oder mit Freunden mache. **Mit wem oder was würdest du gerne einen Tag das Leben tauschen?** Fuchs, Elefant, Falke und Pferd.

Sive, 12 Jahre, er lebt in Südafrika:

Mit wem lebst du zusammen? Mit 10 Erwachsenen und 19 anderen Kindern, weil ich in einem Kinderhaus lebe. Mein Wahlpapa ist Perry und unsere Katze heißt Kitkat. **Was hast du heute gegessen?** Hamburger, die esse ich am liebsten. **Was hast du am letzten Wochenende gemacht?** Autoreifenrennen in unserem Township … ich bin Zweiter geworden! **Was ist dein kostbarster Besitz?** Mein alter Autoreifen, den ich selbst repariert habe. **In welchen Momenten bist du besonders glücklich?** Wenn ich mit meinem Wahlpapa Perry einen Ausflug mache. **Mit wem oder was würdest du gerne einen Tag das Leben tauschen?** Mit niemandem … mein Leben ist schön.

Moni Port

In welchen Momenten bist du besonders glücklich?

© 2021 Cornelsen Verlag GmbH, Berlin.
Alle Rechte vorbehalten.

Fragen beantworten

1 Lies die Texte. In welchen Ländern wohnen die Kinder?

A ______________________ **B** ______________________ **C** ______________________

Ungewöhnliche Schulwege

An einigen Orten der Welt gelangen Kinder ganz anders zur Schule als du. Für manche Kinder sind die Schulwege sogar ziemlich gefährlich.

A Das Dorf Zangla liegt im Himalaja-Gebirge in Indien. Die Kinder des Dorfes gehen in der Stadt Leh zur Schule. Dazu müssen sie fast 100 Kilometer zu Fuß über einen zugefrorenen Fluss laufen. Mindestens vier Tage sind sie unterwegs. Darum gehen sie auch nur in den Ferien in ihr Dorf zurück. Sonst wohnen sie in der Schule.

B Einige Kinder aus Kolumbien müssen eine 200 Meter tiefe Schlucht überqueren, um in die Schule zu gelangen. In der Schlucht fließt ein großer Fluss. Weil es keine Brücke über die Schlucht gibt, nutzen die Kinder ein altes Drahtseil als Seilbahn. Bei Wind bleiben sie zu Hause, weil man die Seilbahn dann nicht benutzen kann.

C In einem abgelegenen Dorf in China klettern die Schulkinder einen 800 Meter hohen Felsen über steile Leitern hinunter. Nur so können sie ihre Schule im Tal erreichen. Früher waren die Leitern aus Bambusrohren gebaut. Heute gibt es Leitern aus Stahl. Mindestens eine Stunde dauert die gefährliche Kletterei.

2 Beantworte die Fragen. Markiere die Antworten in verschiedenen Farben im Text.

Wie kommen die Kinder aus dem Dorf Zangla zur Schule?
Wo führt der Schulweg über steile Leitern?
Warum müssen einige Kinder eine Seilbahn für den Schulweg nutzen?

3 Schreibe die Antworten auf. Notiere auch, in welchem Text du die Antwort gefunden hast.

Wie lange brauchen die Kinder für ihren Schulweg in die Stadt Leh?

____

Wann gehen die Kinder aus Kolumbien nicht zur Schule?

____

© 2021 Cornelsen Verlag GmbH, Berlin.
Alle Rechte vorbehalten.

Sprachen verstehen

1 Lest den Text. **Oder:** Lasst euch den Text vorlesen. Welche englischen Wörter im Text kennt ihr? Markiert sie.

Hello Marie!

Claire ist neu in Maries Klasse. Sie kommt aus Irland und spricht nur Englisch. Marie kann nur wenig Englisch. Trotzdem werden Marie und Claire beste Freundinnen. In den Osterferien besucht Claire ihre Großeltern in Dublin. Weil sie Marie so vermisst, ruft sie bei ihr zu Hause an.

„How are you?“ „Ich vermisse dich.“ „I miss you, too.“ „Wann kommst du wieder?“ „Next Sunday.“ Sunday war Sonntag, überlegte Marie. Bis Sonntag war es noch fast eine Woche. „Is it still so cold and wet?“ Cold war kalt. Aber was hieß „wet“? „It’s wet when it’s raining“, sagte Claire, als ob sie ihre Gedanken lesen konnte. „Ja, es regnet die ganze Zeit, und gestern hat es sogar geschneit.“ „In Dublin it’s already spring. It’s sunny and warm. And there are lots of flowers.“ Sonnig und warm war’s in Dublin. Und „flowers“ waren Blumen. Dann hieß „spring“ bestimmt Frühling. „Hier ist es noch Winter“, sagte Marie. „Perhaps we could go to the cinema when I’m back.“ „Was ist ein ‚cinema‘?“ „It’s a place where you watch a film.“ „Ah, du meinst ein Kino!“, rief Marie. „Ja, das wär toll. Vielleicht gehen wir in einen Zeichentrickfilm.“ „What’s that?“ „Zum Beispiel ein Film von Walt Disney“, erklärte Marie. „Ah, you mean a cartoon! Yes, that would be fun.“ „‚Fun‘…?“ „I think that’s … ‚Spaß‘ …“ „Ah, okay … Ja, das find ich auch.“ „Sorry, I have to go now. My mum is calling that supper is ready“, sagte Claire. „Was ist ‚supper‘?“ „We’re going to eat now.“ „Ah, ihr esst jetzt.“ „Bye, Marie.“ „Tschüs, Claire.“ Langsam legte Marie den Hörer auf. „Ist Claire deine beste Freundin?“, fragte Maries Schwester Isabelle. „Ja.“ „Auch wenn du nicht alles verstehst, was sie sagt?“ „Ja, trotzdem.“ Marie wunderte sich selbst darüber, dass sie manchmal Wörter verstehen konnte, die sie nie vorher gehört hatte.

Renate Ahrens

2 Warum können Claire und Marie sich verständigen? Überlegt gemeinsam.

3 Welche Wörter sind in beiden Sprachen ähnlich? Schreibe sie als Wortpaare auf.

© 2021 Cornelsen Verlag GmbH, Berlin.
Alle Rechte vorbehalten.

Informationen mit eigenen Worten wiedergeben

1 Was fällt euch zum Begriff **Kinderrechte** ein? Tauscht euch aus.

2 Lest den ganzen Text. Markiert unbekannte Wörter und schwierige Stellen. Klärt sie.

Kinderrechte

Überall auf der Welt haben Kinder die gleichen Rechte. Doch die meisten Menschen wissen gar nicht, dass es spezielle Kinderrechte gibt. Vor mehr als 30 Jahren haben fast alle Länder der Welt die Kinderrechte in einem Vertrag festgehalten. Dieser Vertrag wird auch Kinderrechtskonvention genannt. Über 50 Absprachen wurden darin aufgeschrieben. Der Vertrag soll dafür sorgen, dass Kinder überall gut leben können.

Viele Länder haben die Kinderrechtskonvention unterschrieben. Damit haben sie sich verpflichtet, die Absprachen und Vereinbarungen zu den Kinderrechten einzuhalten. Trotzdem halten sich einige Länder nicht daran. In Deutschland wird jedes Jahr am 20. September der Weltkindertag gefeiert. An diesem Tag sollen alle Menschen daran erinnert werden, wie wichtig die Kinderrechte sind. In vielen Städten finden deshalb besondere Aktionen zu den Kinderrechten statt.

Name: ______________________ Name: ______________________

3 Lest den Text noch einmal. Ein Kind liest den grünen Textteil, das andere den blauen. Erzählt eurem Partnerkind mit eigenen Worten, was in eurem Abschnitt steht.

4 Tauscht euch über den ganzen Text aus. Erzählt nacheinander mit eigenen Worten, was ihr über Kinderrechte erfahren habt.

5 Schreibe eine Information mit eigenen Worten auf, die du dir gerne merken möchtest.

____

____

____

6 Finde heraus, welche Aktionen es in deiner Stadt zum Weltkindertag gibt.
Oder: Informiere dich im Internet über Kinderrechte. Nutze dazu eine Kindersuchmaschine.

© 2021 Cornelsen Verlag GmbH, Berlin.
Alle Rechte vorbehalten.

Über ein Thema sprechen

1 Lest die Kinderrechte auf dem Plakat. Markiert unbekannte Wörter und klärt sie.

2 Bildet Sätze zu den Kinderrechten. Wechselt euch ab.

> Jedes Kind hat ein Recht auf einen eigenen Namen.

> Alle Kinder haben das Recht …

3 Sprecht über die einzelnen Kinderrechte. Klärt Fragen.
Findet Beispiele und berichtet von eigenen Erfahrungen.

4 Welche Rechte für Kinder findet ihr noch wichtig?
Sammelt Ideen und schreibt sie auf. Stellt sie der Klasse vor.

© 2021 Cornelsen Verlag GmbH, Berlin.
Alle Rechte vorbehalten.

Eine Liste schreiben

1 Sieh dir das Bild an und lies die Sprechblase. Was will Tim machen? Kreuze an.

☐ Schreibtisch aufräumen ☐ Stundenplan schreiben ☐ Schultasche packen

2 Was muss Tim am Montag mitnehmen?
Wähle passende Gegenstände aus.
Schreibe sie als Liste untereinander auf.

Stifte • Badehose • Trinkflasche
Frühstück • Mathebuch • Sportschuhe
Schwimmbrille • Sportkleidung • Kleber
Schere • Musikmappe • Religionsmappe
Deutschbuch • Schreibheft

Für Montag:
– Stifte
– Trinkflasche
–

3 Schreibe eine Packliste für deine Schultasche.
Oder: Schreibe eine Liste mit allen Dingen, die du morgen erledigen musst.

© 2021 Cornelsen Verlag GmbH, Berlin.
Alle Rechte vorbehalten.

Über ein Erlebnis schreiben

1 Denke an ein Erlebnis aus den Sommerferien zurück.
Welches Adjektiv beschreibt dieses Erlebnis am besten?
Markiere es.

ärgerlich   spannend   traurig   lustig   toll   interessant   furchtbar   langweilig

2 Schreibe Stichworte zu deinem Erlebnis auf.
Oder: Erstelle eine Mind-Map zu deinem Erlebnis.

3 Notiere deine wichtigsten Stichworte an der passenden Stelle am roten Faden.

Einleitung
Wer?

Wann?

Wo?

Hauptteil
Was passierte?

Schreibe passend zum Adjektiv.
Mache deinen Text durch
Gedanken und Gefühle lebendig.

Schluss
Wie endet
dein Erlebnis?

4 Schreibe dein Erlebnis in der Ich-Form auf. Nutze deine Stichworte oder deine Mind-Map aus Aufgabe 2 und die Hinweise am roten Faden.

5 Finde eine Überschrift zu deinem Text.
Darin soll das Adjektiv aus Aufgabe 1 vorkommen.

Mein ärgerliches Erlebnis mit Mama   Ein spannender Fund   Eine …

6 Lest euch eure Texte gegenseitig vor. Welche Stelle im Text passt besonders gut zum ausgewählten Adjektiv? Gebt euch Rückmeldung.

© 2021 Cornelsen Verlag GmbH, Berlin.
Alle Rechte vorbehalten.

Wortarten

1 Sieh dir die Plakate an. Schreibe zu jeder Wortart drei Beispielwörter auf.

Nomen (Substantive)
Namen für Menschen, Tiere, Pflanzen, Dinge und Gefühle
Probe:
– Artikel davorsetzen
– Einzahl/Mehrzahl bilden

Verben
Was tut jemand?
Was geschieht?
Probe:
– Grundform oder Personalform bilden (ich, du, er/sie/es, wir, ihr, sie)

Adjektive
Wie ist etwas?
Wie sieht etwas aus?
Probe:
– Vergleichsstufen bilden

Beispiele:

© 2021 Cornelsen Verlag GmbH, Berlin.
Alle Rechte vorbehalten.

2 Lies die Spielanleitung. Markiere zu jeder Wortart sechs verschiedene Beispiele. Verwende dazu verschiedene Farben:

Nomen Verben Adjektive

Stadt – Land – Fluss

Ihr braucht einen spitzen Stift und ein Blatt. Zeichnet eine ordentliche Tabelle mit mehreren Spalten. Legt dann die Oberbegriffe für die Spalten fest. Ein Kind sagt langsam in Gedanken das Alphabet auf. Wenn ein anderes Kind „Stopp!“ ruft, nennt es laut den Buchstaben, bei dem es gerade angekommen ist. Findet nun passende Wörter, die mit diesem Buchstaben beginnen, und tragt sie in eure Tabelle ein. Das schnellste Kind ruft „Stopp!“. Legt eure Stifte hin und vergleicht eure Ergebnisse. Für jeden richtigen Begriff gibt es einen Punkt.

3 Schreibe zu jedem Wort aus Aufgabe 2 den passenden Beweis auf.

Nomen: der Stift – die Stifte,

Verben: braucht – brauchen,

Adjektive: spitz – spitzer – am spitzesten,

4 Finde in der Wörterliste vier Nomen, Verben und Adjektive.
Schreibe sie mit dem passenden Beweis auf.

Spielt Stadt – Land – Fluss mit den Oberbegriffen **Nomen**, **Verb**, **Adjektiv**.

© 2021 Cornelsen Verlag GmbH, Berlin.
Alle Rechte vorbehalten.

Nomen mit heit, keit, nis, ung

1 Finde zu den farbigen Nomen verwandte Verben oder Adjektive. Schreibe sie auf.

begeistern,

2 Bilde Nomen mit den Wortbausteinen **heit**, **keit**, **ung**.

bewegen • ehrlich • dumm • erfahren • erwarten • tapfer • sicher • verdoppeln • retten

bewegen – die Bewegung,

3 Bilde zu diesen Nomen mit **nis** die Mehrzahl. Markiere **nis** und **nisse**.

Sportereignis • Fußballergebnis • Slalomhindernis • Spielerverzeichnis

Merksatz

Die Wortbausteine **heit**, **keit**, **nis** und **ung** verwandeln Verben und Adjektive in Nomen (Substantive). Nomen (Substantive) haben Artikel.
*die Dumm**heit**, die Tapfer**keit**, das Geheim**nis**, die Erwart**ung***

© 2021 Cornelsen Verlag GmbH, Berlin.
Alle Rechte vorbehalten.

Wörter mit aa, ee, oo (M)

1 Lies die Rätselsätze. Welche Wörter sind gemeint? Schreibe sie auf und markiere die doppelten Selbstlaute.

Das Gegenteil von voll ist leer ______.

Schiffe fahren auf dem ______.

Heute gehen wir an den ______.

Im Winter gibt es manchmal ______.

Zum Wärmen hilft eine Tasse ______.

Zaubern kann die gute ______.

Hattest du für jedes Rätsel eine ______?

2 Setze **aa**, **ee** oder **oo** passend ein. Achtung! Es sind verschiedene Lösungen möglich.

• W aa ge • • B __ t • • Erdb __ re • • H __ r • • Z __ • • S __ le • • M __ r

• Sp __ r • • P __ r • w __ gerecht • d __ f • p __ rweise • • __ l • • Pür __

3 Schreibe die Wörter aus Aufgabe 2 mit Artikel auf und markiere die doppelten Selbstlaute.

aa: die Waage, ______________________

____

ee: ______________________

____

oo: ______________________

4 Diktiert euch alle Wörter mit **aa**, **ee** und **oo** von dieser Seite. Kontrolliert euch gegenseitig.

5 Schreibe zehn Sätze mit Wörtern aus Aufgabe 1 und 2. Markiere die doppelten Selbstlaute.

Schreibe die Wörter mit **aa**, **ee** und **oo** von dieser Seite am Computer:
- in verschiedenen Schriften,
- in den Schriftgrößen 14 und 20,
- in Rot, Blau, Grün.

© 2021 Cornelsen Verlag GmbH, Berlin. Alle Rechte vorbehalten.

Richtig abschreiben

1 Lies den Text langsam Satz für Satz.

Schule anderswo

Jana geht in die vierte Klasse der Sonnenschein-Grundschule. Ihre Schule hat eine Partnerschule in Polen. Jedes Jahr besucht eine Gruppe von Kindern, Eltern und Lehrkräften diese Schule. Sie fahren alle gemeinsam mit dem Bus dorthin. Dieses Jahr darf Jana auch mitfahren. Sie ist schon sehr aufgeregt, denn sie wird eine Woche bei einer anderen Familie verbringen. Natürlich wird sie dort auch jeden Tag in die Schule gehen. Wie ist es wohl in einer polnischen Schule? Ist es genau wie in Deutschland? Oder ist es ganz anders?

© 2021 Cornelsen Verlag GmbH, Berlin.
Alle Rechte vorbehalten.

2 Lies den Text ein zweites Mal. Markiere für dich schwere Wörter.

3 Schreibe den Text richtig ab. Schreibe auf die Rückseite dieser Seite.
Denke dabei an die Schritte des Abschreibens:

lesen → schwere Stellen merken → schreiben → kontrollieren und verbessern

4 Kontrolliere deinen Text ein zweites Mal.
Lies ihn dazu Wort für Wort von hinten nach vorne.
Verbessere Fehler.

5 Tausche dein Blatt mit einem Partnerkind.
Kontrolliert gegenseitig eure Texte.
Markiert Fehler und gebt dann die Texte zurück.

6 Verbessere deinen eigenen Text noch einmal.

Hat eure Schule auch eine Partnerschule?
Schreibt der Schule einen Brief oder eine E-Mail.
Berichtet von eurem Schulalltag und fragt, wie der Schulalltag an eurer Partnerschule aussieht.

Schule anderswo

© 2021 Cornelsen Verlag GmbH, Berlin.
Alle Rechte vorbehalten.

Nomen und Satzanfänge großschreiben

Groß/klein?

Nomen und Satzanfänge großschreiben
Groß/klein?
der Tisch *ein Tisch – viele Tische* ***Der Hund** bellt.*
die Angst

1 Finde die zwölf Nomen und schreibe sie richtig auf.

GEHEIMNIS • TRAUER • FREUNDSCHAFT • NETT • DURST
BILDUNG • UNSICHER • TISCHBEIN • SCHÖNHEIT • WELT
ENTDECKT • RECHT • SPIELFELD • GRASHALM • MONTAG

das Geheimnis,

2 Schreibe den Text richtig ab.
Achtung! Siebzehn Wörter musst du großschreiben.

ich bin groß und mag es warm.
bis zu sechzig jahre kann ich alt werden.
immer habe ich großen hunger.
fleisch mag ich nicht.
in meiner heimat bin ich das schwerste tier.
sehen kannst du mich in afrika, in asien und im zoo.
du erkennst mich an meinen zwei weißen
stoßzähnen und meinem langen rüssel. wer bin ich?

3 Welches Wort passt nicht in die Zeile. Streicht es durch und begründet.

SAFT • SAFTGLAS • GETRÄNK • SAFTIG

GLÜCK • LACHEN • FREUDE • WUT

© 2021 Cornelsen Verlag GmbH, Berlin.
Alle Rechte vorbehalten.

STARK: Alle Strategien anwenden

1 Lies den Text zweimal. Sieh dir beim zweiten Mal die farbigen Wörter ganz genau an.

> Musik gehört auf der ganzen Welt zum Leben der Menschen. Denn tatsächlich kann man sagen: Jeder Mensch hört oder macht Musik, ebenso wie auch jeder spricht.
> Musik ist auch ein Teil deines täglichen Lebens. Du singst oder tanzt. Du spielst ein Instrument oder du hörst Radio. Vielleicht bist du auch im Chor oder pfeifst unter der Dusche vor dich hin.
> Oft wird gesagt: Musik verbindet Menschen. Warum wohl?

2 Schreibt jedes farbige Wort aus dem Text auf eine Karte.

3 Führt ein Rechtschreibgespräch zu jedem Wort.

Rechtschreibgespräch

?	1. An welcher Stelle könntet ihr beim Schreiben unsicher sein? Markiert diese Stelle.	tatsächlich
	2. Welche Strategie hilft euch? Begründet. Ergänzt die Strategie auf der Karte.	tatsächlich <–ä–> Tatsache ↔
	3. Findet drei weitere Wörter, bei denen euch die Strategie auch hilft. Schreibt sie auf die Rückseite der Karte.	glänzen <–ä–> Glanz Kälte <–ä–> kalt fällt <–ä–> fallen

4 Wähle drei Wörter aus, die du besonders schwer findest. Schreibe mit jedem Wort einen Satz.

© 2021 Cornelsen Verlag GmbH, Berlin. Alle Rechte vorbehalten.

Das kann ich schon

Rechtschreibtraining

Unsere Erde ist in sieben Kontinente eingeteilt. Sie heißen Asien, Afrika, Nordamerika, Südamerika, Antarktis, Europa und Australien. Ein Kontinent ist eine sehr große, zusammenhängende Landfläche. Fast immer sind die einzelnen Kontinente durch einen Ozean voneinander getrennt. Nur zwischen uns in Europa und unserem Nachbarn Asien liegt kein Meer. Nirgendwo leben mehr Erwachsene und Kinder als in Asien. Eine weitere Besonderheit dort ist der Mount Everest. Das ist der höchste Berg der Welt. Auch das höchste Gebäude der Welt steht in Asien, nämlich in der Stadt Dubai.

Nomen mit heit, keit, nis, ung

1 Bilde Nomen mit den Wortbausteinen **heit**, **keit**, **nis**, **ung**.

heit · keit · nis · ung

kennen • krank • wirklich • retten
übel • heiser • finster • begegnen
unsicher • erholen • ergeben • frei
wandern • bilden • klug • geheim

kennen – die Kenntnis,

Übungswörter

Afrika
Amerika
Antarktis
Asien
Australien
die Besonderheit
der Erwachsene
Europa
der Kontinent
der Nachbar
der Ozean
er steht
stehen
hoch

dort
nirgendwo
voneinander

© 2021 Cornelsen Verlag GmbH, Berlin.
Alle Rechte vorbehalten.

Diese Seite fand ich:
○ leicht ○ mittel ○ schwer

Wörter mit aa, ee, oo

2 Setze **aa**, **ee** oder **oo** passend ein.

● H aa r • ● M s • ● Kl • ● P r • ● Z • ● Himb re

● Id • ● S • ● S l • ● Kaff • ● S stern • ● Pür

3 Schreibe die Wörter aus Aufgabe 2 mit Artikel auf und markiere die doppelten Selbstlaute.

aa: das Haar, ____________________

____

ee: ____________________

____

oo: ____________________

____

4 Schreibe die Wörter zu den Bildern auf. Markiere die doppelten Selbstlaute.
Kontrolliere mit der Wörterliste.

 das Boot

 ____________________

 ____________________

 ____________________

 ____________________

 ____________________

 ____________________

 ____________________

© 2021 Cornelsen Verlag GmbH, Berlin.
Alle Rechte vorbehalten.

Diese Seite fand ich:
○ leicht ○ mittel ○ schwer

Wortarten

5 Lies den Text. Markiere die elf Nomen, neun Verben und fünf Adjektive. Verwende dazu verschiedene Farben.

Die Sommerferien sind vorbei.

Viele von uns fuhren mit ihren Familien

in den Urlaub. Sie erlebten eine Menge

schöner, spannender und lustiger Sachen.

Andere Kinder blieben in den Ferien daheim.

Auch sie hatten viel Spaß.

Jetzt beginnt die Schule wieder.

Die Freude ist bei allen groß, weil wir uns nun wiedersehen.

Bestimmt erwartet alle ein tolles Schuljahr!

© 2021 Cornelsen Verlag GmbH, Berlin.
Alle Rechte vorbehalten.

6 Schreibe die markierten Wörter aus Aufgabe 5 nach Nomen, Verben und Adjektiven sortiert auf.

Nomen: ______________________

____

____

____

Verben: ______________________

____

____

____

Adjektive: ______________________

____

____

Diese Seite fand ich:
○ leicht ○ mittel ○ schwer

Richtig abschreiben

7 Schreibe die Schritte des Abschreibens in der richtigen Reihenfolge auf.
Verbinde jeden Schritt mit dem passenden Bild.

kontrollieren und verbessern | lesen | schreiben | schwere Stellen merken

8 Schreibe diese Wörter ab. Beachte die Schritte des Abschreibens.
Hake jedes Wort nach dem Kontrollieren ab.

der Schuljahresbeginn

die Viertklässler

die Streitschlichterausbildung

das Weltkindertagsfest

Alle Strategien üben

Markiere die Fehlerwörter. Schreibe die passenden Strategiezeichen darüber.

Überal auf der welt leben Kinder.

In fast allen Lendern sind die Jungen in der Überzal. (4)

Schreibe nun beide Sätze richtig auf.

© 2021 Cornelsen Verlag GmbH, Berlin.
Alle Rechte vorbehalten.

Diese Seite fand ich:
○ leicht ○ mittel ○ schwer

Im Wald

spazieren

Baumstamm

Nadelbaum

hart

finden

Eichhörnchen

Pilz

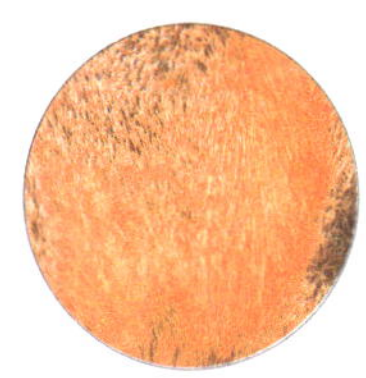
orange

schützen

Laubbaum

Wurzel

stachelig

pflanzen

Übe die Wörter auf der Rückseite.

matschig

© 2021 Cornelsen Verlag GmbH, Berlin.
Alle Rechte vorbehalten.

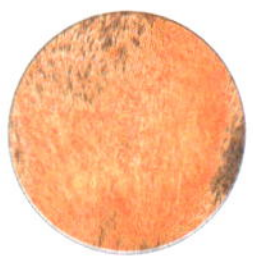

Alles richtig? ☐

Hier schreibe ich Wörter, Texte, Ideen und Fragen zum Bild auf.

© 2021 Cornelsen Verlag GmbH, Berlin.
Alle Rechte vorbehalten.

Ein Gedicht und einen Sachtext lesen

Wir sitzen nicht auf Thronen.
Uns schmeichelt nur der Wind.
Wir haben dennoch Kronen,
die schöner als eure sind.

Erich Kästner

Verschiedene Bäume

Viele Bäume bilden gemeinsam einen Wald. Weil es auf der Erde so viele unterschiedliche Bäume gibt, ist es oft schwierig, die einzelnen Arten zu erkennen. Doch gibt es nur zwei Hauptgruppen: Laubbäume und Nadelbäume.

Laubbäume

Diese Bäume haben breite, flache Blätter. Am Baum öffnen sich Blüten, aber sie sind manchmal klein und unauffällig. Die Samen reifen in Früchten, wie z. B. in Feigen oder Äpfeln. Die meisten Laubbäume werfen ihre Blätter im Herbst ab. Im Frühjahr wachsen dann neue.

Nadelbäume

Die Blätter dieser Bäume werden Nadeln genannt. Ihre Blüten sind meistens eher unauffällig. Viele Nadelbäume werfen ihr Laub im Herbst nicht ab. Die Samen entwickeln sich im Inneren harter, robuster Zapfen.

Jen Green

Welche Bäume kennst du?

© 2021 Cornelsen Verlag GmbH, Berlin.
Alle Rechte vorbehalten.

Ein Kinderbuch lesen

Ronja Räubertochter

Ronja ist die Tochter des Räuberhauptmannes Mattis. Die ersten Jahre ihres Lebens verbringt sie ausschließlich in der Burg, in der sie mit der Räuberbande ihres Vaters lebt. Eines Tages erlaubt ihr Mattis, dass sie sich von nun an frei im Wald bewegen darf, der die Burg umgibt.

Vom Wald hatten sie gesprochen. Aber erst, als sie ihn so dunkel und verwunschen mit all seinen rauschenden Bäumen sah, begriff sie, was Wälder waren. Und sie lachte leise, weil es Flüsse und Wälder gab. Es war kaum zu glauben – wahr und wahrhaftig, es gab große Bäume und große Gewässer, und alles war voller Leben, musste man da nicht lachen! Sie folgte dem Pfad geradewegs hinein in den wildesten Wald und kam zum Weiher. Weiter durfte sie nicht gehen, hatte Mattis gesagt. Und der Weiher lag dort schwarz zwischen dunklen Tannen, nur die Seerosen auf dem Wasser leuchteten weiß. Ronja wusste nicht, dass es Seerosen waren, aber sie sah sie lange an und lachte leise, weil es sie gab.

Dort am Weiher blieb sie den ganzen Tag und tat vieles, was sie noch nie ausprobiert hatte. Sie warf Tannenzapfen ins Wasser und lachte, als sie merkte, dass sie davonschaukelten, wenn sie nur mit den Füßen plätscherte. So viel Spaß hatte sie noch nie gehabt! Ihre Füße fühlten sich so froh und frei an beim Plätschern und noch froher beim Klettern.

Um den Weiher lagen große, bemooste Findlinge zum Hinaufklettern, und dort standen Fichten und Kiefern zum Hangeln. Ronja kletterte und hangelte, bis die Sonne über den waldigen Bergrücken zu sinken begann. Da aß sie das Brot und trank Milch aus der Holzflasche, die sie in einem Lederbeutel mitgenommen hatte. Danach legte sie sich ins Moos, um eine Weile auszuruhen, und hoch über ihr rauschten die Bäume. Sie guckte hinauf und lachte leise, weil es sie gab.

Astrid Lindgren ◇

Ronja Räubertochter gibt es nicht nur als Buch. In welchen Medien wird die Geschichte noch erzählt?

© 2021 Cornelsen Verlag GmbH, Berlin.
Alle Rechte vorbehalten.

Märchen kennen

1 Lies die Überschrift und sieh dir die Bilder an. Was weißt du schon über das Märchen?

2 Lies nun das Märchen. Markiere unbekannte Wörter. Kläre sie.

Rotkäppchen

Es war einmal ein kleines Mädchen, das bekam von seiner Großmutter ein rotes Käppchen geschenkt. Dieses Käppchen stand dem Mädchen sehr gut. Darum nannte jeder das Mädchen Rotkäppchen. Eines Tages sagte Rotkäppchens Mutter: „Deine Großmutter ist krank. Bring ihr Kuchen und Wein, damit sie wieder gesund wird. Verlass aber nicht den Weg und sprich mit niemandem." Rotkäppchen nickte und machte sich auf den Weg.
Im Wald traf es den bösen Wolf. „Guten Tag, Rotkäppchen", sprach er. „Wohin gehst du?" „Zur Großmutter", antwortete das Mädchen. „Was hast du da in deinem Korb?" „Kuchen und Wein." „Wo wohnt deine Großmutter?" „Tief im Wald bei den drei Eichen." „Gut!", dachte der Wolf. „Die Großmutter und das Rotkäppchen, die schnappe ich mir beide." „Hast du schon die schönen Blumen bemerkt?", fragte er. „Großmutter wird sich über einen Strauß Blumen freuen", dachte Rotkäppchen und begann, Blumen zu pflücken. Dabei geriet es immer tiefer in den Wald.

Der böse Wolf aber lief zum Haus der Großmutter. Er ging hinein und verschlang die Großmutter. Dann zog er ihre Kleider an und legte sich ins Bett.

Als Rotkäppchen beim Haus angekommen war, wunderte es sich, dass die Tür offen stand. Es ging an das Bett der Großmutter und fragte: „Großmutter, warum hast du so große Ohren?" „Damit ich dich besser hören kann!" „Großmutter, warum hast du so große Augen?" „Damit ich dich besser sehen kann!" „Großmutter, warum hast du so große Hände?" „Damit ich dich besser packen kann." „Großmutter, warum hast du so ein großes Maul?" „Damit ich dich besser fressen kann!", rief der Wolf und verschlang auch das Rotkäppchen.
Dann legte er sich wieder ins Bett.
Er schlief ein und begann, laut zu schnarchen. Das hörte der Jäger, der am Haus vorbeiging.

© 2021 Cornelsen Verlag GmbH, Berlin.
Alle Rechte vorbehalten.

„Wie die alte Frau schnarcht! Ich muss nachsehen, ob alles in Ordnung ist.“ Er ging ins Haus und sah den Wolf. „Jetzt habe ich dich!“, rief er und legte sein Gewehr an. Da fiel ihm ein, dass der Wolf die Großmutter gefressen haben könnte. Er nahm eine Schere und schnitt dem Wolf den Bauch auf. Da sah er eine rote Kappe und das Rotkäppchen sprang heraus. Und noch ein paar Schnitte, da kam auch die Großmutter heraus. Der Jäger, das Rotkäppchen und die Großmutter holten große Steine und füllten damit den Bauch des Wolfes.

Als er aufwachte, wollte er fortlaufen. Aber die Steine waren so schwer, dass er auf den Boden fiel und starb. Da waren alle drei glücklich. Der Jäger zog dem Wolf den Pelz ab und ging nach Hause. Die Großmutter aß den Kuchen und trank den Wein und erholte sich wieder. Das Rotkäppchen dachte, dass es nie wieder den Weg verlassen wird, den es eigentlich gehen soll.

Nach den Brüdern Grimm

3 Lest den Kasten mit den Märchenmerkmalen. Lest dann noch einmal das Märchen. Welche Merkmale aus dem Kasten findet ihr dort wieder? Tauscht euch aus. Schreibt die Merkmale auf.

Einige Märchenmerkmale

- Märchen beginnen oft mit „Es war einmal …“ und enden oft mit „Und wenn sie nicht gestorben sind …“.
- Diese Figuren können in Märchen vorkommen: König, Tochter, Prinz, böse Stiefmutter, Jäger, Hexe, Fee, Riese, Zwerg, sprechende Tiere.
- Häufig gibt es magische Gegenstände: einen sprechenden Spiegel, einen vergifteten Apfel, eine verzauberte Spindel.
- Märchen spielen an besonderen Orten: im Wald, im Schloss, im Hexenhaus.
- Die Zahlen 3, 7, 12 und 13 spielen eine wichtige Rolle.
- Märchen haben meistens ein gutes Ende.

Welche Märchen spielen noch im Wald? Sieh in einem Märchenbuch nach.

© 2021 Cornelsen Verlag GmbH, Berlin.
Alle Rechte vorbehalten.

Textinhalte mit Stichworten wiedergeben

1 Lest den Abschnitt. Erzählt euch mithilfe der farbigen Stichworte, was ihr erfahren habt.

Ein Wald ist wie ein Haus, das mehrere Stockwerke hat. In allen Stockwerken leben verschiedene Tiere und Pflanzen. In einem Wald wachsen verschiedene Bäume. Bei uns wachsen im Wald vor allem Laubbäume und Nadelbäume.

2 Lest die weiteren Abschnitte. Teilt euch die Abschnitte untereinander auf. Findet für euren Abschnitt wichtige Stichworte. Markiert sie.

3 Schreibt die Stichworte untereinander auf.

Der Wald liefert uns Holz. Deswegen ist er für uns Menschen sehr wichtig. Holz ist ein nachwachsender Rohstoff. Das bedeutet, dass immer wieder neue Bäume wachsen. Aus ihrem Holz können wir zum Beispiel Häuser bauen.

– Wald liefert Holz
–

Im Wald können wir die Natur genießen und uns erholen. Weil die Bäume den Verkehrslärm dämpfen, ist es im Wald sehr ruhig. Die Blätter und Nadeln der Bäume reinigen die Luft. Darum ist die Waldluft besonders frisch und gesund.

Wir Menschen gehen nicht immer gut mit dem Wald um. Abgase von Fahrzeugen und Kraftwerken verschmutzen die Luft. Achtlos weggeworfener Müll verunreinigt den Waldboden. Das alles macht die Bäume krank.

4 Erzählt euch gegenseitig mithilfe der Stichworte, was ihr in eurem Abschnitt erfahren habt.

© 2021 Cornelsen Verlag GmbH, Berlin.
Alle Rechte vorbehalten.

Sich in Gesprächen aufeinander beziehen

1 Lest die Sprechblasen. Worüber sprechen die Kinder?

2 Tim, Lena, Jonas und Fatma beziehen sich im Gespräch aufeinander.
Woran könnt ihr das erkennen?

3 Lest das Gespräch. Welcher Satz passt an das Ende des Gespräches?
Kreuzt an.

☐ Der Wald ist auch der Arbeitsplatz des Försters.

☐ Ich finde den Wald im Sommer am schönsten, weil es dort schön kühl ist.

Jonas: Ich mag den Wald im Herbst am liebsten, weil die Blätter dann so bunt leuchten.

Lena: Ja, im Herbst gefällt mir der Wald auch besonders gut. Da kann ich Kastanien sammeln und etwas daraus basteln.

Fatma: Mir gefällt der Wald im Frühling am besten, weil da die Natur wieder lebendig wird.

Tim: …

4 Wählt ein Thema und sprecht darüber. **Oder:** Überlegt euch ein eigenes Thema.
Achtet darauf, dass ihr euch mit euren Beiträgen aufeinander bezieht.

Wie können wir den Wald schützen?

Programm für unseren Waldtag

Themen für Waldvorträge

© 2021 Cornelsen Verlag GmbH, Berlin.
Alle Rechte vorbehalten.

Ein Rondell schreiben

1 Lest das **Rondell**. Welches Tier zwitschert im Wald? Kreuzt an.

☐ eine Amsel ☐ eine Meise ☐ ein Rotkehlchen

Ich höre Geräusche im Wald.
Was zwitschert denn da?
Welch schöne Melodie.
Ich höre Geräusche im Wald.
Da entdecke ich eine Meise.
Sie fliegt hoch in den Baum.
Ich höre Geräusche im Wald.
Was zwitschert denn da?

Tipp

Bauplan für ein Rondell
1 ....
2 ....
3 ....
4 ....
5 ....
6 ....
7 ....
8 ....

2 Untersucht den Aufbau des Rondells.

Wie viele Zeilen hat das Rondell? ______________________

Welche Zeilen sind gleich? ______________________

Was ist mit den anderen Zeilen? ______________________

Gibt es Reime? ______________________

© 2021 Cornelsen Verlag GmbH, Berlin.
Alle Rechte vorbehalten.

3 Schreibe ein Rondell über einen anderen Vogel im Wald.
Verändere Zeile 3, 5 und 6. Du musst nicht alle Wörter ersetzen.

Ich höre Geräusche im Wald.
Was zwitschert denn da?
____
Ich höre Geräusche im Wald.
____
____
Ich höre Geräusche im Wald.
Was zwitschert denn da?

4 Schreibe mithilfe des Tipps ein eigenes Rondell zum Wald.
Wähle einen Satz aus, den du in Zeile 1, 4 und 7 einträgst.
Oder: Schreibe ein Rondell zu einem anderen Thema.

Der Wald ist schön. | Es ist kalt und neblig. | Ich sehe Spuren im Wald.

Texte anschaulich schreiben

1 Lies die Geschichtenanfänge. Was fällt dir auf?

____

A Es waren Herbstferien. Tom, Nuri und Anna streiften durch den Wald. Plötzlich raschelte es im Gebüsch. Sie blieben stehen. Es raschelte noch einmal. Da …

B Es waren Herbstferien. Tom, Nuri und Anna streiften durch den Wald. Plötzlich raschelte es im Gebüsch. „Was war das?“, flüsterte Tom. Sie blieben stehen. Anna stotterte: „Bit-te kein …“ Es raschelte noch einmal. „Lasst uns ganz leise warten“, meinte Nuri. Da …

2 Welcher Geschichtenanfang klingt lebendiger? Tauscht euch aus.

☐ Anfang A ☐ Anfang B

3 Lies den Text und die Sätze in den Sprechblasen. Verbinde die Sprechblasen mit der passenden Stelle im Text.

… sprang direkt vor ihnen ein Reh aus dem Gebüsch.
Das Reh erschrak, blieb kurz stehen und lief schnell davon.
Tom, Nuri und Anna mussten lachen, als sie merkten, wie viel Schreck ihnen das Reh eingejagt hatte.
Erleichtert gingen sie nach Hause.

Puh, da haben wir aber noch mal Glück gehabt!

Ich dachte schon, es wäre ein Wildschwein.

Nicht bewegen!

4 Schreibe den Geschichtenanfang **B** ab. Ergänze den Text aus dem Kasten. Füge dabei die Sprechblasen mit passenden Begleitsätzen hinzu. Denke an alle Zeichen. **Oder:** Überlege dir eigene Sprechblasen.

Benutze wörtliche Rede. Sie macht deine Geschichte spannender und lebendiger.

Schreibe eine eigene Waldgeschichte. Denke dabei an den roten Faden.

© 2021 Cornelsen Verlag GmbH, Berlin. Alle Rechte vorbehalten.

Gewusst wie: Texte überarbeiten

Eine Schreibkonferenz durchführen

Wähle höchstens drei Kinder für eine Schreibkonferenz aus. Hast du die Geschichte mit dem Computer geschrieben, kannst du jedem Kind ein Exemplar ausdrucken.

Lies deine Geschichte **vor**. Nach dem Vorlesen darf jeder **sagen**, **was** ihm an der Geschichte **gefallen hat**.

Frage deine Zuhörer:

- **Versteht ihr** die Geschichte oder fehlt etwas?
- Hat die Geschichte einen **roten Faden**?
- Habe ich **wörtliche Rede** verwendet?
- Habe ich **treffende Verben** und **treffende Adjektive** verwendet?
- Habe ich die **Zeitform** eingehalten?
- Ist das **Ende** der Geschichte **verständlich**?

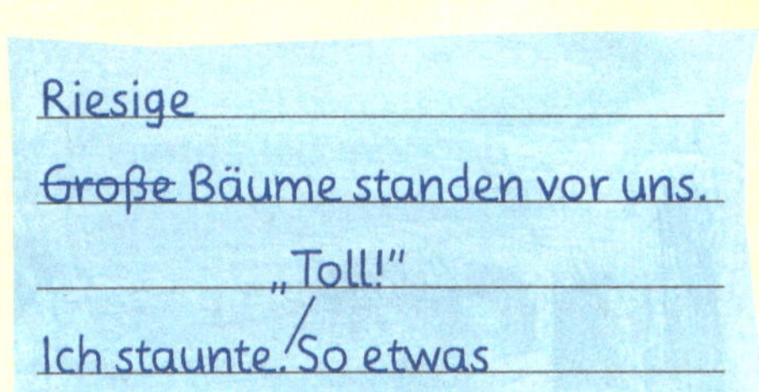

Überarbeitet gemeinsam die Geschichte Satz für Satz.
Du kannst Sätze ergänzen, umstellen, kürzen oder Wörter austauschen.

Lies die Geschichte noch einmal vor. **Achtet** gemeinsam besonders **auf wörtliche Rede, treffende Verben und Adjektive** und die **Zeitform**.

Was ist wichtig, wenn du Texte überarbeitest? Kreuze an.

- ☐ Meine Partner sagen zuerst, was ihnen gefallen hat.
- ☐ Meine Partner achten auf den roten Faden der Geschichte.
- ☐ Meine Partner achten auf die Zeitform der Geschichte.
- ☐ Wir überarbeiten die Geschichte nicht Satz für Satz.

© 2021 Cornelsen Verlag GmbH, Berlin.
Alle Rechte vorbehalten.

1 Max hat eine Geschichte geschrieben.
Lies die Geschichte. Beachte die vier Stellen, die man verbessern kann.

Am Samstag ging ich mit meiner Schwester in den Wald hinter unserem Haus.
Mitten im Wald kamen wir an einer (1) Hütte vorbei. Die Tür hatte kein Schloss
mehr. Wir beschlossen, in die Hütte zu gehen. Es war dunkel und kalt.
Die Hütte (2) ist leer. Nur ein paar Spinnweben hingen an der Decke. Etwas
unheimlich war es schon. Plötzlich hörten wir ein Geräusch. (3) Wir beschlossen,
die Hütte besser wieder zu verlassen. Schnell (4) gingen wir weiter.

2 Ordne den Nummern im Text die Tipps zu.

☐ Hier kann man die Hütte mit passenden Adjektiven genauer beschreiben.

☐ Diese Stelle kann mit einem treffenden Verb genauer beschrieben werden.

☐ Hier stimmt die Zeitform nicht.

☐ An dieser Stelle kann wörtliche Rede den Text viel lebendiger machen.

3 Markiert weitere Stellen, die man verbessern kann.
Was kann Max an diesen Stellen besser machen? Formuliert Tipps wie in Aufgabe 2.

____

____

____

4 Überarbeitet die Geschichte in einer Schreibkonferenz.

5 Besprecht. Was hat bei der Schreibkonferenz gut geklappt? Was könnt ihr verbessern?

© 2021 Cornelsen Verlag GmbH, Berlin.
Alle Rechte vorbehalten.

Wörtliche Rede und Begleitsätze

1 Markiere die wörtliche Rede und den Begleitsatz in verschiedenen Farben.

Lena sagt: „Unser Waldtag war super.“
„Stimmt!“, ruft Jonas.
„Wir haben viele tolle Dinge entdeckt“, erinnert sich Fatma.
Tim fragt: „Können wir bald mal wieder in den Wald gehen?“

2 Lies das Gespräch. Schreibe jede Sprechblase mit einem vorangestellten oder einem nachgestellten Begleitsatz auf. Setze dabei die richtigen Zeichen. Die Wörter im Kasten und der Tipp können dir helfen.

sagen • entgegnen • fragen • bestätigen • berichten
antworten • vorschlagen • rufen • erklären • meinen

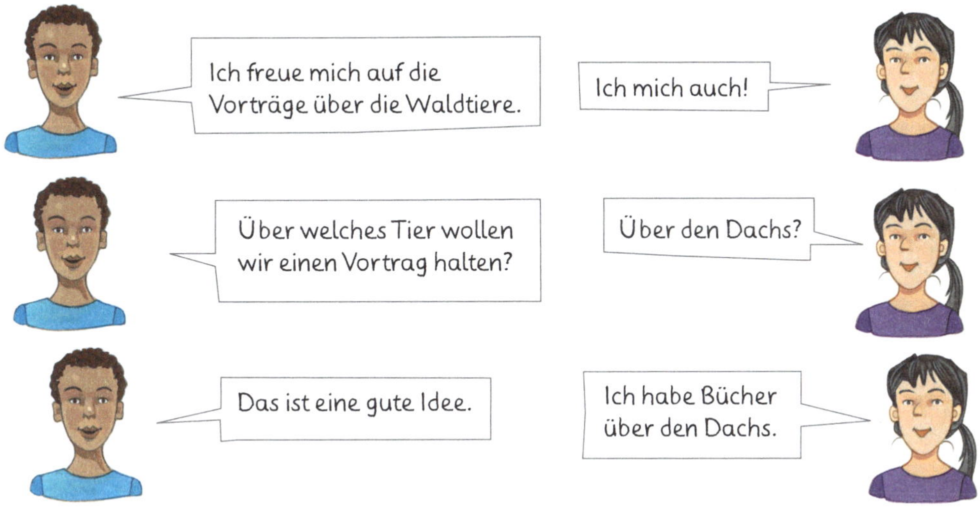

„Ich freue mich auf die Vorträge über die Waldtiere“, sagt Jonas.

Tipp

Wörtliche Rede mit Begleitsätzen

..................: „.................. .“
„..................“, ...
„..................!“, ...
„..................?“, ...

© 2021 Cornelsen Verlag GmbH, Berlin.
Alle Rechte vorbehalten.

3 Wie könnte das Gespräch weitergehen? Ergänze weitere Sätze.
Oder: Erfinde ein Gespräch mit deiner Freundin oder deinem Freund.

Finde im Märchen auf Seite 29/30 wörtliche Rede mit Begleitsätzen.

© 2021 Cornelsen Verlag GmbH, Berlin.
Alle Rechte vorbehalten.

Nomen zusammensetzen

1 Zerlege jedes zusammengesetzte Nomen in Adjektiv und Nomen.

der Buntspecht • der Hochsitz • das Wildschwein • der Rotfuchs

der Buntspecht: bunt + der Specht,

2 Bilde zusammengesetzte Nomen aus Adjektiv und Nomen.

alt • groß • faul
hoch • böse

das Haus • das Papier
das Tier • der Wicht • die Stadt

alt + das Papier: das Altpapier,

© 2021 Cornelsen Verlag GmbH, Berlin.
Alle Rechte vorbehalten.

3 Zerlege jedes zusammengesetzte Nomen in Verb und Nomen.
Markiere beim Verb den Wortstamm.

die Trinkflasche • der Laufschuh • das Klemmbrett • der Parkplatz • der Gehweg

die Trinkflasche: trinken + die Flasche,

4 Bilde zusammengesetzte Nomen mit dem Verb **wandern**. Markiere beim Verb den Wortstamm.

wandern + der Weg: der Wanderweg,

5 Zerlege jedes zusammengesetzte Nomen in zwei Nomen. Markiere den Artikel und das Grundwort.

die Waldameise • der Waldboden • das Waldtier • der Laubwald • der Regenwald

die Waldameise: der Wald + die Ameise,

6 Setze die Nomen zusammen. Schreibe so: der Vogel + das Nest: das Vogelnest, …
Achtung! Bei manchen Wörtern musst du einen Verbindungsbuchstaben einfügen.

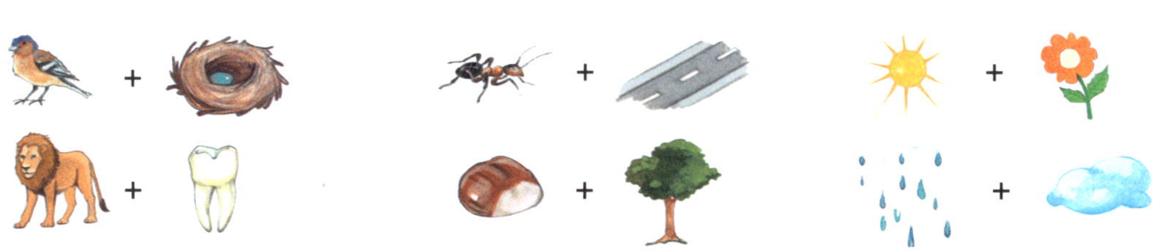

© 2021 Cornelsen Verlag GmbH, Berlin.
Alle Rechte vorbehalten.

Wörter mit lk, nk, rk und lz, nz, rz

1 Lies die Sätze. Sprich die farbigen Wörter besonders deutlich.
Markiere den kurzen Selbstlaut vor **lk**, **nk**, **rk** und **lz**, **nz**, **rz** mit einem •.

Ich gehe im Wald spazieren. Am Himmel sind nur wenige Wolken. Ich setze mich kurz auf eine Bank. Die Bäume im Wald stehen ganz dicht. Ich sehe Birken und Eichen. Auf dem Boden liegt viel Holz. Ich entdecke auch Pilze. Viele Pflanzen haben leuchtende Blätter. Sie glänzen in der Sonne. Ich sammle einige Blätter. Daraus bastele ich ein Geschenk für meinen Onkel. Das möchte ich ihm zum Geburtstag schenken.

2 Schreibe die Nomen in der Einzahl und in der Mehrzahl auf.
Markiere den kurzen Selbstlaut vor **lk**, **nk**, **rk** und **lz**, **nz**, **rz** mit einem •.

der Prinz – die Prinzen,

3 Schreibe die Verben in allen Personalformen im Präsens auf.
Schreibe so: erzählen: ich erzähle, du …

erzählen trinken tanzen erklären

Schreibe einem Partnerkind zehn Wörter aus Aufgabe 1 und 3 auf Papierstreifen.
Tauscht eure Wörter. Schreibt ein Wendediktat.

Merksatz

Nach einem kurzen Selbstlaut (Vokal) stehen mindestens zwei Mitlaute (Konsonanten).
Wolke, Schrank, Gurke, Pilz, Pflanze, kurz

© 2021 Cornelsen Verlag GmbH, Berlin.
Alle Rechte vorbehalten.

Wörter mit o/ö und u/ü

1 Finde Wortpaare. Markiere gleiche Wortpaare mit der gleichen Farbe.

Buch	Kopf	Chor	Brot	Stunde	Wut	jung	Korb
Köpfchen	Bücher	stündlich	Brötchen	Chöre	wütend	Körbe	jünger

2 Ordne die Wörter nach ihren Wortfamilien. Markiere den Wortstamm.

mündlich • der Busch • die Größe • der Mund • das Gebüsch • die Münder
die Großmutter • größer • die Büsche • bevormunden • vergrößern • buschig

mund: mündlich, ______________________

____

busch: ______________________

____

groß: ______________________

____

3 Findet möglichst viele Wörter mit diesen Wortstämmen. Markiert den Wortstamm.
Schlagt auch in der Wörterliste oder im Wörterbuch nach.
Schreibt so: sturm – die Sturmflut, …

sturm   gruß   grund   stoß

Wähle eine Wortfamilie von dieser Seite. **Oder:** Wähle eine eigene Wortfamilie.
Bilde einen Satz mit möglichst vielen Wörtern dieser Wortfamilie.
Nachdem der Herbststurm über das Land gestürmt war, gab es viele Sturmschäden.

© 2021 Cornelsen Verlag GmbH, Berlin.
Alle Rechte vorbehalten.

Das kann ich schon

Rechtschreibtraining

Lena und ihr Bruder Jakob laufen durch den Wald. Sie haben sich verlaufen. Es ist Nacht. Eine Wolke verdunkelt den Mond. Alles ist ganz schwarz. Nur ein paar Sterne funkeln am Himmel. „Die Bäume sehen aus wie gefährliche Monster!“, ruft Jakob. Er fängt an zu weinen und hält sich an Lenas Arm fest. Sein Herz pocht vor Angst schrecklich laut. „Wir müssen schnell zurück zu Mama und Papa“, keucht Lena. „Ich glaube, wir müssen nach links.“ Die beiden rennen los. Plötzlich hört Lena eine Stimme. „Aufwachen“, flüstert Mama ruhig. „Du hattest einen bösen Traum.“ „Zum Glück“, denkt Lena und schläft wieder ein.

Wörter mit o/ö und u/ü

1 Ordne die Wörter nach ihren Wortfamilien.
Markiere den Wortstamm.

kürzlich • zuknöpfen • kochen • die Köche
kurz • verkürzen • gekocht • der Knopf
überkochen • kürzen • köcheln
das Knopfloch • der Kurzschluss
geknöpft • kurzärmelig • der Chefkoch

kurz: kürzlich, ______________________

____

____

koch: ______________________

____

____

knopf: ______________________

____

____

Übungswörter

das Glück
das Herz
die Wolke
sie denkt
denken
er fängt an
anfangen
sie hört
hören
sie schläft ein
einschlafen
gefährlich
ruhig
schrecklich
schwarz

die beiden
links
paar

© 2021 Cornelsen Verlag GmbH, Berlin.
Alle Rechte vorbehalten.

Diese Seite fand ich:
○ leicht ○ mittel ○ schwer

Nomen zusammensetzen

2 Bilde zusammengesetzte Nomen aus Adjektiv und Nomen.

billig • bunt • kühl • trocken

das Angebot • das Papier • der Schrank • die Früchte

billig + das Angebot: das Billigangebot,

3 Bilde zusammengesetzte Nomen mit dem Verb **schreiben**.
Markiere beim Verb den Wortstamm.

4 Setze die Nomen zusammen. Achtung! Bei manchen Wörtern musst du einen Verbindungsbuchstaben einfügen.

der Rauch • die Geburt • die Kirche
der Nachbar • die Note

das Haus • das Blatt • das Fenster
der Tag • die Wolke

der Rauch + die Wolke: die Rauchwolke,

© 2021 Cornelsen Verlag GmbH, Berlin.
Alle Rechte vorbehalten.

Diese Seite fand ich:
○ leicht ○ mittel ○ schwer

Wörtliche Rede und Begleitsätze

5 Lies das Gespräch. Schreibe jede Sprechblase mit einem vorangestellten oder einem nachgestellten Begleitsatz auf. Setze dabei die richtigen Zeichen. Die Wörter im Kasten können dir helfen.

sagen • entgegnen • fragen • vorschlagen • jammern
antworten • erzählen • rufen • hecheln • meinen

„Warum keuchst du so?“, fragt der Esel.

© 2021 Cornelsen Verlag GmbH, Berlin.
Alle Rechte vorbehalten.

Diese Seite fand ich:
○ leicht ○ mittel ○ schwer

Wörter mit lk, nk, rk und lz, nz, rz

6 Schreibe die Nomen in der Einzahl und in der Mehrzahl auf. Markiere den kurzen Selbstlaut vor **lk**, **nk**, **rk** und **lz**, **nz**, **rz** mit einem •.

 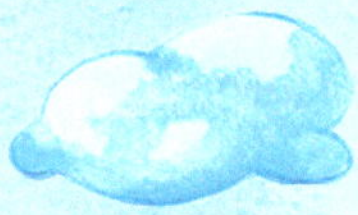  

der Arzt – die Ärzte,

Alle Strategien üben

Markiere die Fehlerwörter. Schreibe die passenden Strategiezeichen darüber.

Die Klase helt Vorträge über Waldtire.

Tim erzählt über den Fux. (4)

Schreibe nun beide Sätze richtig auf.

© 2021 Cornelsen Verlag GmbH, Berlin.
Alle Rechte vorbehalten.

Diese Seite fand ich:
○ leicht ○ mittel ○ schwer

Sonne, Mond und Sterne

strahlen

● Milchstraße

● Sonnensystem

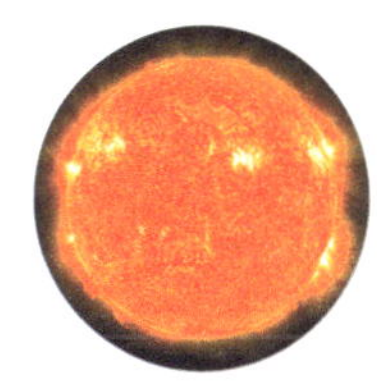
glühend

abheben

● Mond

● Stern

schwerelos

betrachten

● Planet

● Weltall

voll

staunen

Übe die Wörter auf der Rückseite.

halb

© 2021 Cornelsen Verlag GmbH, Berlin.
Alle Rechte vorbehalten.

 ______________________  ______________________

 ______________________  ______________________

 ______________________  ______________________

 ______________________  ______________________

 ______________________  ______________________

 ______________________  ______________________

 ______________________

 ______________________

Alles richtig? ☐

Hier schreibe ich Wörter, Texte, Ideen und Fragen zum Bild auf.

____

____

____

____

____

____

© 2021 Cornelsen Verlag GmbH, Berlin.
Alle Rechte vorbehalten.

Eine Fabel und ein Gedicht lesen

Die Füchsin und der Wolf

Es gab einmal einen gefräßigen Wolf, der in einem Wald lebte. Eines Nachts begegnete er einer Füchsin und betrachtete sie gierig. Aber die Füchsin war schlau und hatte einen Plan und sagte zu dem Wolf: „Folge mir und du wirst so viel essen können, wie du nur willst." Die Füchsin führte den Wolf an einen See und deutete auf das Spiegelbild des Mondes im Wasser. „Schau dir nur diesen köstlichen Käselaib an!" Der Wolf leckte sich die Lippen und begann, am Wasser zu schlecken. Er trank immer mehr und mehr Wasser und wurde immer dicker und dicker, bis er – Paff! – in tausend Teile zerplatzte!

Hannah Pang

© 2021 Cornelsen Verlag GmbH, Berlin.
Alle Rechte vorbehalten.

Abendlied

Der Mond ist aufgegangen,
die gold'nen Sternlein prangen
am Himmel hell und klar.
Der Wald steht schwarz und schweiget,
und aus den Wiesen steiget
der weiße Nebel wunderbar.

Seht ihr den Mond dort stehen,
er ist nur halb zu sehen,
und ist doch rund und schön.
So sind wohl manche Sachen,
die wir getrost belachen,
weil uns're Augen sie nicht sehn.

Matthias Claudius

Welche Fabeln kennst du?

Ein Kinderbuch lesen

Bringen wir mal Licht ins Dunkel

Wenn der Mond die Erde umkreist, scheint er zu bestimmten Zeiten seine Form zu verändern, denn dann strahlt ihn mehr Sonnenlicht an, und wir können ja nur die Teile sehen, auf die das Sonnenlicht trifft. Das bezeichnen wir auch als „Mondphasen" – also die verschiedenen Phasen oder Formen, die wir im Laufe eines Monats von ihm sehen. Von der Erde aus können wir verschiedene Bereiche der uns zugewandten Seite erkennen, je nachdem, wo sich der Mond auf seiner Umlaufbahn befindet.

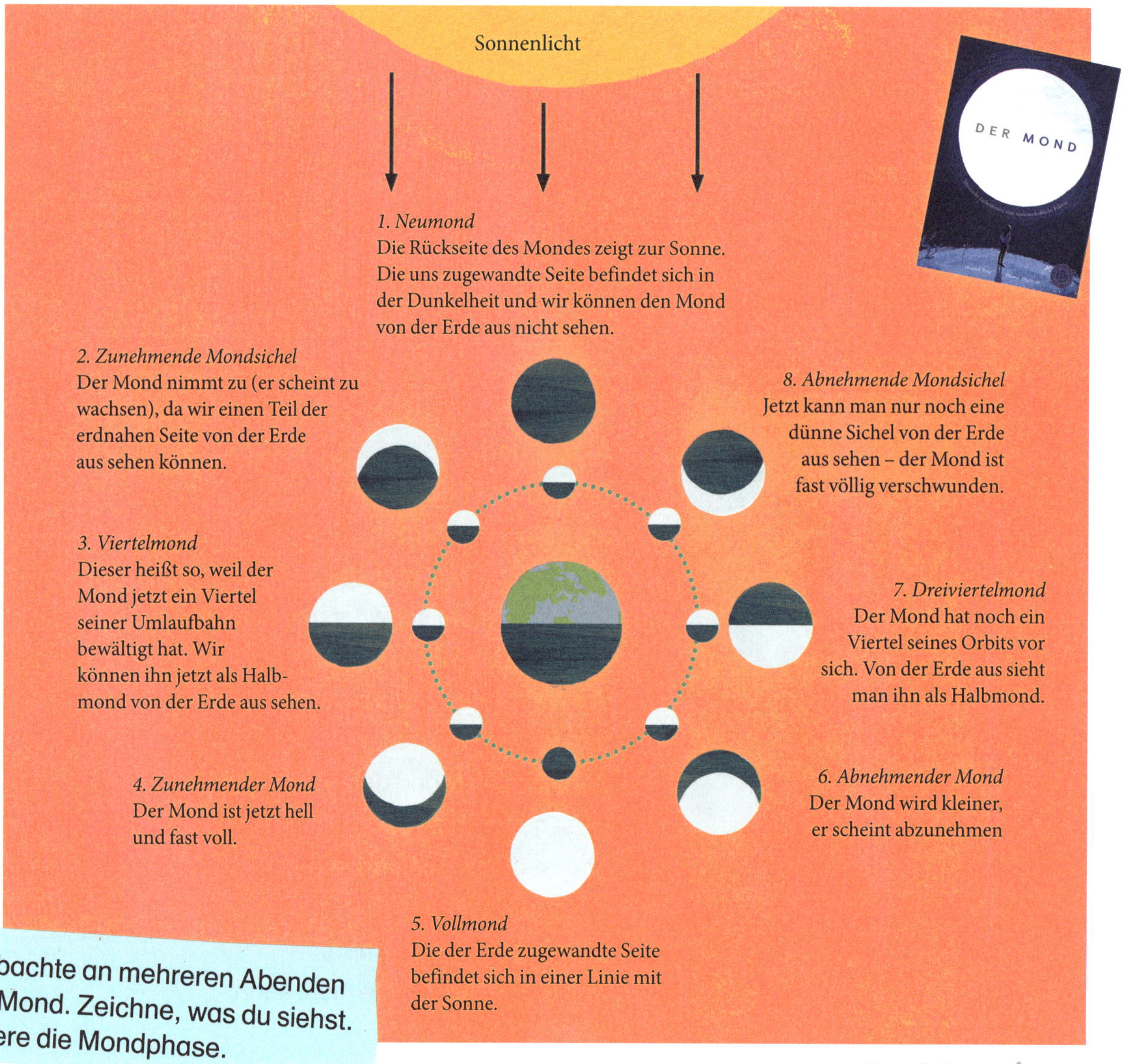

Beobachte an mehreren Abenden den Mond. Zeichne, was du siehst. Notiere die Mondphase.

Hannah Pang

© 2021 Cornelsen Verlag GmbH, Berlin. Alle Rechte vorbehalten.

Zwischenüberschriften finden

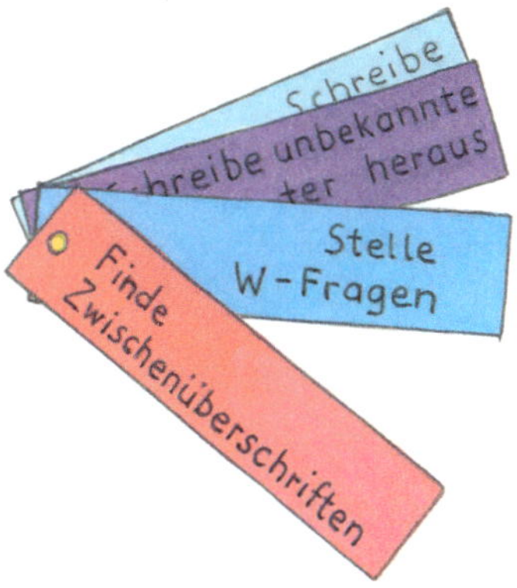

1 Lies die Überschrift und sieh dir die Bilder an.
Was weißt du schon über das Thema?

- ☐ Ich weiß schon ganz viel.
- ☐ Ich weiß schon einige Dinge.
- ☐ Ich muss mich noch informieren.

2 Lies nun den Text. Kläre unbekannte Wörter.
Frage ein Partnerkind oder schlage sie nach.

So dachte man früher

Unser Sonnensystem

Vor etwa 500 Jahren hatten die Menschen ein anderes Weltbild als wir heute. Sie glaubten, dass die Erde der Mittelpunkt im Weltall sei. Nikolaus Kopernikus fand durch seine Beobachtungen jedoch etwas ganz anderes heraus: Alles dreht sich um die Sonne – auch unsere Erde.

____

Die Erde gehört zu einer Familie von acht Planeten. Sie alle bewegen sich im Weltall um die Sonne herum. Weil die Sonne die Mitte bildet, nennt man alles zusammen Sonnensystem. Jeder Planet dreht sich wie ein Kreisel auf einer festen Bahn. Die Erde kreist in 150 Millionen Kilometern Entfernung auf ihrer Bahn um die Sonne.

© 2021 Cornelsen Verlag GmbH, Berlin. Alle Rechte vorbehalten.

Die Sonne ist der einzige Stern unseres Sonnensystems. Sterne sind glühende Kugeln aus Gas. Auf einem Stern hat man also keinen festen Boden unter den Füßen. Von der Erde aus sehen wir auch andere Sterne leuchten. Zu unserem Sonnensystem gehören diese aber nicht.

Planeten werden auch Wanderer genannt. Sie bestehen aus Eis oder Gestein, sie sind flüssig oder aus Gas. Planeten sind kleiner und kälter als Sterne und können kein eigenes Licht erzeugen. Einige Kleinplaneten sind so groß wie ein Haus, manche sogar so groß wie Deutschland, wieder andere sind nicht größer als ein Sandkorn. Millionen von ihnen umkreisen die Sonne. Ein anderes Wort für Kleinplanet ist Asteroid.

Zu unserem Sonnensystem gehören auch Kometen. Einen Kometen kennen wir als Stern mit Schweif. Ein Komet ist aber so etwas wie ein großer Schneeball, der vom Staub schmutzig geworden ist. Einen leuchtenden Schweif bekommen Kometen nur, wenn sie der Sonne zu nahe kommen. Dann fangen Staub und Gase an zu brennen.

Monde sind ebenso Teil unseres Sonnensystems. Sie sind felsige Himmelskörper, die einen Planeten umkreisen. Sie senden kein eigenes Licht aus. Bis auf Merkur und Venus haben alle Planeten unseres Sonnensystems mindestens einen Mond. Der Erdmond ist staubig und trocken.

3 Finde für jeden Abschnitt eine Überschrift.
Notiere sie auf den Linien.

Informiere dich über Nikolaus Kopernikus. Suche Informationen in einem Lexikon oder im Internet. Nutze dazu eine Kindersuchmaschine.

© 2021 Cornelsen Verlag GmbH, Berlin.
Alle Rechte vorbehalten.

Gewusst wie: Informationen austauschen

In einem **Gruppenpuzzle** wird jedes Kind zu einer Expertin oder einem Experten.

Bildet Vierergruppen.
Seht euch gemeinsam **das Thema** mit den **Unterthemen** an.

Verteilt die Unterthemen auf die Gruppenmitglieder.

Trefft euch mit den Kindern der anderen Gruppen, die dasselbe Unterthema gewählt haben wie ihr. Gemeinsam bildet ihr ein **Expertenteam**.
Informiert euch zu eurem Unterthema.

Tauscht euch in eurem Expertenteam **aus**. **Seht euch** euer **Material an** und **klärt wichtige Begriffe**.
Bringt eigenes Wissen ein.
Bereitet eure Ergebnisse für **eine Präsentation vor**. **Übt** die Präsentation.

Kommt wieder zu eurer Gruppe zurück.
Präsentiert euch gegenseitig, **was** ihr **in** eurem **Expertenteam herausgefunden** habt.

Was ist wichtig, wenn ihr euch im Expertenteam zu eurem Unterthema informiert?
Kreuze an.

- ☐ Wir sehen uns das Material an und wählen aus, welche Texte und Fotos wir brauchen.
- ☐ Eigenes Wissen lassen wir weg. Die Materialien reichen aus.
- ☐ Unbekannte Begriffe klären wir gemeinsam.
- ☐ Jeder sagt, was er zu sagen hat. Einen Gesprächsleiter brauchen wir nicht.

© 2021 Cornelsen Verlag GmbH, Berlin.
Alle Rechte vorbehalten.

1 Lies das Thema und die vier Unterthemen.
Tausche dich mit deinem Sitznachbarn leise darüber aus.

Die Sonne

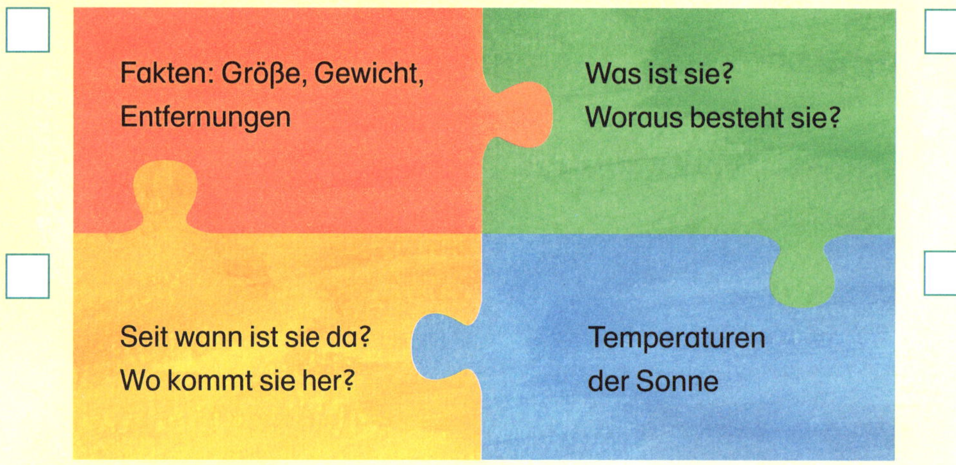

2 Bildet Vierergruppen. Verteilt die Unterthemen auf die Gruppenmitglieder.
Kreuze dein Unterthema an.

3 Trefft euch in euren Expertenteams und tauscht euch aus.

Diese Materialien haben wir genutzt: ____________________

____

Diese Begriffe haben wir geklärt: ____________________

____

Dieses Wissen konnte ich einbringen: ____________________

____

____

4 Notiert eure Ergebnisse.
Bereitet eine kleine Präsentation vor und übt sie.

5 Kommt in eure Gruppe zurück.
Präsentiert euch gegenseitig,
was ihr in euren Expertenteams
herausgefunden habt.

6 Besprecht gemeinsam: Was hat beim Gruppenpuzzle gut geklappt? Was könnt ihr noch verbessern?

© 2021 Cornelsen Verlag GmbH, Berlin.
Alle Rechte vorbehalten.

Einen Text planen: Wortmaterial sammeln

1 In fantasievollen Geschichten gibt es Dinge, die es in Wirklichkeit nicht gibt. Ordne die Ausdrücke zu. Markiere die Kästen in den passenden Farben.

1 Orte | **2** Fortbewegungsmittel | **3** Lebewesen

mitten im Glitzernebel | der Galaxienflitzer | die Planetenwächterin

Zoqua vom Planeten Astrotus | in der Nähe des Planeten Formidabolus

die Shuttlefahrerin | der 1 000-Monde-Bus | der Galaxienreiseleiter

an der Weltall-Haltestelle | das Planetenshuttle | auf dem Weg ins All

2 Findet weitere passende Ausdrücke. Ordnet sie zu.

Raumfähre

Fortbewegungsmittel

Orte

Lebewesen

© 2021 Cornelsen Verlag GmbH, Berlin.
Alle Rechte vorbehalten.

3 Gefühle und Gedanken machen eine Fantasiegeschichte lebendig.
Lest die Sätze und ordnet sie zu. Schreibt die passenden Buchstaben in die Kästen.

Überraschung **F**reude **A**ngst **E**rleichterung

☐ Ich traute meinen Augen nicht.

☐ Ich war überglücklich.

☐ Zum Glück war alles gut ausgegangen.

☐ So etwas hatte ich noch nie erlebt.

☐ Vor lauter Aufregung hielt ich den Atem an.

☐ Der Schreck fuhr mir durch die Glieder.

Mir fiel ein Stein vom Herzen. ☐

Ich hätte die ganze Welt umarmen können. ☐

Ich konnte es kaum fassen. ☐

Endlich konnte ich wieder ruhig atmen. ☐

Mein Herz hüpfte vor Freude. ☐

Ich fühlte mich nicht wohl in meiner Haut. ☐

4 Ergänzt weitere passende Sätze.

Überraschung: ______________________________

____

Freude: ______________________________

____

Angst: ______________________________

____

Erleichterung: ______________________________

____

© 2021 Cornelsen Verlag GmbH, Berlin.
Alle Rechte vorbehalten.

Zu einem Bild schreiben

1 Sieh dir das Bild an. Was fällt dir dazu ein? Notiere deine Ideen.

© 2021 Cornelsen Verlag GmbH, Berlin.
Alle Rechte vorbehalten.

2 Wähle Ideen aus und notiere sie auf Karten.
Bringe deine Karten in eine sinnvolle Reihenfolge. Lege sie an den roten Faden.
Ergänze weitere Ideen. Nutze auch die Wörter von Seite 54.

3 Schreibe deine Geschichte auf.
Finde auch eine passende Überschrift.

4 Überarbeite deine Geschichte
in einer Schreibkonferenz.

Verben: Personalform und Wortstamm

1 Lies den Text. Sieh dir die farbigen Wörter genau an. Zu welcher Wortart gehören sie?

*Eagle (sprich: Igel) = englisches Wort für Adler

Die Landung auf dem Mond

Am 20. Juli 1969 schwebt die Landefähre Eagle* über der Mondoberfläche. Neil Armstrong sucht eine geeignete Landestelle. Für 75 Sekunden reicht der Treibstoff. Doch hier schafft er es nicht. Ein Gewimmel von riesigen Felsbrocken bedeckt das Gebiet, ein Krater liegt neben dem anderen. Armstrong steuert die Landefähre von Hand. Er zieht den Steuerknüppel zu sich und bewegt die Eagle über einen gefährlichen Krater hinweg. Edwin Aldrin stockt der Atem. Die Uhr zeigt genau 21 Uhr, 17 Minuten und 46 Sekunden. Das Landemanöver gelingt und die Fähre berührt den staubigen Grund. Die beiden Amerikaner landen als erste Menschen auf dem Mond.

schweben

2 Schreibe neben jede Zeile die Grundform des Verbs. Markiere den Wortstamm.

3 Schreibe die Verben lesen und nehmen in allen Personalformen im Präsens auf. Schreibe so:
lesen: ich lese, du …

Merksatz

Verben haben verschiedene Personalformen.
Bei manchen Personalformen verändert sich der Wortstamm.

Grundform	Personalformen	
tragen	*ich **trag**e*	*wir **trag**en*
	*du **träg**st*	*ihr **trag**t*
	*er/sie/es **träg**t*	*sie **trag**en*

© 2021 Cornelsen Verlag GmbH, Berlin.
Alle Rechte vorbehalten.

Mit Adjektiven vergleichen: als und wie

1 Lies die Quartettkarten. Vergleiche das Alter der Astronautinnen und Astronauten.
Nutze dazu die Adjektive alt, älter, am ältesten und jung, jünger, am jüngsten.

Alexander Gerst	
Geburtsjahr	1976
Erster Einsatz im All	2014
Tage im All	362
Einsätze im All	2

Walentina Tereschkowa	
Geburtsjahr	1937
Erster Einsatz im All	1963
Tage im All	3
Einsätze im All	1

Christina Hammock Koch	
Geburtsjahr	1979
Erster Einsatz im All	2019
Tage im All	328
Einsätze im All	1

Ulf Merbold	
Geburtsjahr	1941
Erster Einsatz im All	1983
Tage im All	50
Einsätze im All	3

© 2021 Cornelsen Verlag GmbH, Berlin.
Alle Rechte vorbehalten.

2 Lies die Vergleiche. Setze die Adjektive aus dem Kasten passend ein.

älter als • so oft … wie • öfter … als • jünger als

Ulf Merbold war ______________ im All __________ Alexander Gerst.

Alexander Gerst ist __________________ Christina Hammock Koch.

Christina Hammock Koch ist __________________ Ulf Merbold.

Walentina Tereschkowa war ______________ im All __________ Christina Hammock Koch.

3 Bilde weitere Sätze zu den Quartettkarten.
Nutze die Adjektive aus dem Kasten.
Schreibe so: Alexander Gerst war später im All als …

später … als • länger … als • früher … als • seltener … als

Wörter mit Eu oder eu

1 Lies die Wörter. Markiere **Eu** oder **eu**.

die Betreuung • die Feuerwehr • die Eule • die Leute • freuen • treu
die Freude • erneuern • Europa • die Meute • der Euro • euch
das Ungeheuer • das Euter • neu • das Flugzeug • heute • das Heu
der Freund • anfeuern • das Kreuz • befreundet • ungeheuerlich

2 Lies die Wörter aus Aufgabe 1 noch einmal.
Finde sieben Wortpaare aus der gleichen Wortfamilie. Markiere den Wortstamm.

die Betreuung – treu,

3 Mit neun Wörtern aus Aufgabe 1 könnt ihr kein Wortpaar bilden.
Übt diese Wörter mit dem Stopp-Spiel.

Ihr braucht: Stoppuhr, ein Blatt Papier, Wörter aus Aufgabe 1

Anleitung:

- Stellt eine Stoppuhr auf 30 Sekunden.
- Prägt euch die Wörter ein.
- Dreht das Blatt um.
- Jedes Kind schreibt nun alle Wörter auf, die es sich gemerkt hat.
- Kontrolliert gegenseitig. Für jedes richtige Wort gibt es einen Punkt.

4 Finde möglichst viele Wörter mit diesen Wortstämmen. Markiere den Wortstamm.
Schlage auch in der Wörterliste oder im Wörterbuch nach.

Schreibe so: leucht: die Beleuchtung, …
kreuz: …
deut: …

Bilde einen Satz mit möglichst vielen Wörtern mit **Eu** oder **eu**.

© 2021 Cornelsen Verlag GmbH, Berlin.
Alle Rechte vorbehalten.

Wörter trennen

1 Lies den Text.
Sprich die farbigen und die **fett** gedruckten Wörter besonders deutlich.

In sternklaren **Nächten** lohnt es sich, in den Himmel zu gucken. Hoch oben sehen wir ein **Funkeln** und Flimmern. Dabei besitzen Sterne im Weltall ein ruhiges Licht. Unsere Erde umgibt aber eine Hülle aus Luft. Diese Luft bewegt das **Sternenlicht** auf dem Weg zu uns. Es flackert hin und her. Dadurch sieht es aus, als ob Sterne glitzern. **Manchmal** erblicken unsere Augen einen Stern, der schon erloschen ist. Der ferne Gasball hat längst aufgehört zu brennen. Da seine **Lichtstrahlen** aber mehrere **hundert** Jahre zu uns unterwegs sind, treffen sie erst auf die Erde, wenn es den Stern schon gar nicht mehr gibt. Beim Malen nach Zahlen müssen wir Punkte **miteinander** verbinden. Das klappt auch im Gewimmel von Sternen. So entstehen Umrisse von Bildern. 88 solcher **Sternbilder** gibt es heute. Schauen wir nach oben, dann entdecken wir einige nur schwer oder selten. Den großen Wagen können wir das ganze **Jahr** über erkennen. Manchmal ist er jedoch hinter den Wolken versteckt.

2 Schreibe alle **fett** gedruckten Wörter aus dem Text untereinander auf.
Sprich sie deutlich in Silben und trenne sie.

Nächten: Näch - ten,

© 2021 Cornelsen Verlag GmbH, Berlin.
Alle Rechte vorbehalten.

3 Schreibe alle farbigen Wörter aus dem Text untereinander auf. Sprich sie deutlich in Silben und trenne sie. Markiere die doppelten Mitlaute und **tz**.

Himmel: Him-mel,

4 Finde im Text fünf Wörter mit **ck** und markiere sie. Schreibe sie auf.
Sprich die Wörter deutlich in Silben und trenne sie. Markiere **ck**.

gucken: gu-cken,

© 2021 Cornelsen Verlag GmbH, Berlin.
Alle Rechte vorbehalten.

Verwandte Wörter finden

Gehört zu?

Verwandte Wörter finden

Gehört zu?

Berg ←g→ *Berge* | *schreibt* ←b→ *schreiben*
Sand ←d→ *sandig* | *Wälder* ←ä→ *Wald*
geht ←h→ *gehen* | *läuft* ←äu→ *laufen*

1 Ordne das verwandte Wort zu. Markiere verwandte Wörter in der gleichen Farbe.

Bälle | Licht | Bäume | gelb | Werk | typisch | Kind | sieht

Lichter | gelbe | Ball | Typ | Baum | Handwerkerin | sehen | Kinder

2 Streiche den falschen Buchstaben durch und schreibe das Wort richtig auf.

das Kin d/~~t~~ ←[d]→ das Kind

das Sie b/p ←[ ]→ ____

star g/k ←[ ]→ ____

sie f ä/e llt ←[ ]→ ____

der Zu g/k ←[ ]→ ____

die Kr äu/eu ter ←[ ]→ ____

3 Diese Wörter helfen sich gegenseitig. Warum ist das so?
Tauscht euch aus. Begründet.

der Wald ←→ die Wälder | die Nähe ←→ nah
die Wälder ←→ der Wald | nah ←→ die Nähe

4 Findet weitere Beispiele für Wörter, die sich gegenseitig helfen.

____

____

© 2021 Cornelsen Verlag GmbH, Berlin.
Alle Rechte vorbehalten.

STARK: Alle Strategien anwenden

1 Lies den Text zweimal. Sieh dir beim zweiten Mal die farbigen Wörter ganz genau an.

Die Erde ist eine flache Scheibe und rund wie ein Teller. Am Rand geht es nicht mehr weiter. So dachten die Menschen vor vielen Tausend Jahren. Heute ist erwiesen, dass die Erde einer Kugel ähnelt. Ein Mann namens Ptolemäus fand dies bereits vor mehr als 2000 Jahren durch Beobachtungen heraus.
Dank Nikolaus Kopernikus wissen wir, dass sich unsere Erde auf einer Bahn um die Sonne herum bewegt. Dadurch gibt es bei uns vier Jahreszeiten. Um die eigene Achse dreht sich die Erde auch. So entsteht der Tag und auch die Nacht.

2 Schreibt jedes farbige Wort aus dem Text auf eine Karte.

3 Führt ein Rechtschreibgespräch zu jedem Wort.

Rechtschreibgespräch

?	1. An welcher Stelle könntet ihr beim Schreiben unsicher sein? Markiert diese Stelle.	rund
	2. Welche Strategie hilft euch? Begründet. Ergänzt die Strategie auf der Karte.	rund <-d-> runder ⟷
	3. Findet drei weitere Wörter, bei denen euch die Strategie auch hilft. Schreibt sie auf die Rückseite der Karte.	Hund <-d-> Hunde Wind <-d-> windig Abend <-d-> Abende

4 Wähle drei Wörter aus, die du besonders schwer findest. Schreibe mit jedem Wort einen Satz.

© 2021 Cornelsen Verlag GmbH, Berlin. Alle Rechte vorbehalten.

Das kann ich schon

Rechtschreibtraining

Jonas und sein Freund Jan wollen nächste Woche einen Vortrag über den Mond halten. Deshalb gehen sie heute zusammen zur Bücherei. Dort gucken sie nach passenden Büchern. Am Nachmittag arbeiten sie bei Jan weiter. Zuerst wollen die Jungen wissen, ob der Mond von alleine leuchtet. Sie blättern neugierig in ihren Büchern und entdecken einige Informationen. Jan macht einen Vorschlag: „Lass uns auch das Internet nutzen, vielleicht finden wir dort noch etwas Neues." Am Computer von Jans Papa geben sie das Stichwort Mond in eine Suchmaschine für Kinder ein. Jonas findet ein tolles Bild. Abends sind sie endlich fertig.

Übungswörter

der Freund
die Information
der Mond
der Nachmittag
die Suchmaschine
der Vorschlag
gehen
gucken
er leuchtet
leuchten
nutzen
wollen
fertig
neugierig
toll

deshalb
nächste
ob
zusammen

Mit Adjektiven vergleichen: als und wie

1 Lies die Vergleiche. Setze Adjektive aus dem Kasten passend ein.

älter als • so schön wie • weniger als • schneller als
schlechter als • so gut wie • so alt wie • besser als
mehr als • so schlecht wie • so viel wie • langsamer als
schöner als • so schnell wie

Meine Oma ist älter als ich.

Tom ist ______________ seine Freundin Azra.

Geparden sind ______________ Löwen.

In Deutsch bin ich ______________ in Mathe.

Ich finde Rosen ______________ Nelken.

Kartoffeln schmecken mir ______________ Reis.

Beim Mittagessen isst Lena ______________ ihr Papa.

Diese Seite fand ich:
○ leicht ○ mittel ○ schwer

© 2021 Cornelsen Verlag GmbH, Berlin.
Alle Rechte vorbehalten.

Wörter mit Eu oder eu

2 Lies die Wörter. Verbinde Wortpaare aus der gleichen Wortfamilie.
Schreibe sie auf. Markiere den Wortstamm.

überzeugen | beleuchten | ankreuzen | erfreut | die Bedeutung | Deutschland | heulen

die Kreuzung | deutsch | deutlich | das Zeugnis | das Geheule | leuchtend | erfreulich

überzeugen – das Zeugnis,

3 Finde möglichst viele Wörter mit diesen Wortstämmen.
Markiere den Wortstamm.

feuer | freund | neu | freu

feuer: ___

freund: ___

neu: ___

freu: ___

© 2021 Cornelsen Verlag GmbH, Berlin.
Alle Rechte vorbehalten.

Diese Seite fand ich:
○ leicht ○ mittel ○ schwer

Wörter trennen

4 Schreibe die Wörter aus dem Kasten auf.
Sprich sie deutlich in Silben und trenne sie.

Regenbogen • Knobelwörter • Elefantengehege
Zaubersprüche • Lesezeichen • Herzenswunsch

Regenbogen: Re-

5 Schreibe die Wörter aus dem Kasten auf.
Sprich sie deutlich in Silben und trenne sie.
Markiere die doppelten Mitlaute, **tz** und **ck**.

stellen • können • gucken • benutzen • wollen • essen
besitzen• verletzen • bitten • schaffen • verstecken • pflücken

stellen: stel-len,

© 2021 Cornelsen Verlag GmbH, Berlin.
Alle Rechte vorbehalten.

Diese Seite fand ich:
○ leicht ○ mittel ○ schwer

Verben: Personalform und Wortstamm

6 Schreibe die Verben im Kasten in allen Personalformen im Präsens auf.

kommen • packen • gehen • zeichnen

kommen: ich komme, du ______________________________

____

packen: ______________________________

____

gehen: ______________________________

____

zeichnen: ______________________________

____

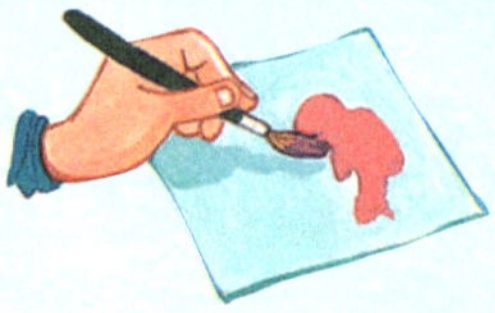

Alle Strategien üben

Markiere die Fehlerwörter. Schreibe die passenden Strategiezeichen darüber.

der Planet Wenus ist der Erde am nechsten.

In klaren Nächten kann man ihn gut am Himel erkennen. (4)

Schreibe nun beide Sätze richtig auf.

____

____

____

© 2021 Cornelsen Verlag GmbH, Berlin.
Alle Rechte vorbehalten.

Diese Seite fand ich:
○ leicht ○ mittel ○ schwer

Drachen

spucken

● Drache

● Kralle

schrecklich

schlüpfen

● Echse

● Ritter

zackig

fauchen

● Feuer

● Ungeheuer

schuppig

angreifen

Übe die Wörter auf der Rückseite.

magisch

© 2021 Cornelsen Verlag GmbH, Berlin.
Alle Rechte vorbehalten.

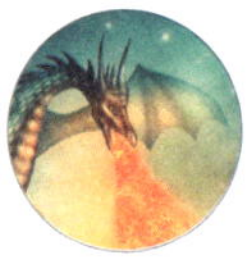

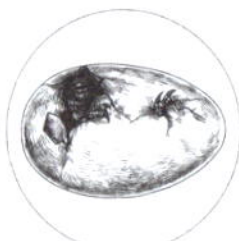

Alles richtig? ☐

Hier schreibe ich Wörter, Texte, Ideen und Fragen zum Bild auf.

© 2021 Cornelsen Verlag GmbH, Berlin.
Alle Rechte vorbehalten.

Eine Erklärung und eine Fantasiegeschichte lesen

Drachen sind Fantasietiere, die schon seit vielen Jahren in den Geschichten und Erzählungen der Menschen vorkommen. Sie sind Mischwesen und haben oft das Aussehen und die Eigenschaften von Schlangen, Vögeln und Raubtieren. Ganz typisch sind eine geschuppte Haut, zwei Hinterbeine, zwei Vorderbeine, ein langer Schwanz und Flügel. Der Begriff Drache stammt vom lateinischen Wort **draco** ab. Das bedeutet **große Schlange**.

Das Drachenei

Als Harry Potter, Ron und Hermine vor der Hütte des Wildhüters Hagrid standen und an die Tür klopften, bemerkten sie überrascht, dass alle Vorhänge zugezogen waren. Hagrid rief: „Wer da?“, bevor er sie einließ und rasch die Tür hinter ihnen schloss. Drinnen war es unerträglich heiß. Obwohl es draußen warm war, loderte ein Feuer im Kamin. Hagrid machte ihnen Tee.
„Hagrid, könnten wir ein Fenster aufmachen? Ich komme um vor Hitze.“
„Geht nicht, Harry, tut mir leid“, sagte Hagrid. Harry sah, wie er einen Blick zum Feuer warf. Auch Harry sah hinüber. „Hagrid – was ist das denn?“ Doch er wusste schon, was es war. Unter dem Kessel, im Herzen des Feuers, lag ein riesiges schwarzes Drachenei.

Joanne K. Rowling

Welche Drachengeschichten kennst du?

© 2021 Cornelsen Verlag GmbH, Berlin.
Alle Rechte vorbehalten.

Ein Kinderbuch lesen

Das Drachenbaby

Einige Tage später brachte die Schneeeule Hedwig einen Zettel von Hagrid zu Harry. Darauf standen nur zwei Worte: Er schlüpft.
Am Ende der Kräuterkunde-Stunde rannten Ron, Hermine und Harry zum Waldrand. Hagrid begrüßte sie mit vor Aufregung rotem Gesicht.
Er schob sie in die Hütte.

„Es ist schon fast raus.“
Das Ei lag auf dem Tisch. Es hatte tiefe Risse.
Etwas in seinem Inneren bewegte sich; ein merkwürdiges Knacken war zu hören. Sie stellten ihre Stühle um den Tisch herum und sahen mit angehaltenem Atem zu. Mit einem plötzlichen lauten Kratzen riss das Ei auf.
Das Drachenbaby plumpste auf den Tisch. Es war nicht gerade hübsch; Harry kam es vor wie ein verschrumpelter schwarzer Schirm.
Seine knochigen Flügel waren riesig im Vergleich zu seinem dünnhäutigen rabenschwarzen Körper, es hatte eine lange Schnauze mit weit geöffneten Nüstern, kleine Hornstummel und hervorquellende orangerote Augen.
Es nieste. Aus seiner Schnauze flogen ein paar Funken.
„Ist es nicht schön?“, murmelte Hagrid.
Er streckte die Hand aus, um den Kopf des Drachenbabys zu streicheln.
Es schnappte nach seinen Fingern und zeigte dabei seine spitzen Fangzähne.
Mit einem Mal wich die Farbe aus Hagrids Gesicht – er sprang auf und rannte ans Fenster.
„Was ist los?“
„Jemand hat durch den Spalt in den Vorhängen reingeschaut, ein Junge, er rennt zurück zur Schule.“
Harry sprang zur Tür und sah hinaus. Selbst auf diese Entfernung gab es keinen Zweifel, wer es war.
Malfoy hatte den Drachen gesehen.

Joanne K. Rowling ◇

Geschichten von Harry Potter habe ich …

- ☐ selber gelesen.
- ☐ als Hörbuch gehört.
- ☐ vorgelesen bekommen.
- ☐ als Film gesehen.
- ☐ als Spiel gespielt.
- ☐ als Theaterstück gesehen.
- ☐ noch gar nicht gekannt.
- ☐ ____________________
- ____________________

© 2021 Cornelsen Verlag GmbH, Berlin.
Alle Rechte vorbehalten.

Fragen zu einem Text überlegen

1 Lies die Überschrift. Sieh dir das Cover auf Seite 70 an.
Worum geht es in diesem Text wohl?

____

____

____

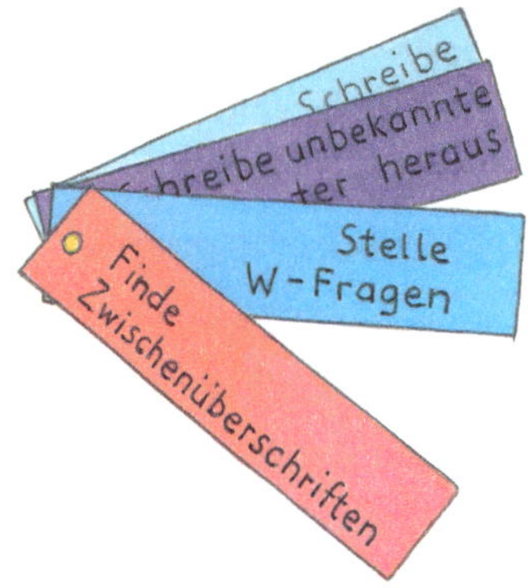

2 Lies den Text. **Oder:** Lass dir den Text vorlesen.
Markiere unbekannte Wörter und kläre sie.

Der Sturm

Der Silberdrache Lung, das Koboldmädchen Schwefelfell und Ben, der Drachenreiter, sind unterwegs zum Drachenparadies „Saum des Himmels". Sie hoffen, dort in den Bergen des Himalaja eine Heimat für die Drachen zu finden.

Als die Morgendämmerung kam, fanden sie einen Rastplatz in der Nähe der griechischen Küste, in einem Olivenhain. Sie verschliefen den Tag zwischen zirpenden Zikaden und brachen wieder auf, als der Mond aufging. Lung wandte sich nach Südosten, der syrischen Küste zu. Die Nacht war mild und ein heißer Wind strich von Süden übers Meer.

Aber noch vor der Morgendämmerung schlug das Wetter um. Der Wind, der ihnen schon die ganze Zeit entgegenblies, wurde stärker und stärker. Lung versuchte ihm auszuweichen. Er stieg mal höher und ließ sich dann wieder tiefer sinken, aber der Wind war überall. Immer mühsamer kam der Drache voran. Wolken türmten sich wie Himmelsgebirge vor ihnen auf. Donner grollte. Blitze erhellten den immer noch dunklen Himmel.

„Wir kommen vom Kurs ab, Lung!", rief Ben. „Der Wind treibt dich nach Süden!"

„Ich komme nicht gegen ihn an!", rief der Drache zurück. Mit all seiner Kraft stemmte er sich gegen den unsichtbaren Feind. Doch der Wind riss ihn mit sich, heulte ihm in die Ohren und drückte ihn hinunter, auf die schäumenden Wellen zu. Ben und Schwefelfell klammerten sich verzweifelt an Lungs Zacken.

Zum Glück hatte auch Schwefelfell sich festgebunden. Ohne die Riemen wären sie von Lungs Rücken gerutscht und in die Tiefe gestürzt. Regen peitschte aus den Wolkenbergen auf sie herab.

Bald waren die Zacken des Drachen so glitschig, dass ihre Hände nirgendwo mehr Halt fanden und Schwefelfell sich an Bens Rücken klammerte.

Unter ihnen schäumte das Meer.

Ein paar Inseln lagen zwischen den Wellen, sonst war kein Land in Sicht.

„Ich glaub, wir treiben auf die ägyptische Küste zu!", schrie Ben.

© 2021 Cornelsen Verlag GmbH, Berlin.
Alle Rechte vorbehalten.

Schwefelfell klammerte sich noch fester an ihn. „Küste?“, rief sie. „Küste ist gut, egal welche. Hauptsache, wir landen nicht in der Suppe da unten.“

Die Sonne ging auf, aber sie war nur ein blasses Licht hinter den dunklen Wolken. Lung kämpfte. Der Sturm drückte ihn immer wieder auf die Wellen zu, so tief, dass die Gischt Ben und Schwefelfell ins Gesicht spritzte.

Bens Haar war klitschnass. Seine Ohren schmerzten vom Gebrüll des Sturms.

Er sah, dass Lung die Flügel immer schwerer wurden.

Dann tauchte plötzlich ein Küstenstreifen aus dem Dunst auf.

„Da!“, schrie Ben. „Da vorne ist Land, Lung. Schaffst du es dahin?“

Mit letzter Kraft stemmte der Drache sich gegen den Wind und näherte sich langsam, ganz langsam dem rettenden Ufer.

Unter ihnen peitschte das Meer gegen niedrige Klippen. Palmen bogen sich im Wind.

„Wir schaffen es!“, schrie Schwefelfell und bohrte ihre kleinen Krallen durch Bens Pullover. „Wir schaffen es!“

Mit ein paar letzten Flügelschlägen ließ der Drache das Meer hinter sich, sank tiefer und landete erschöpft in feinem, weichem Sand.

Cornelia Funke

3 Beantworte die W-Fragen.
Markiere die Antworten mit verschiedenen Farben im Text.
- **Wie** heißt der Drachenreiter?
- **Wo** fanden Lung, Ben und Schwefelfell einen Rastplatz?

4 Überlege dir drei eigene W-Fragen zum Text.
Schreibe dir auch die Antworten dazu auf.

1. Frage: ______________________________

Antwort: ______________________________

2. Frage: ______________________________

Antwort: ______________________________

3. Frage: ______________________________

Antwort: ______________________________

5 Beantwortet gegenseitig eure W-Fragen.

© 2021 Cornelsen Verlag GmbH, Berlin.
Alle Rechte vorbehalten.

Eine Sage kennenlernen

1 Sieh dir die Karte an. In welchem Land liegen die Orte auf der Karte?

☐ Schweden ☐ Deutschland ☐ Österreich

2 Lest die Sage. Klärt die Bedeutung der farbigen Wörter.

Siegfried, der Drachentöter

Ein Königssohn hatte den Namen Siegfried. Er lebte vor vielen Jahren in Xanten. Eines Tages machte Siegfried sich auf, die Welt zu erkunden. Er wanderte zum Rhein und kam am Fuße des Siebengebirges zu dem Waffenschmied Mime, bei dem er das Schmiedehandwerk erlernen wollte. Doch Siegfried war als Schmied nicht zu gebrauchen. Er ließ den Hammer mit solcher Wucht auf das glühende Eisen niedersausen, dass der Amboss tief in den Boden sank. Mime überlegte, wie er Siegfried wieder loswerden könnte. Er schickte ihn tief in den Wald, um Holzkohle zu brennen. Dort hauste jedoch ein furchtbarer Drache. Siegfried fällte Bäume und schichtete das Holz zu einem Meiler auf. Da ging der Lindwurm mit offenem Rachen auf ihn los. Siegfried riss einen glühenden Baumstamm aus dem Kohlenmeiler und stieß ihn dem Drachen ins Maul. Der wälzte sich am Boden und versuchte, Siegfried mit dem Schwanz zu treffen.

Aber der wich ihm geschickt aus. Dabei stürzte der Lindwurm ins Feuer und verbrannte. Seine Schuppenhaut aus Horn schmolz in der Hitze und floss über den Boden. Siegfried hörte einen kleinen Vogel singen: „Bade in dem flüssigen Horn. Dann wirst du unverwundbar sein.“ Siegfried folgte diesem Rat. Seine Haut wurde undurchdringlich wie ein Drachenpanzer. Doch an seiner rechten Schulter klebte ein Lindenblatt, das vom Baum gefallen war. So blieb diese Stelle ungeschützt. Der Ort, an dem Siegfried den Drachen besiegte, heißt bis auf den heutigen Tag Drachenfels.

überliefert

3 Welche Ortsnamen von der Karte findet ihr im Text? Schreibt sie mit Zeilenangabe auf.

Xanten Z. 2,

Die Orte, die in Sagen vorkommen, gibt es oft auch in Wirklichkeit.

Bringt weitere Sagen mit und lest sie in der Klasse.

© 2021 Cornelsen Verlag GmbH, Berlin. Alle Rechte vorbehalten.

Über eine Sage sprechen

1 Lies die Karten. Wähle drei Karten aus und kreuze sie an.
Erkläre diese Karten einem Partnerkind.

Merkmale einer Sage

- [ ] Erzählung
- [ ] mündlich überliefert
- [ ] wahrer Kern
- [ ] alte Wörter
- [ ] Kampf
- [ ] erzählt aus der Vergangenheit
- [ ] Held/Heldengruppe
- [ ] Orte, Menschen oder Ereignisse hat es oft wirklich gegeben
- [ ] Fantasiewesen: Geister, Feen, Drachen, Riesen, Zwerge
- [ ] es passieren unerklärliche Dinge

2 Untersucht die Sage „Siegfried, der Drachentöter“ von Seite 71 mithilfe der Karten.
Welche Merkmale findet ihr dort wieder? Tauscht euch aus.

3 Lest die Begriffe. Überlegt gemeinsam: Welche Begriffe passen gut zu einer Sage?
Markiert sie.

langweilig lustig sachlich alt

informativ ausgedacht spannend

Auf Seite 29/30 findet ihr ein Märchen.

4 Vergleicht die Textsorten **Sage** und **Märchen**.
Was ist gleich? Was ist anders?

Untersucht weitere Sagen. Nutzt dazu die Karten.
Oder: Findet heraus, ob es Sagen aus eurer Umgebung gibt.

© 2021 Cornelsen Verlag GmbH, Berlin.
Alle Rechte vorbehalten.

Eine Geschichte aufbauen

1 Seht euch den Geschichtendrachen an. Wie könnt ihr eine Geschichte aufbauen?

2 Schreibe die Tipps zum Aufbau einer Geschichte aus dem Geschichtendrachen geordnet auf.

Einleitung: ______________________________

____

Hauptteil: ______________________________

____

____

Schluss: ______________________________

____

© 2021 Cornelsen Verlag GmbH, Berlin.
Alle Rechte vorbehalten.

3 Lies die Sätze. Ordne sie einer passenden Stelle im Geschichtendrachen zu.

A Ritter Wilbert ritt an einem sonnigen Tag frohen Mutes durch den Wald.
B „Hallo! Ist da jemand?“, schluchzte der kleine Drache in die Dunkelheit hinein.
C Und so kam es, dass alle auf der Burg eintrafen und gemeinsam ein großes Fest feierten.
D Erstaunt blickte er auf das Drachenei vor sich und rief: „Da kommen Geräusche heraus!“
E Doch dann erwachte Lukas und merkte, dass alles nur ein Traum war.
F Vor vielen Tausend Jahren lebte im Steintal des Zauberlandes eine ganz besondere Drachenfamilie.

Einleitung: ____________ Hauptteil: ____________ Schluss: ____________

4 An welche Stellen im Geschichtendrachen passen diese Sätze? Begründe.

1 Knall! Es rumste und zischte und plötzlich stand er da.

2 Tja, dann musste es wohl ein Geheimnis bleiben.

3 Ich erinnere mich: Alles begann mit der Frage, warum wir überhaupt hierhergekommen waren.

Lies den ersten und den letzten Satz in verschiedenen Drachenbüchern.
Wie beginnen und beenden die Autorinnen und Autoren ihre Geschichten?
Welche Sätze gefallen dir besonders gut?

© 2021 Cornelsen Verlag GmbH, Berlin.
Alle Rechte vorbehalten.

Eine Fantasiegeschichte schreiben

1 Sieh dir die Geschichtenschachteln an. Wähle eine Schachtel aus.
Oder: Erstelle eine eigene Geschichtenschachtel zum Thema **Drachen**.

☐ 

☐ 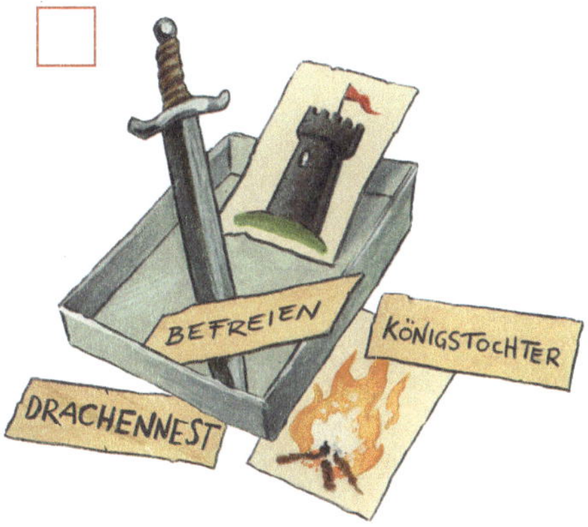

Hier kannst du ein Foto von deiner Geschichten-schachtel aufkleben:

2 Überlege dir zu deiner Schachtel eine Drachengeschichte. Schreibe weitere Wortkarten, die zu deiner Geschichte passen. Alle Gegenstände und Wortkarten aus der Schachtel sollen in deiner Geschichte vorkommen.

© 2021 Cornelsen Verlag GmbH, Berlin.
Alle Rechte vorbehalten.

3 Schreibe deine Drachengeschichte auf. Nutze dazu die Gegenstände und Wortkarten aus Aufgabe 2 und die Hinweise am roten Faden. Achte besonders auf einen spannenden Höhepunkt.

Einleitung
Wer?
Wann?
Wo?
Überraschung?

Hauptteil
Was passierte?
Schreibe im Präteritum.
Schreibe spannend, ausführlich, lebendig und genau.
Finde einen **Höhepunkt**. Die Spannung ist jetzt am höchsten. Etwas wendet sich in der Geschichte. Die Lösung naht.

Schluss
Gutes Ende?
Böses Ende?
Offenes Ende?

4 Überarbeite deine Geschichte in einer Schreibkonferenz.

Diese Kinder arbeiten mit mir: ______________________________

Nehmt eure Drachengeschichten als Hörbuch auf.

Adjektive mit ig, lich, isch

1 Lies den Text. Schreibe die farbigen Adjektive mit **ig**, **lich** und **isch** untereinander auf.

Es war stürmisch und regnerisch, als Perlenfischer 1912 wegen des schlechten Wetters auf der Insel Komodo an Land gehen mussten. Dort bekamen sie tatsächlich einen Komodowaran zu Gesicht.
Der Komodowaran galt lange als Fabelwesen. Er kommt nur auf sechs Inseln in Indonesien vor. Die Echsen sind riesig und tagaktiv. Komodowarane, die männlich sind, werden bis zu drei Meter lang.
Nachts verkriechen sie sich in ihren Höhlen. Komodowarane fressen vor allem Aas. Sie jagen aber auch lebende Tiere, wenn sie hungrig sind. Sie können sogar Hirschen und Wildschweinen gefährlich werden. Ihr Biss ist tödlich. Die Keime im Speichel sind giftig. Sie lösen Infektionen aus, an denen die Beutetiere sterben. Die Komodowarane riechen mit der Zunge. Aasgeruch können sie aus einer Entfernung von vielen Kilometern wahrnehmen.
Übrigens: Der Komodowaran heißt auf Englisch **komodo dragon** (= Komodo-Drache).

stürmisch – der Sturm

2 Verwandle die Adjektive aus Aufgabe 1 in Nomen.
Schreibe jedes Nomen hinter das Adjektiv.

3 Verwandle die Nomen aus dem Kasten in Adjektive.
Ordne sie in eine Tabelle.

-ig	-lich	-isch
mächtig	...	...

Macht • Schreck • Typ • Himmel • Ecke • Angst
Lust • Vorsicht • Natur • Ruhe • Sand • Laune

© 2021 Cornelsen Verlag GmbH, Berlin.
Alle Rechte vorbehalten.

Präsens und Präteritum

1 Verbinde jedes Verb im Präsens mit dem passenden Verb im Präteritum.

Präsens sie läuft   es geht   sie fahren   wir sollen   ich trage   du kannst   er isst

Präteritum es ging   er aß   wir sollten   ich trug   sie lief   du konntest   sie fuhren

2 Lies den Text. Schreibe ihn in der Vergangenheit auf.
Setze dazu die farbigen Verben ins Präteritum.

Die Klasse 4c macht einen Ausflug. Alle Kinder wollen zusammen in einem Drachenboot fahren. Zu Fuß wandern die Kinder zum Kanal. Dort staunen sie sehr, als sie das riesige Drachenboot im Wasser erblicken. Jedes Kind bekommt ein Paddel. Zu zweit sitzen die Kinder nebeneinander. Vorne im Boot gibt ein Trommler den Takt vor. Hinten im Boot steht der Steuermann und steuert das Boot mit einem langen Ruder.

Die Klasse 4c machte

Merksatz

Verben können in verschiedenen Zeitformen stehen.

Präsens (Gegenwart):	sie **gibt**	es **ist**
Präteritum (Vergangenheit):	sie **gab**	es **war**

© 2021 Cornelsen Verlag GmbH, Berlin.
Alle Rechte vorbehalten.

3 Markiere in deinem Text aus Aufgabe 2 alle Verben, die im Präteritum stehen.

4 Schreibe jeden Satz im Präsens auf.
Bilde dazu die passende Personalform des Verbs SEIN.

Die Fahrt mit dem Drachenboot SEIN richtig anstrengend.

Die Fahrt mit dem Drachenboot ist

Die Mädchen und Jungen SEIN ein klasse Team.

Am Ende SEIN jedes Kind erschöpft und glücklich

Die Lehrerin sagt: „Ihr SEIN spitze!“

Das SEIN ein echt toller Ausflug.

5 Schreibe jeden Satz aus Aufgabe 4 im Präteritum auf.
Bilde dazu die passende Personalform des Verbs SEIN.

© 2021 Cornelsen Verlag GmbH, Berlin.
Alle Rechte vorbehalten.

Wortstamm

1 Lies die Quatschwörter. Welcher Teil der Wörter ist immer gleich? Markiere.

Vertafflung   angetaffelt   Antaffligkeit   untaff
schrotzlich   umschrotzen   Schrotz   Anschrotzung

2 Ordne die Wörter nach ihren Wortstämmen.
Immer vier Wörter gehören zusammen. Markiere den Wortstamm.

er fällt • schrecklich • die Druckschrift • der Einfall • erschrecken
der Eindruck • abgenutzt • der Nutzen • abgedruckt • gefallen
der Schreck • ausnutzen • drucken • fallen • nutzlos • erschrickt

er fällt – der Einfall –

3 Finde mindestens sieben Wörter mit dem Wortstamm **steck**.
Die Wortbausteine können dir helfen. Markiere den Wortstamm.
Schreibe so: steck: das Versteck, …

Ver   An   Be

ver   an   be   um

e   en   t   ten   er   ung

4 Findet möglichst viele Wörter mit diesen Wortstämmen. Markiert den Wortstamm.
Schreibt so: pass: aufpassen, …

pass   pack   setz   spuck   sammel

Überlegt euch einen Wortstamm, den es nicht gibt.
Findet möglichst viele Quatschwörter zu diesem Wortstamm.

© 2021 Cornelsen Verlag GmbH, Berlin.
Alle Rechte vorbehalten.

Wörter mit eu oder äu ↔

1 Markiere die Wörter mit **eu** und **äu** in unterschiedlichen Farben.

feurig, träumerisch, er läuft, die Neugier, befreundet, käuflich, das Zeugnis, der Räuber, aufräumen, verheult, das Gebäude, eingezäunt, das Kreuz, ungeheuerlich

2 Schreibe zu jedem Wort mit **eu** aus Aufgabe 1 ein Wort aus der Wortfamilie auf.

feurig – das Feuer,

3 Schreibe zu jedem Wort mit **äu** aus Aufgabe 1 ein verwandtes Wort auf.

träumerisch $\xleftrightarrow{äu}$ der Traum,

4 Schreibe den Text ab. Setze **eu** oder **äu** in die Lücken ein.

Ein bl ___ licher Drache spie F ___ er. Die L ___ te schrien vor Angst auf. Der Drache sch ___ mte vor Wut und h ___ lte laut auf. N ___ n mutige Fr ___ nde erhoben die F ___ ste und str ___ ten dem Drachen Sand in die Augen. So vertrieben sie das Ungeh ___ er. Da war die Fr ___ de groß!

5 Was fällt euch bei diesen Wortpaaren auf? Tauscht euch aus.

die Leute – läuten heute – die Häute

Stellt eine Stoppuhr auf drei Minuten. Jeder schreibt möglichst viele Wörter mit **eu** auf. Wer findet die meisten Wörter?

© 2021 Cornelsen Verlag GmbH, Berlin. Alle Rechte vorbehalten.

Wörter in Silben gliedern und abhören

Hör genau!

Wörter in Silben gliedern und abhören
Hör genau!
Schu le *lau fen* *lang sam* *Schwes ter* *schlei chen*

1 Lies die Sätze. Flüstere die farbigen Wörter besonders deutlich.

Der Tag nach Montag ist Dienstag.
Auf einem Trampolin kann man hoch springen.
Beim Sport muss man sich oft anstrengen.
Wenn der Wecker klingelt, sollst du aufwachen.
Nach der Schule sind wir oft hungrig.
Wenn es heiß ist, müssen wir viel trinken.
Auf vielen Spielplätzen steht eine Rutsche.

2 Schreibe die farbigen Wörter aus Aufgabe 1 in Silben getrennt auf.

Diens-tag,

3 Sprich die Wörter im Kasten deutlich und hör genau.
Markiere alle Wörter mit drei Silben.

langsamer • Begegnung • Wellenrutsche • Detektiv • schmutzig
Krepppapier • geschehen • Computer • Schifffahrt • nirgendwo
singen • außerdem • chinesisch • Schlusssirene • aufwachen

4 Für **Hör genau!**- Experten: Schreibe diese Wörter in Silben getrennt auf.
Kontrolliere mit der Wörterliste.

hinein • letzte • herein • nächste • heraus • bisschen • erstens

© 2021 Cornelsen Verlag GmbH, Berlin.
Alle Rechte vorbehalten.

STARK: Alle Strategien anwenden

1 Lies den Text zweimal. Sieh dir beim zweiten Mal die farbigen Wörter ganz genau an.

In China ist der Drache ein besonderes Symbol.
Der Drache gilt dort nicht als Ungeheuer. Er steht für Reichtum, Glück und Intelligenz.
Alle zwölf Jahre ist im chinesischen Kalender das Jahr des Drachen. Wer in einem solchen Jahr geboren wird, gilt als besonders glücklich und erfolgreich. Zu jedem Neujahrsfest gehören in China Drachentänze. Sie werden in bunten Kostümen auf Straßen und Plätzen aufgeführt.

2 Schreibt jedes farbige Wort aus dem Text auf ein Karte.

3 Führt ein Rechtschreibgespräch zu jedem Wort.

Rechtschreibgespräch

?	1. An welcher Stelle könntet ihr beim Schreiben unsicher sein? Markiert diese Stelle.	Symbol
	2. Welche Strategie hilft euch? Begründet. Ergänzt die Strategie auf der Karte.	Symbol (M)
	3. Findet drei weitere Wörter, bei denen euch die Strategie auch hilft. Schreibt sie auf die Rückseite der Karte.	Handy Pyramide typisch

4 Wähle drei Wörter aus, die du besonders schwer findest. Schreibe mit jedem Wort einen Satz.

© 2021 Cornelsen Verlag GmbH, Berlin.
Alle Rechte vorbehalten.

Das kann ich schon

Rechtschreibtraining

Zwischen den Sträuchern liegt ein Drachenei. Tiefe Risse sind in der schwarzen Schale. Darunter bewegt sich undeutlich etwas. Es knackt merkwürdig. Plötzlich platzt die Schale auf. Das Drachenbaby liegt hilflos im Sand. Es hat eine lange Schnauze, zwei kleine Beulen als Hörner und bläuliche Augen. Es niest. Ein paar Feuerfunken fliegen. Die feuchten Flügel sind riesig im Vergleich zum Körper. Das Drachenbaby streckt sich. Aber die Beine knicken ein. Der Drache fällt um. Er keucht. Mit einem Ruck stemmt er sich wieder hoch. Er stützt sich kräftig mit dem Schwanz ab und steht. Der kleine Drache sieht niedlich aus, aber gar nicht gefährlich.

Wörter mit eu oder äu

1 Lies die Sätze. Setze **eu** oder **äu** in die Lücken ein.

Am Himmel fliegt ein Flugz eu g.

Ich habe am Kopf eine große B ___ le.

Das Gegenteil von trocken ist nass oder f ___ cht.

Ich versuche, die anderen von meiner Meinung

zu überz ___ gen.

Ein anderes Wort für Haus ist Geb ___ de.

Zweiundsiebzig geteilt durch acht sind n ___ n.

Im Urlaub erlebten wir ein spannendes Abent ___ er.

Hotzenplotz war ein R ___ ber.

Am Ende des Schuljahres bekommen wir Z ___ gnisse.

Meine Hände kann ich zu F ___ sten ballen.

Wenn es brennt, kommt schnell die F ___ erwehr.

Im Geschäft bedient mich oft eine Verk ___ ferin.

Manchmal bin ich sehr gespannt und n ___ gierig.

Übungswörter

der Feuerfunke
der Ruck
der Vergleich
er keucht
keuchen
es streckt sich
sich strecken
er stützt sich ab
sich abstützen
bläulich
feucht
kräftig
niedlich
riesig
undeutlich

darunter
etwas
zwischen

© 2021 Cornelsen Verlag GmbH, Berlin.
Alle Rechte vorbehalten.

Diese Seite fand ich:
○ leicht ○ mittel ○ schwer

Präsens und Präteritum

2 Verbinde jedes Verb im Präsens mit dem passenden Verb im Präteritum.

Präsens	**Präteritum**
ich springe	ich rief
es frisst	du musstest
wir ziehen	es fraß
du musst	ich sprang
wir wollen	wir wollten
ich rufe	wir zogen

3 Lies den Text. Schreibe ihn in der Vergangenheit auf.
Setze dazu die fett gedruckten Verben ins Präteritum.

Jonas und Tim **gehen** ins Kino.
Sie **sehen** den neuesten Drachenfilm.
Jonas **kauft** eine Tüte Popcorn.
Gemeinsam **setzen** sie sich in die gemütlichen Sessel.
Sie **freuen** sich sehr auf den Film.
Dann **geht** endlich das Licht aus.
Nun **hören** sie auch schon die Filmmusik
und das Drachenabenteuer **beginnt**.

Jonas und Tim gingen ins Kino.

© 2021 Cornelsen Verlag GmbH, Berlin.
Alle Rechte vorbehalten.

Diese Seite fand ich:
◯ leicht ◯ mittel ◯ schwer

Wortstamm

4 Ordne die Wörter nach ihren Wortstämmen. Immer vier Wörter gehören zusammen.
Markiere den Wortstamm.

verfehlt • der Zuschauer • umpflanzen • fehlen • die Bepflanzung • schaurig
pflanzlich • fehlerlos • beschaulich• die Pflanze • der Fehler • anschauen

verfehlt – fehlen –

5 Finde mindestens zwölf Wörter mit dem Wortstamm **stell**.
Die Wortbausteine können dir helfen. Markiere den Wortstamm.

Be	be	e
An	an	en
Um	um	t
Ge	ge	ten
Auf	auf	ung
Aus	aus	bar

die Bestellung,

© 2021 Cornelsen Verlag GmbH, Berlin.
Alle Rechte vorbehalten.

Diese Seite fand ich:
○ leicht ○ mittel ○ schwer

Adjektive mit ig, lich, isch

6 Verwandle die Adjektive aus dem Kasten in Nomen.

freundlich • europäisch • durstig • diebisch • täglich • witzig
fettig • neidisch • stürmisch • nördlich • glücklich • italienisch
stachelig • friedlich • ruhig • vorsichtig • schrecklich

freundlich – der Freund,

Alle Strategien üben

Markiere die Fehlerwörter. Schreibe die passenden Strategiezeichen darüber.

Drachen sind spanende geschöpfe.

Über sie kann man fiel endecken und erfaren. (5)

Schreibe nun beide Sätze richtig auf.

© 2021 Cornelsen Verlag GmbH, Berlin.
Alle Rechte vorbehalten.

Diese Seite fand ich:
O leicht O mittel O schwer

Mädchen und Jungen

mögen

● Freundschaft

● Spaß

frech

sich versöhnen

● Hobby

● Sport

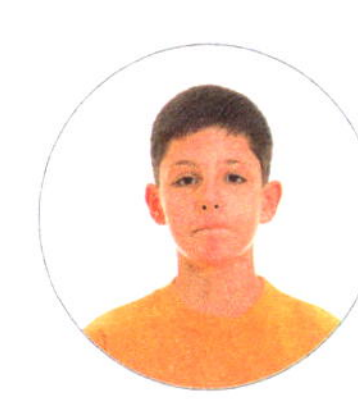

enttäuscht

helfen

● Kleidung

● Streit

witzig

ärgern

Übe die Wörter auf der Rückseite.

unglücklich

© 2021 Cornelsen Verlag GmbH, Berlin.
Alle Rechte vorbehalten.

Alles richtig? ☐

Hier schreibe ich Wörter, Texte, Ideen und Fragen zum Bild auf.

© 2021 Cornelsen Verlag GmbH, Berlin.
Alle Rechte vorbehalten.

Eine Aufzählung und einen Klappentext lesen

Cool ist für mich …

… Fußball.
Mädchen, 9 Jahre

… Lucky, mein Hund.
Mädchen, 10 Jahre

… mein Handy.
Mädchen, 9 Jahre

… meine Spielkonsole.
Junge, 9 Jahre

… Sport.
Junge, 9 Jahre

… mit Mama kuscheln.
Junge, 10 Jahre

… verreisen.
Mädchen, 10 Jahre

… Fallschirmspringen.
Junge, 9 Jahre

… Inliner fahren.
Mädchen, 10 Jahre

Eigentlich könnte sich die schüchterne Juli wirklich Besseres vorstellen, als sich um den neu zugezogenen Nachbarsjungen August zu kümmern. Aber Julis Mutter verdonnert sie einfach dazu – als Coach und Unternehmensberaterin weiß sie schließlich, wo es langgeht! Herausforderungen angehen, die eigenen Grenzen ausloten und so was. Tja – genau die Dinge, die Juli und August schwerfallen. Aber vielleicht lässt sich das ja ändern? Mithilfe von Mamas Job-Broschüren basteln sich die zwei einen straffen Erfolgsplan: Cool werden in 10 Tagen! So schwer kann das ja nicht sein – oder doch?

Katja Reider

Was ist für dich cool?

© 2021 Cornelsen Verlag GmbH, Berlin.
Alle Rechte vorbehalten.

Ein Kinderbuch lesen

Cool in 10 Tagen

Juli und August, der sich Gus nennt, schauen sich die Broschüren etwas genauer an, die Julis Mama für ihre Arbeit benutzt. Die Broschüre „Cool in 10 Tagen!" klingt besonders interessant. Sie werden neugierig und Juli beginnt zu lesen.

„Mit einigen einfachen Übungen kannst du in kurzer Zeit lernen, sicher und selbstbewusst aufzutreten und dir nicht die Butter vom Brot nehmen zu lassen. Wer souveräner auftreten will, muss üben, sich in schwierigen Situationen anders zu verhalten als bisher. Denn: Ändert sich das Verhalten, ändert sich auch deine innere Haltung. Du wirst ganz von selbst ‚cool'."
Gus zieht eine Grimasse. „Glaubst du echt, dass das funktioniert?"
„Keine Ahnung. Aber ich finde, wir könnten es wenigstens versuchen."
Ich zögere einen Moment, aber dann beschließe ich, ganz offen zu sein.
„Ich würde mich einfach gerne ein bisschen mehr trauen. Manchmal fühle ich mich irgendwie unsichtbar, du nicht auch?" „Doch", gibt er zu.

Wir legen direkt los. Mit der sogenannten *Einsteigerübung für mehr Selbstbewusstsein.*
Am Anfang sollen ein paar einfache Körperübungen gemacht werden: Aufstehen, gerade hinstellen, Schultern straffen, Kopf hoch und den Brustkorb nach vorne schieben.
„Nimm die Hände aus den Hosentaschen!", fordere ich Gus auf.
„Wieso?"
„Weil du dich dadurch hängen lässt. Merkst du das nicht?"
„Klar, aber die Coolen haben doch auch immer die Hände in den Hosentaschen!"
„Stimmt, aber die SIND ja auch schon cool. Wir üben noch. Also los!"
Gus seufzt, macht aber, was ich sage.
„Und jetzt?", fragt er.
„Jetzt müssen wir uns länger in die Augen gucken."
„Äh, okay – und wie lange?"
„Lange!" So lange wird es dann doch nicht, weil es keine zehn Sekunden dauert, bis wir beide laut losprusten.

Katja Reider

Wie lange könnt ihr euch in die Augen schauen, ohne zu lachen?

- ☐ nur eine Sekunde
- ☐ mehr als 10 Sekunden
- ☐ mehr als 30 Sekunden
- ☐ mehr als 1 Minute
- ☐ mehr als 5 Minuten
- ☐ genau ____________

© 2021 Cornelsen Verlag GmbH, Berlin. Alle Rechte vorbehalten.

Eine Szene spielen

1 Lies den Text.

Inger

Als Inger in unsere Klasse kam, brauchte sie genau sechzehn Sekunden, um zur Heldin zu werden. „Möchtest du dich nicht setzen, Inga?“, fragte Herr Wirtz, nachdem unsere neue Mitschülerin sich vorgestellt hatte. Ihre Schneidezähne standen ein wenig zu weit auseinander, genau wie ihre großen Augen. Sie trug lange, zerlöcherte Kniestrümpfe. „Ich heiße Inger, nicht Inga“, sagte die Neue. Wenn jemand eine Frage nicht direkt beantwortete, wurde Herr Wirtz ungeduldig. Er kratzte sich dann an der Stirn und rieb sich die Nase. Das war kein gutes Zeichen. Wir alle wussten das. „Nun, Inger, möchtest du dich nicht setzen?“ „Wenn Sie nichts dagegen haben“, antwortete Inger freundlich, „würde ich gern noch ein Weilchen stehen.“ „Ich habe ganz entschieden etwas dagegen“, sagte Herr Wirtz. Seine Stimme war sehr scharf geworden. „Wenn Sie etwas dagegen haben“, sagte Inger, „warum fragen Sie dann erst so doof?“

Andreas Steinhöfel

© 2021 Cornelsen Verlag GmbH, Berlin.
Alle Rechte vorbehalten.

2 Verteilt die Rollen.

Sprecherin/Sprecher: ______________________________

Inger: ______________________________

Herr Wirtz: ______________________________

3 Übt die Szene mehrfach. Verändert dabei die Betonung, das Tempo, die Lautstärke. Was fällt euch auf?

4 Spielt euch die Szene gegenseitig vor. Begründet, was gut gelungen ist. Gebt euch gegenseitig Tipps, wie ihr sprechen und spielen könnt.

Wie könnte die Szene weitergehen? Tauscht euch aus.

Sich über Gefühle austauschen

1 Lies den Text. Welches Problem hat der Erzähler?

☐ Der Vater ist nie zu Hause. ☐ Der Vater beachtet ihn nicht genug.

Ich war ein Junge und Inger war ein Mädchen –
und für unsere Mitschüler war es nicht normal,
dass Mädchen und Jungen Freunde waren.
Aber Inger und ich verstanden uns super.
Mit Inger konnte ich über alle meine Probleme sprechen.

Das Problem mit meinem Vater war, dass er mich nicht wahrnahm. Natürlich wusste er, dass ich auf der Welt war, und er gratulierte mir auch jedes Jahr höflich zum Geburtstag. Er sah sich meine Schulnoten an und unterschrieb meine Zeugnisse. Trotzdem hatte ich auf seltsame Weise das Gefühl, dass ich für ihn nicht wirklich existierte. Ich erzählte Inger von meinen Sorgen. Wir saßen am Fluss, nahe dem großen Wehr. Unsere Füße baumelten ins Wasser, das schon recht kalt war. Inger lauschte mir, nickte ab und zu und bohrte sich dabei ununterbrochen in der Nase.
„Und deine Mama?“, sagte sie schließlich.
„Die ist ganz in Ordnung“, sagte ich. „Was ist mit deiner Mutter?“ „Die ist ganz tot“, sagte Inger. Sie zog die Füße aus dem Wasser und umfasste mit beiden Händen ihre Knie. Eine Weile schwiegen wir. Ich versuchte, mir eine Welt ohne Mama vorzustellen, ohne *meine* Mama.
Es funktionierte nicht.
Der Gedanke war einfach zu schrecklich.

Andreas Steinhöfel

© 2021 Cornelsen Verlag GmbH, Berlin.
Alle Rechte vorbehalten.

2 Wie fühlen sich die Kinder? Beschreibt.

3 Lest noch einmal den Text auf Seite 89. Wie ist Inger dort? Wie ist sie im Text auf dieser Seite? Vergleicht. Notiert Adjektive, die Inger beschreiben.

S. 89	S. 90

4 Warum verhält sich Inger manchmal so wie im Text auf Seite 89 und manchmal so wie im Text hier?

Diagramme lesen

1 Kinder von sechs bis dreizehn Jahren wurden gefragt, für welche Themen sie sich sehr interessieren. Seht euch das Diagramm an.
Welche Interessen haben die Kinder?

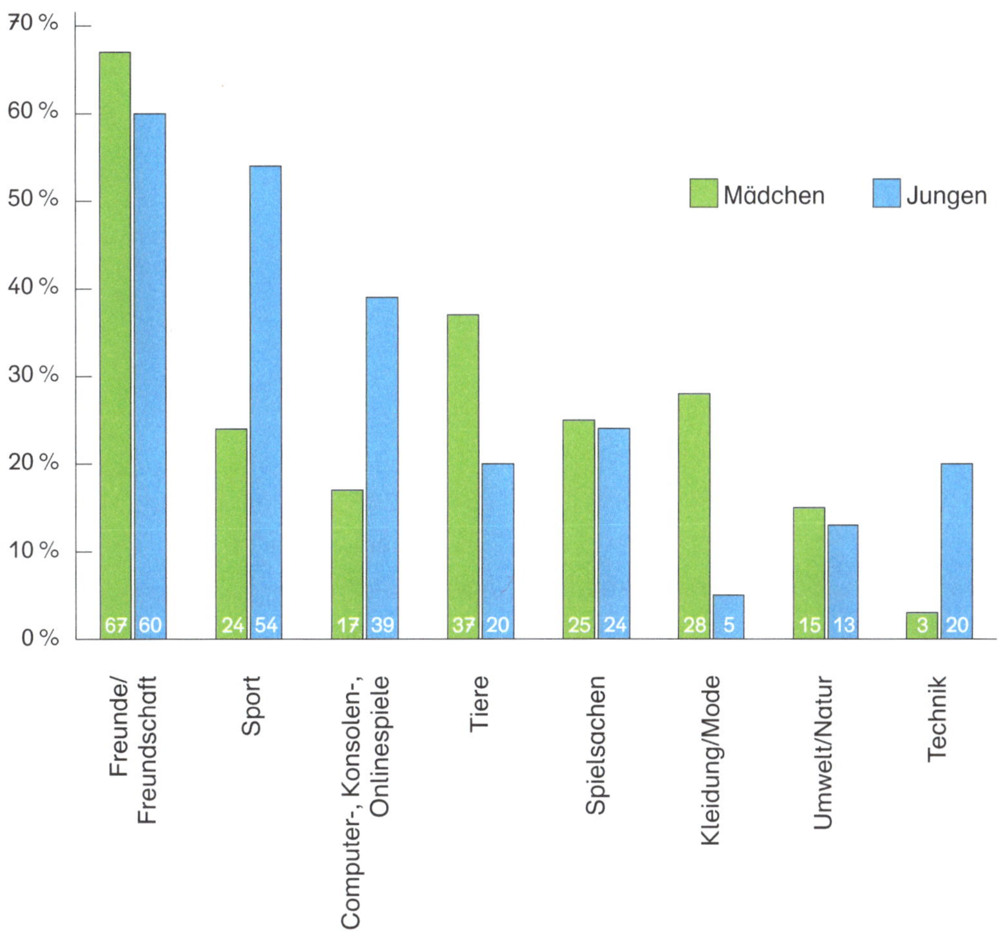

KIM-Studie 2018

2 Lest das Diagramm. Wie viel Prozent der Mädchen interessieren sich sehr für das Thema? Wie viel Prozent der Jungen?

	Mädchen	Jungen
Freundschaft:		
Umwelt/Natur:		
Sport:		
Technik:		

Das Zeichen **%** heißt **Prozent**. Es bedeutet **von hundert**.

3 Bei welchen Themen gibt es große Unterschiede zwischen Mädchen und Jungen? Bei welchen Themen gibt es Gemeinsamkeiten? Findet Erklärungen dafür.

Für welche Themen interessiert ihr euch in eurer Klasse besonders? Führt eine Umfrage durch. Stellt eure Ergebnisse in einem Diagramm dar.

© 2021 Cornelsen Verlag GmbH, Berlin. Alle Rechte vorbehalten.

Meinungen diskutieren

1 Lest die Sprechblasen. Worum geht es?

Typisch Mädchen, typisch Junge – oder?

2 Füllt die leeren Sprechblasen mit weiteren Behauptungen.

3 Wählt eine Sprechblase aus. Markiert sie.
Was denkt ihr über diese Behauptung? Tauscht euch aus.
Begründet eure Meinung.

Ich stimme zu, weil …

Ich stimme nicht zu, weil …

4 Wie entstehen solche Behauptungen? Diskutiert.

5 Zu welchen Themen habt ihr schon einmal Vorurteile gehört?

© 2021 Cornelsen Verlag GmbH, Berlin.
Alle Rechte vorbehalten.

Einen Buchinhalt zusammenfassen

1 Tim hat am Computer eine Zusammenfassung über sein Lieblingsbuch geschrieben. Zur Vorbereitung hat er sich Notizen gemacht. Lies die Zusammenfassung. Trage auf dem Notizzettel ein: Wie heißt Tims Lieblingsbuch? Wie heißt der Autor?

Mein Buch heißt „Paul Vier und die Schröders" und ist von meinem Lieblingsautor Andreas Steinhöfel.
Es handelt von Paul Walser, genannt Paul Vier. Paul lebt in der Ulmenstraße im hübschen und verschlafenen Ort Bergwald.
In dem Buch wird erzählt, was sich plötzlich in der Ulmenstraße ändert, als die Schröders in Pauls Nachbarhaus ziehen.
Die Schröders sind irgendwie anders und Paul ist der Einzige, der die Schröder-Kinder mag. Dabei sorgt fast jeden Tag eines von ihnen für Ärger.

Titel:

Autor:

Wer?

Wo?

Wann?

Worum geht es?

© 2021 Cornelsen Verlag GmbH, Berlin.
Alle Rechte vorbehalten.

2 Auf Tims Notizzettel fehlen einige Informationen. Lest noch einmal die Zusammenfassung und findet die Antworten auf die Fragen. Achtung! Zu einer Frage findet ihr keine Antwort. Markiert sie.

3 Wähle ein Buch aus, das du schon gelesen hast. Fertige zu diesem Buch einen Notizzettel an. Die Wörter im Kasten können dir helfen.

Worum geht es?
Freundschaft • ein spannendes Abenteuer
Liebe • eine Mutprobe • einen kniffligen Kriminalfall
einen schlimmen Streit • Fußball

Mein Buch heißt:

4 Fasse dein Buch nun schriftlich zusammen. Nutze dazu deinen Notizzettel aus Aufgabe 3. Du kannst die Zusammenfassung auch am Computer schreiben.

Welche Bücher hat Andreas Steinhöfel noch geschrieben?

Ein Buch schriftlich vorstellen

1 Sieh dir die **Leseleine** an. Lies die Hinweise.
Welche Informationen bekommst du auf den vier Seiten?
Verbinde die Hinweise mit der passenden Lupe.

Titel, Autorin oder Autor, Verlag

besondere Stelle

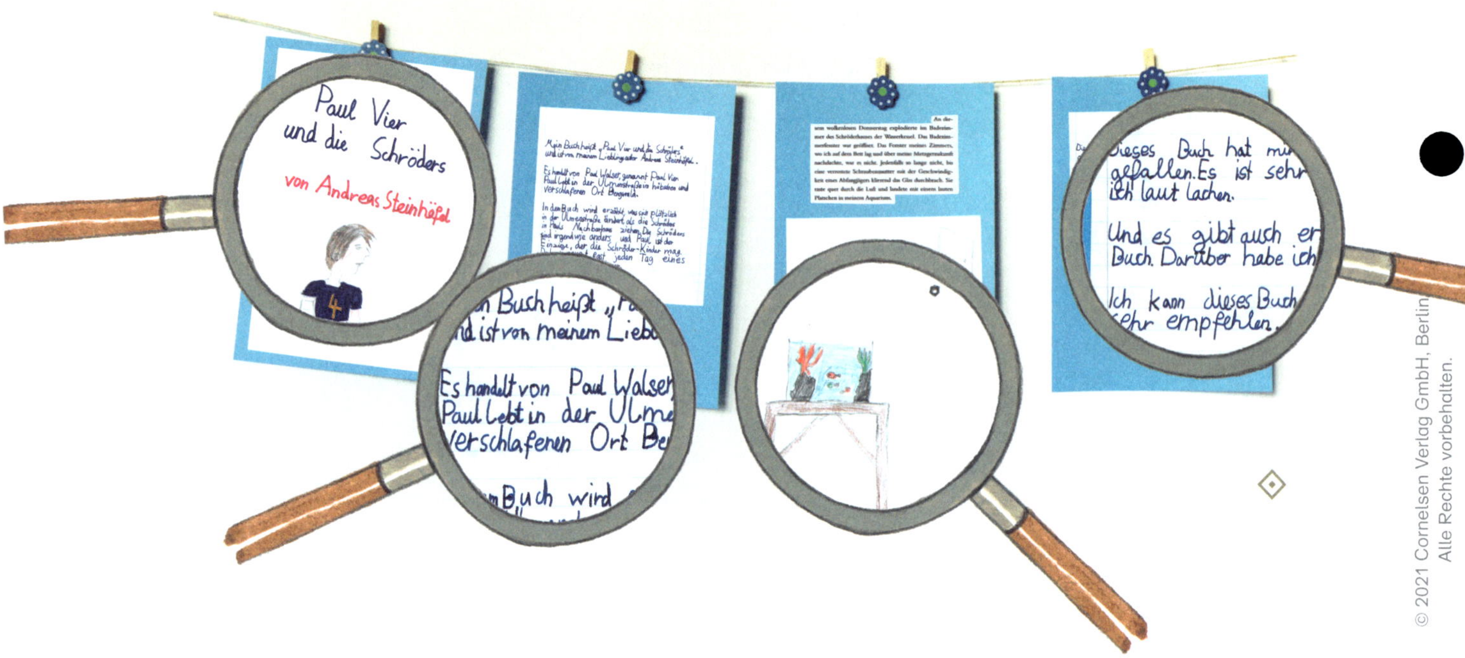

Zusammenfassung

Fazit und Empfehlung

2 Gestalte die ersten beiden Seiten für deine Leseleine.
Nutze dazu deine Zusammenfassung von Seite 93.

3 Wähle für das dritte Blatt eine besondere Textstelle aus.
Schreibe sie auf. Gestalte ein passendes Bild.

4 Was hat dir an dem Buch besonders gefallen?
Schreibe es auf das vierte Blatt.

5 Wem würdest du das Buch empfehlen? Begründe.
Ergänze deine Empfehlung auf dem vierten Blatt deiner Leseleine.

Bildet Gruppen. Spielt Quartett mit den Seiten eurer Leseleinen.

© 2021 Cornelsen Verlag GmbH, Berlin
Alle Rechte vorbehalten.

Subjekt und Prädikat

1 Lies den Text. Untersuche die farbigen Wörter.
Welche Wörter sind das Subjekt, welche das Prädikat?

Mädchen und Jungen haben oft Vorbilder oder Idole.
Diese Personen kommen aus vielen verschiedenen Bereichen.
Viele Vorbilder sind Sportler, Filmstars oder Musiker.
Oft beeindrucken sie die Kinder. Die Kinder wären gern wie ihre Idole.

[blau] = ______________________ [orange] = ______________________

2 Markiere in jedem Satz das Subjekt und das Prädikat in verschiedenen Farben.
Frage nach Subjekt und Prädikat.
Schreibe die Fragen mit den passenden Antworten auf.

Schau dir den Merksatz an!

Luna sammelt Fußballkarten.

Wer oder was ______________________

Was tut ______________________

____

Auf dem Flohmarkt kauft Max einen Comic.

____

____

____

Merksatz

Ein Satz hat ein Subjekt (Satzgegenstand) und ein Prädikat (Satzaussage).
Durch Fragen findet man Subjekt und Prädikat heraus.

Tim mag Sportler.
Subjekt: ***Wer oder was** mag Sportler? **Tim***
Prädikat: ***Was tut** Tim? Er **mag** Sportler.*

Die Mädchen aus der 4a kennen viele Filmstars.
Subjekt: ***Wer oder was** kennt viele Filmstars? **Die Mädchen aus der 4a**.*
Prädikat: ***Was tun** die Mädchen aus der 4a? Sie **kennen** viele Filmstars.*

© 2021 Cornelsen Verlag GmbH, Berlin.
Alle Rechte vorbehalten.

3 Markiere in jedem Satz das Subjekt und das Prädikat in verschiedenen Farben.

Die Mädchen aus der 4a kennen viele Filmstars.

Mehr als die Hälfte der Jungen hat Sportler als Idole.

Musiker und Musikerinnen mögen fast alle Kinder.

Auch Freunde oder Familienmitglieder sind Vorbilder.

Stella wäre gern wie der Comic-Held Superman.

Sicher hast du auch ein Vorbild.

4 Wer ist dein Idol oder Vorbild?
Schreibe eigene Sätze über diese Person.
Oder: Schreibe Sätze zu einem anderen Thema.
Markiere in jedem Satz das Subjekt und das Prädikat.

© 2021 Cornelsen Verlag GmbH, Berlin.
Alle Rechte vorbehalten.

Geteiltes Prädikat

1 Lies die Wörter und Sätze. Was fällt dir auf?

aus malen — ab schreiben

Tom malt das Bild aus . — Alina schreibt den Text ab .

2 Lies die Sätze. Finde in jedem Satz das geteilte Prädikat.
Markiere beide Teile des Prädikats.

Jule sieht Leon an.

Fatma macht das Licht aus.

Tim kommt heute mit zum Sport.

Malte liest der Klasse seinen Text vor.

Lara und Moritz räumen ihre Zimmer auf.

Melek streicht das falsche Wort durch.

Alle denken über Vorschläge für den Ausflug nach.

Musa holt Anni auf dem Schulweg ein.

Lena und Jonas bringen das Altpapier weg.

Mia gibt ihren Mathetest ab.

3 Schreibe beide Teile des Prädikates aus Aufgabe 2 auf.
Schreibe auch die Grundform des Verbs dazu.

sieht an – ansehen,

Merksatz

Ein Prädikat (Satzaussage) kann aus zwei Teilen bestehen.
*Jule **sieht** Leon **an**.*
*Sie **wollen** ins Kino **gehen**.*

© 2021 Cornelsen Verlag GmbH, Berlin.
Alle Rechte vorbehalten.

4 Auch in diesen Sätzen besteht das Prädikat aus zwei Teilen.
Markiere beide Teile des Prädikats und schreibe sie auf.

Jule und Leon wollen ins Kino gehen.

Die Klasse 4a muss mit dem Bus zum Museum fahren.

Klara möchte mit ihrem kleinen Bruder ein spannendes Buch lesen.

Frau Berger ist mit allen Ideen einverstanden.

Im Urlaub kann Tom aus seinem Fenster das Meer sehen.

Am Projekttag konnten die Kinder viel lernen.

wollen gehen,

5 Schreibe eigene Sätze mit geteilten Prädikaten. Nutze die Verben im Kasten.

ausmalen • losfahren • aufbauen • mitmachen • vortragen

© 2021 Cornelsen Verlag GmbH, Berlin.
Alle Rechte vorbehalten.

Komma bei Aufzählungen

1 Lies die Treppensätze. Was fällt dir auf?

Ich esse gern Nudeln.
Ich esse gern Nudeln und Tomatensoße.
Ich esse gern Nudeln, Tomatensoße und geriebenen Käse.
Ich esse gern Nudeln, Tomatensoße, geriebenen Käse und Gurkensalat.

2 Markiere in den Treppensätzen alle Kommas.

3 Lies die Liste. Zähle Hannas Lieblingstiere in einem Satz auf. Setze Kommas.

Meine Lieblingstiere

- Bernhardiner
- Zebras
- Affen
- Tims Meerschweinchen
- getigerte Katzen
- sprechende Papageien

Hanna

Hannas Lieblingstiere sind Bernhardiner,

4 Lies den Text. Ergänze in sechs Sätzen die Kommas.
Schreibe den Text anschließend ab.

Die Klasse von Tim, Lena Fatma und Jonas plant einen Ausflug. Die Kinder stimmen ab. Der Ausflug geht ins Museum in den Tierpark auf den Spielplatz oder ins Planetarium. Tim Fatma Jonas Tom Moritz Lisa und Jenny sind für das Planetarium. Lena Janne und ihre Freundinnen wollen lieber in den Tierpark gehen. Anna Oskar Musa Chiara und die Zwillinge Hilda und Paul können sich noch nicht entscheiden. Welcher Vorschlag gewinnt? Das Museum der Tierpark und das Planetarium haben gleich viele Stimmen. Dann müssen die Kinder wohl drei Ausflüge machen.

5 Schreibe eigene Treppensätze wie in Aufgabe 1. Setze alle Kommas.

Merksatz

Zwischen Dingen, die aufgezählt werden, steht ein Komma.
Vor **und** oder **oder** steht kein Komma.
*Ich mag meine Freunde, tolle Bücher **und** Sport.*
*Morgen gehen wir ins Kino, auf den Spielplatz **oder** ins Eiscafé.*

© 2021 Cornelsen Verlag GmbH, Berlin.
Alle Rechte vorbehalten.

Fremdwörter richtig schreiben M

1 Sieh dir das Bild an.
Finde zwölf englische Wörter
und kreise sie ein.
Schreibe jedes Wort auf eine Karte.

2 Markiere bei den Wörtern aus Aufgabe 1 schwierige Stellen.
Präge dir jedes Wort ein.
Drehe die Karte um und schreibe das Fremdwort richtig auf.
Kontrolliere mit der Vorderseite.

3 Trainiere auch diese Fremdwörter. Gehe vor wie in Aufgabe 1 und 2.

Chips • Show • Ketchup • Clown • Cent • Training • Homepage
Garage • Pommes frites • Tourist • Croissant • Diskussion
Chor • Detektiv • Handy • Chance • Portemonnaie • E-Mail

4 Aus welchen Sprachen kommen die Wörter aus Aufgabe 3?
Sieh in einem Wörterbuch oder im Internet nach.
Nutze dazu eine Kindersuchmaschine.

© 2021 Cornelsen Verlag GmbH, Berlin.
Alle Rechte vorbehalten.

Schwierige Wörter merken

Merk's dir! M

Schwierige Wörter merken
Merk's dir!
*Vogel, Kurve, fa**h**ren, Fu**chs**, B**oo**t, Interview, K**ä**fer, Tiger, M**ai***

1 Lies die Wörter. Markiere die Merkstelle.

der Tee • der Käfer • das E-Bike • wahr • das Boot
ihre • sägen • die Achse • surfen • das Moos • der Nil
ihm • der Mai • fahren • der Saal • der Dachs

2 Welche Wörter aus Aufgabe 1 haben ähnliche Merkstellen?
Ordne sie passend zu. Markiere die Merkstelle.

Merkwörter mit ä: der Käfer, …

der Käfer,

Merkwörter mit stummem h:

Merkwörter mit doppeltem Selbstlaut: …

weitere Merkwörter: …

3 Finde weitere Merkwörter. Ergänze sie in Aufgabe 2. Markiere die Merkstelle.
Schlage auch in der Wörterliste oder im Wörterbuch nach.

4 Welches Wort passt nicht in die Zeile?
Streicht es durch und begründet.

hübsch • stylisch • cool • nice

der Käfig • die Träne • es fällt • der Bär

die Gefahr • verwöhnt • abwehren • gehen

die Maschine • der Tisch • die Kabine • die Rosine

© 2021 Cornelsen Verlag GmbH, Berlin.
Alle Rechte vorbehalten.

STARK: Alle Strategien anwenden

1 Lies den Text zweimal. Sieh dir beim zweiten Mal die farbigen Wörter ganz genau an.

In einer Schule sind viele Kinder. Mädchen und Jungen lernen dort gemeinsam. Sie rechnen, schreiben, lesen und forschen miteinander. Alle Unterrichtsstunden und die Pausen verbringen sie zusammen. Für uns ist das heute selbstverständlich. Früher war das anders. Da gab es Mädchenschulen und Jungenschulen. Man glaubte, die Geschlechter können besser getrennt voneinander lernen. Heute gibt es in Deutschland nur noch wenige Schulen, die nur für Jungen oder nur für Mädchen sind.

2 Schreibt jedes farbige Wort aus dem Text auf eine Karte.

3 Führt ein Rechtschreibgespräch zu jedem Wort.

Rechtschreibgespräch

?	1. An welcher Stelle könntet ihr beim Schreiben unsicher sein? Markiert diese Stelle.	viele
	2. Welche Strategie hilft euch? Begründet. Ergänzt die Strategie auf der Karte.	viele (M)
	3. Findet drei weitere Wörter, bei denen euch die Strategie auch hilft. Schreibt sie auf die Rückseite der Karte.	vielleicht viel vielfältig

4 Wähle drei Wörter aus, die du besonders schwer findest. Schreibe mit jedem Wort einen Satz.

© 2021 Cornelsen Verlag GmbH, Berlin. Alle Rechte vorbehalten.

Das kann ich schon

Rechtschreibtraining

Lisa muss sich nach der Schule beeilen. Am Nachmittag ist ihr erstes Fußballtraining. Lisa kennt niemanden in der Mannschaft. Deshalb überredet sie ihren Freund Ben, mitzukommen. Beide sind ganz schön aufgeregt. Pünktlich kommen sie am Sportplatz an. Die Trainerin begrüßt die beiden Neuen. Es sind fast nur Jungen im Team. Einer von ihnen heißt Henry. Er schaut Lisa komisch an, lacht und fragt: „Ein Mädchen? Was willst du denn hier?“ Lisa ärgert sich. Das Training macht dann aber sehr viel Spaß. Kurz vor Schluss schießt Lisa ein tolles Tor. Henry staunt, kann es kaum glauben und ist endlich still.

Fremdwörter richtig schreiben

1 Schreibe jedes Wort aus dem Kasten auf eine Karte.

Spray • City • Shop • Toast • Computer
Baguette • Inliner • Toilette • Party • Advent
Bonbon • Stars • Orange • Batterie • Cousin
Baby • Creme • Pony • Clown • Handy

2 Markiere bei den Wörtern aus Aufgabe 1 schwierige Stellen. Präge dir jedes Wort ein. Drehe die Karte um und schreibe das Fremdwort hier richtig auf. Kontrolliere mit der Vorderseite.

____

____

____

____

____

____

____

Übungswörter

der Junge
das Mädchen
die Mannschaft
der Schluss
der Sportplatz
das Team
die Trainerin
das Training
sie ärgert sich
sich ärgern
sich beeilen
sie schießt
schießen
sie überredet
überreden
aufgeregt

endlich
niemand
pünktlich

© 2021 Cornelsen Verlag GmbH, Berlin.
Alle Rechte vorbehalten.

Diese Seite fand ich:
○ leicht ○ mittel ○ schwer

Subjekt und Prädikat

3 Markiere in jedem Satz das Subjekt
und das Prädikat in verschiedenen Farben.

Die Lehrerin korrigiert gerade die Mathearbeiten.

Nele und Inga essen im Café ein großes Eis.

Seiner Schwester schickt Ali aus dem Urlaub eine Karte.

In der Buchhandlung entdeckt Fatma ein tolles Lexikon.

4 Markiere in jedem Satz das Subjekt und das Prädikat in verschiedenen Farben.
Frage nach Subjekt und Prädikat.
Schreibe die Fragen mit den passenden Antworten auf.

Matti schreibt eine spannende Geschichte.

Wer oder was ______________________

____

Was ______________________

____

Im Supermarkt verliert Nesrin ihr Portemonnaie.

____

____

____

____

Am Nachmittag hilft Tine ihrem Opa bei der Gartenarbeit.

____

____

____

____

© 2021 Cornelsen Verlag GmbH, Berlin.
Alle Rechte vorbehalten.

Diese Seite fand ich:
○ leicht ○ mittel ○ schwer

Geteiltes Prädikat

5 Lies die Sätze. Finde in jedem Satz das geteilte Prädikat.
Markiere beide Teile des Prädikats.

Papa liest den Kindern abends noch eine Geschichte vor.

Jonas kauft für Mama im Supermarkt ein.

Yannik schreibt vor seinem Geburtstag alle Wünsche auf.

Der Anfang des Gedichts fällt Lena nicht mehr ein.

Opa bringt Lasse aus dem Urlaub ein neues Buch mit.

6 Schreibe beide Teile des Prädikats aus Aufgabe 5 untereinander auf.
Schreibe auch die Grundform des Verbs dazu.

liest vor –

© 2021 Cornelsen Verlag GmbH, Berlin.
Alle Rechte vorbehalten.

7 Auch in diesen Sätzen besteht das Prädikat aus zwei Teilen.
Markiere beide Teile des Prädikats und schreibe sie auf.

Ina kann richtig weit springen.

Lea darf heute bei Opa übernachten.

Juri möchte die ganze Nacht sein spannendes Buch lesen.

Ole will Oma mit einem Blumenstrauß überraschen.

Heute sollen die Kinder der 4a ihre Projekte präsentieren.

Amir und Sandro wollen nach der Schule ins Kino gehen.

Diese Seite fand ich:
○ leicht ○ mittel ○ schwer

Komma bei Aufzählungen

8 Lies die Liste. Zähle auf, was Ben vor seiner Geburtstagsfeier erledigen muss. Setze Kommas.

Das muss ich für den Kindergeburtstag erledigen:
- Einladungen schreiben
- Spielideen sammeln
- einkaufen
- Kuchen backen
- Zimmer schmücken
- Tisch decken

Ben muss noch

9 Lies den Text. Ergänze in vier Sätzen die Kommas.

Jakob, Max und Lena sollen heute mit ihrer Mutter einkaufen. Alle drei Kinder brauchen neue Jeans T-Shirts kurze Hosen und Badesachen. Mama will mit ihnen ins Einkaufszentrum zum Sportgeschäft oder in die Innenstadt fahren. Jakob hat überhaupt keine Lust dazu. Das Wetter ist so schön. Am liebsten würde er jetzt mit seinen Freunden Fußball spielen im Wald toben oder zum Kletterpark fahren.

Alle Strategien üben

Markiere die Fehlerwörter. Schreibe die passenden Strategiezeichen darüber.

(M)
Tom unt Marie freun sich heute besonders auf die schule.
die Projektwoche mit dem Zirkus begint. (5)

Schreibe nun beide Sätze richtig auf.

Diese Seite fand ich: ○ leicht ○ mittel ○ schwer

© 2021 Cornelsen Verlag GmbH, Berlin.
Alle Rechte vorbehalten.

Strom überall

leiten

● Glühlampe

● Solarzelle

sparsam

aufladen

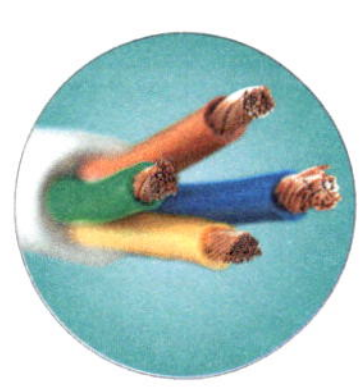
● Kabel

● Spannung

elektrisch

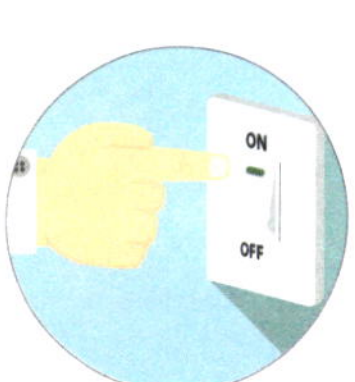

einschalten

● Kühlschrank

● Steckdose

erneuerbar

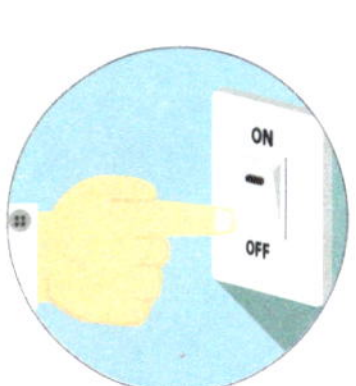

ausschalten

Übe die Wörter auf der Rückseite.

nicht erneuerbar

© 2021 Cornelsen Verlag GmbH, Berlin.
Alle Rechte vorbehalten.

Kontrolliere mit der Vorderseite.

Alles richtig?

Hier schreibe ich Wörter, Texte, Ideen und Fragen zum Bild auf.

© 2021 Cornelsen Verlag GmbH, Berlin.
Alle Rechte vorbehalten.

Ein Plakat und einen Steckbrief lesen

Lichtquellen früher und heute
Früher nutzten die Menschen Fackeln, Kerzen oder Öllampen als Lichtquellen. Später kam die Petroleumlampe hinzu.

Vor etwa 150 Jahren wurde die Glühlampe erfunden. Sie erhellte viele Jahre lang unsere Wohnungen. Dann entwickelte man die Energiesparlampe. Sie sollte helfen, Strom zu sparen.

Heute nutzen wir moderne Leuchtdioden. Diese nennt man auch LEDs.

Welche Lichtquellen nutzt ihr zu Hause?

© 2021 Cornelsen Verlag GmbH, Berlin. Alle Rechte vorbehalten.

Steckbrief

Name:	Thomas Alva Edison
Geboren am:	11. Februar 1847 in Milan (USA)
Gestorben am:	18. Oktober 1931 in West Orange (USA)
Beruf:	Erfinder
Bekannteste Erfindung:	Kohlefaden-Glühlampe (1879)
Genial, weil …:	… er gern tüftelte und 1 093 Patente entwickelt hat. … er sich sein Wissen über Technik und Physik selbst beigebracht hat.
Besonderheiten:	Er war sein Leben lang schwerhörig. Die Schule hat er nach drei Monaten abgebrochen. An seinem Geburtstag feiert man heute in den USA den Tag der Erfinder.

Ein Kinderbuch lesen

Die Erfindung des Lichts

Seit der Italiener Alessandro Volta im Jahr 1800 das Prinzip der Batterie erfunden hat, wird versucht, praktische elektrische Glühlampen zu erfinden, doch vergeblich. Niemand bringt eine solche Lampe länger als ein paar Sekunden zum Leuchten. Elektrische Bogenlampen spenden zwar sehr viel Licht, können aber nur für Scheinwerfer oder im Freien benutzt werden. Was benötigt wird, ist eine kleine Lichtquelle, die nicht viel Strom verbraucht. In seinem Laboratorium sucht der Erfinder Thomas Alva Edison nach einer Lösung.

Zwei Nächte in Folge habe ich kein Auge zugemacht, ebenso wenig wie meine Mitarbeiter. Wir sind wach geblieben, um zu sehen, wie lange unsere Glühlampe brennt – es waren ganze 40 Stunden! Wir brüllen vor Begeisterung! Die Glühlampe besteht aus einem luftleeren Glaskolben. Im Inneren habe ich einen verkohlten Baumwollfaden eingeschweißt und den Kolben zugeschmolzen. Und dann habe ich das Ganze an Strom angeschlossen. Die Lampe hat den Raum fast zwei Tage lang ununterbrochen erleuchtet, ohne dass der Glühfaden verbrannt wäre. Es funktioniert! Es ist möglich! Jetzt bin ich davon überzeugt, dass man auch eine Glühlampe herstellen kann, die Hunderte von Stunden lang brennt. Ich werde die Lebensgewohnheiten der Menschen auf den Kopf stellen … und auch ihre Schlafgewohnheiten! Meine zahlreichen Experimente, die letztendlich zur Erfindung der Glühlampe führten, haben mich Tausende von Dollar und Tausende von Arbeitsstunden gekostet. Ich habe wirklich alles probiert – als Glühfaden mussten einmal sogar die roten Barthaare meines Mitarbeiters Mackenzie herhalten. Doch Ende gut, alles gut. Ich habe nicht nur eine neue Leuchte erfunden, sondern ein funktionierendes System. Mit meiner Glühlampe wird man ganze Städte erhellen können!

Luca Novelli

Welche Erfinderinnen und Erfinder kennst du noch?

© 2021 Cornelsen Verlag GmbH, Berlin. Alle Rechte vorbehalten.

Informationen zusammenfassen

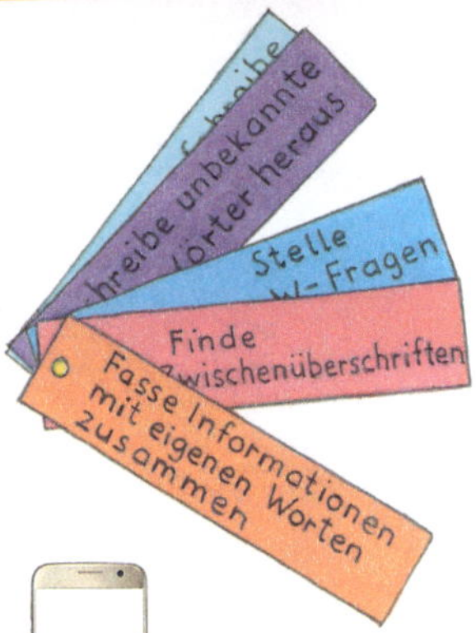

1 Lies den Text. Markiere unbekannte Wörter. Kläre sie.

Wie entsteht Strom?

Woraus elektrischer Strom besteht

A Das Handy, der Kühlschrank oder die Lampe auf deinem Schreibtisch – das alles funktioniert mit elektrischem Strom. Elektrischer Strom besteht aus vielen kleinen Teilchen. Diese Teilchen heißen Elektronen. Sie sind so klein, dass du sie nicht sehen kannst. Die Elektronen bewegen sich sehr schnell von einem Punkt zum anderen, zum Beispiel durch ein Stromkabel. Das kann man mit einem Flussbett vergleichen, durch das Wasser fließt. Deswegen sagt man auch: Der Strom fließt.

B Der Strom, der durch die Stromleitungen fließt, wird in einem Kraftwerk erzeugt. Das funktioniert zum Beispiel so: In einem Kohlekraftwerk wird in einem Brenner Kohle verbrannt. Dabei entsteht Wasserdampf. Dieser Wasserdampf wird zur Turbine weitergeleitet. Eine Turbine ist eine Maschine, die aus mehreren Schaufelrädern besteht. Durch den Wasserdampf werden die Schaufelräder der Turbine angetrieben. Die Turbine dreht sich.

Schaufelräder einer Turbine

C Die Turbine ist mit einem Generator verbunden. Der Generator ist auch eine Maschine. Im Inneren des Generators sind eine Spule und ein Magnet. Eine Spule ist ein langer Draht aus Kupfer, der zusammengerollt wurde. Wenn sich die Turbine dreht, dann dreht sich auch der Magnet in der Spule. So entsteht der Strom. Durch Stromleitungen wird der Strom dann zu uns nach Hause und bis in unsere Steckdose geleitet.

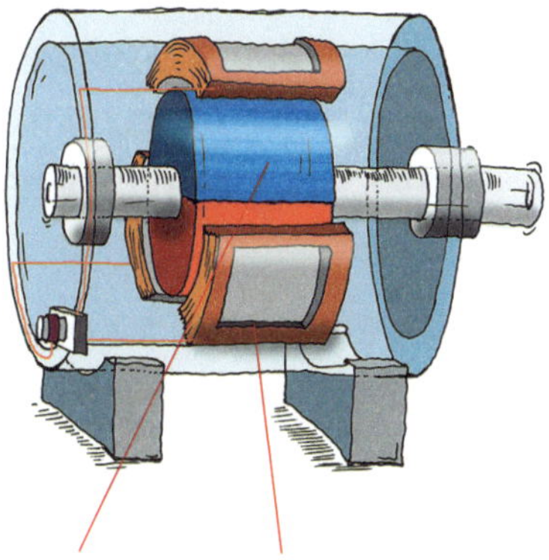

© 2021 Cornelsen Verlag GmbH, Berlin. Alle Rechte vorbehalten.

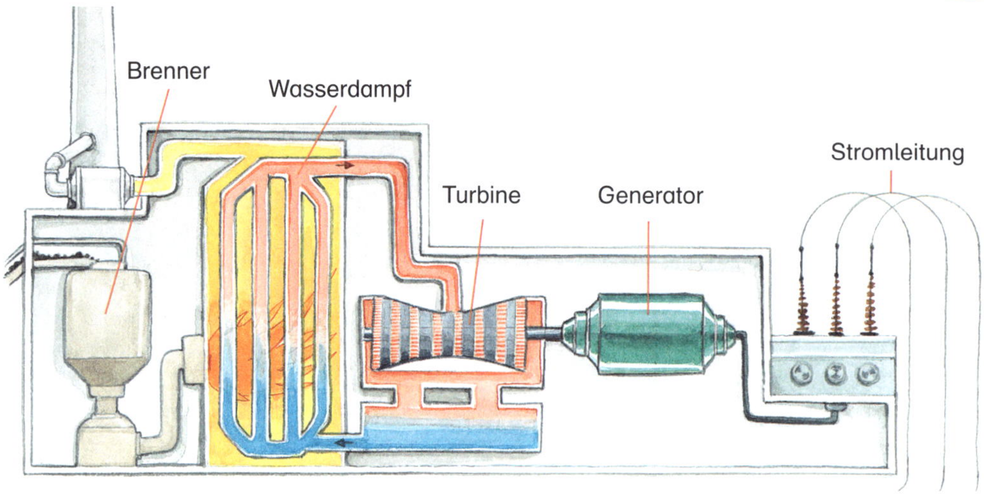

D Es gibt verschiedene Arten von Kraftwerken. Kraftwerke, die mit Kohle, Erdöl oder Erdgas betrieben werden, sind nicht gut für die Umwelt. Durch ihre Schornsteine pusten sie schädliche Stoffe in die Luft. Diese Stoffe verschmutzen die Natur. Außerdem sind die Kohle, das Erdöl und das Erdgas irgendwann aufgebraucht. Wir Menschen können diese Stoffe nicht selbst herstellen. Deswegen nennt man sie auch nicht erneuerbare Energiequellen.

E Es gibt aber auch erneuerbare Energiequellen. Dazu zählen Wasser, Wind und Sonne. Sie werden jeden Tag von der Natur erneuert. Deswegen können wir sie unbegrenzt nutzen. Wasserkraftwerke, Windräder und Solarzellen erzeugen Strom aus Wasser, Wind und Sonne. Weil sie dabei keine schädlichen Stoffe in die Luft pusten, schonen sie die Natur. Strom, der aus Wasser, Wind und Sonne entsteht, nennt man auch Ökostrom.

© 2021 Cornelsen Verlag GmbH, Berlin.
Alle Rechte vorbehalten.

2 Finde für jeden Abschnitt eine Überschrift. Schreibe sie auf die Linie.

3 Wähle einen Abschnitt. Schreibe deine Überschrift auf. Finde wichtige Stichworte und schreibe sie untereinander.

4 Schreibe mithilfe der Stichworte eine Zusammenfassung.

Schreibe in deiner Zusammenfassung vollständige Sätze im Präsens.

Einen Text in Handlung umsetzen

1 Lest die Materialliste und seht euch das erste Bild an. Welche Materialien braucht ihr, um einen Schalter herzustellen? Ergänzt die Materialliste. Beschafft diese Materialien.

2 Lest die Anleitung und baut den Schalter.

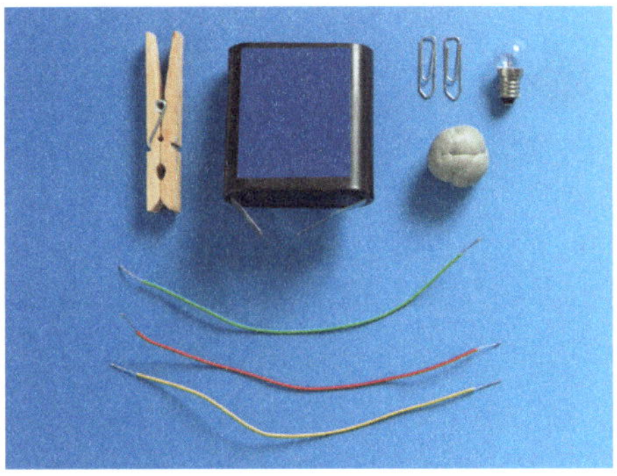

Ihr braucht:

– etwas Knete
– eine kleine Glühlampe
– eine Flachbatterie (4,5 Volt)
– drei Drähte (mit abisolierten Enden)

– ______________________________

– ______________________________

So wird es gemacht:

Forme aus der Knete eine Fassung für die Glühlampe. Schiebe eine Büroklammer auf ein Ende der Wäscheklammer. Befestige einen Draht an der Büroklammer. Verbinde das Ende des Drahtes mit einem Pol der Flachbatterie. Schiebe die zweite Büroklammer auf das zweite Ende der Wäscheklammer. Befestige nun den zweiten Draht an der Büroklammer.
Das Ende dieses Drahtes wickelst du um den Metallsockel der Glühlampe. Stecke die Glühlampe in die Knete.
Befestige den dritten Draht am noch freien Pol der Batterie. Das andere Ende des Drahtes schiebst du durch die Knete bis unter das Kontaktplättchen der Glühlampe.
Wenn du den Schalter richtig gebaut hast, kannst du jetzt durch das Zusammendrücken der Wäscheklammer den Stromkreis schließen und die Glühlampe leuchtet.

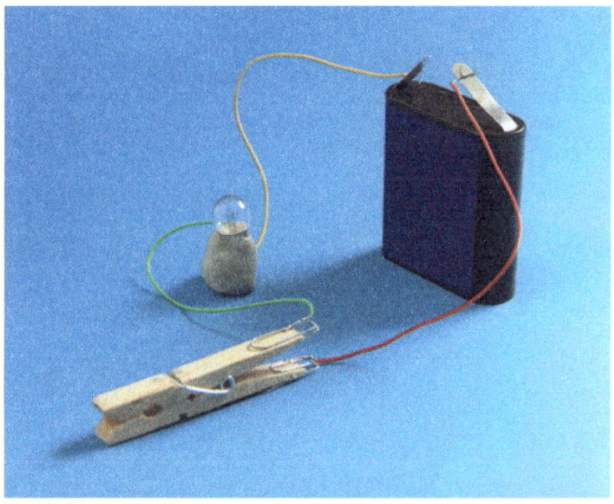

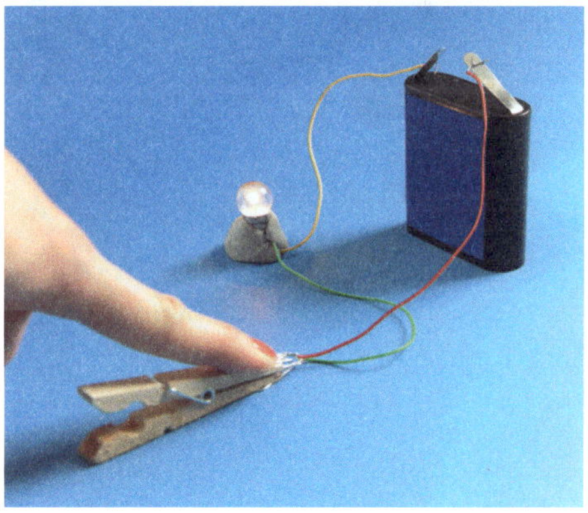

3 Warum leuchtet die Glühlampe, wenn du die Wäscheklammer zusammendrückst?

____

____

© 2021 Cornelsen Verlag GmbH, Berlin.
Alle Rechte vorbehalten.

Redewendungen kennenlernen

1 Lest die Texte und die Redewendungen in den Sprechblasen.
Ordnet den Texten die passenden Redewendungen zu.
Tragt den Buchstaben in das Kästchen ein.
Achtung! Eine Redewendung bleibt übrig.

E In Mathe bin ich keine Leuchte.

Jonas' Mutter hat fest versprochen, mit ihm ins Kino zu gehen. Aber ihr ist etwas dazwischengekommen. Jonas ist wütend. Er knurrt: „ “

Tim soll heute seinen Vortrag über den Erfinder Thomas Alva Edison halten. Er ist aufgeregt und angespannt. Er seufzt: „ “

A Dann hat meine Mutter grünes Licht gegeben.

Fatma hat die Matheaufgabe nicht verstanden. Sie bittet Tim um Hilfe und sagt: „ “

C Jetzt geht mir ein Licht auf!

Lena ruft: „Wo ist mein Rad? Ich hatte es doch hier abgestellt!“ „Bist du sicher?“, fragt Jonas. „Das weiß ich genau! – Ach nein, heute hat mich ja meine Mutter mit dem Auto zur Schule gebracht. Aha! “

B Ich bin vor Wut richtig geladen.

D Ich stehe unter Strom.

2 Markiere die Redewendung, die übrig bleibt.

3 Schreibe eine passende Erklärung für die übrig gebliebene Redewendung.

4 Wählt eine Redewendung aus. Denkt euch eine Situation aus, die zu der Redewendung passt. Spielt sie der Klasse vor.

Findet weitere Redewendungen zu den Themen **Strom** und **Licht**.

© 2021 Cornelsen Verlag GmbH, Berlin.
Alle Rechte vorbehalten.

Gewusst wie: Eine Aufforderung schreiben

Durch einen **Handzettel** könnt ihr andere über ein gemeinsames Vorhaben informieren und sie **auffordern**, **mitzumachen**.

Sammelt Ideen für ein gemeinsames Vorhaben.

Entscheidet euch für ein Vorhaben.
Plant dazu **eine Aufforderung**.
Macht euch Gedanken über **die wichtigsten Informationen**.
Notiert Stichworte zu diesen **W-Fragen**:
Wann? Wo? Was? Wer? Weshalb?

Schreibt eure Aufforderung nun auf **einen Handzettel**.
Schreibt **in Stichworten** oder **in kurzen Sätzen**.
Verwendet **Wörter**, die **Interesse** für das Thema **wecken**.
Fordert eure Leserinnen und Leser **zum Mitmachen auf**.

Gestaltet euren Handzettel.
Wählt eine **Überschrift**, die neugierig macht.
Fügt **Zeichnungen oder Fotos** hinzu.
Vervielfältigt eure Handzettel und **verteilt sie** in der Schule.
Ihr könnt eure Aufforderung auch auf der Schulhomepage veröffentlichen.

Was ist wichtig, wenn du eine Aufforderung schreiben willst? Kreuze an.

- ☐ Ich notiere mir Stichworte zu W-Fragen.
- ☐ Ich schreibe meine Aufforderung auf eine Postkarte.
- ☐ Ich verwende Wörter, die Interesse für das Thema wecken.
- ☐ Ich wähle eine passende Überschrift, die neugierig macht.

© 2021 Cornelsen Verlag GmbH, Berlin.
Alle Rechte vorbehalten.

1 Seht euch die Ideen für ein gemeinsames Vorhaben an. Wählt eine Karte aus. Kreuzt an.

- [ ] Wir vermeiden Müll.
- [ ] Die ganze Schule spart Strom.
- [ ] Müllfreies Frühstück
- [ ] Wir gehen zu Fuß zur Schule.
- [ ] Aus ALT mach NEU
- [ ] Zu Hause Strom sparen

2 Plant eure Aufforderung. Macht euch Gedanken über die wichtigsten Informationen.
Notiert Stichworte zu diesen W-Fragen:

Wann? ______________________________

____

Wo? ______________________________

____

Was? ______________________________

____

Wer? ______________________________

____

Weshalb? ______________________________

____

3 Schreibt eure Aufforderung nun auf einen Handzettel. Schreibt in Stichworten oder in kurzen Sätzen. Verwendet Wörter, die Interesse für das Thema wecken. Fordert zum Mitmachen auf. Ihr könnt euren Handzettel auch am Computer tippen.

4 Gestaltet euren Handzettel. Nutzt dazu verschiedene Farben. Ihr könnt auch Wörter unterstreichen oder markieren. Findet eine Überschrift für eure Aufforderung.

5 Fügt passende Zeichnungen oder Bilder ein.
Ihr könnt selbst zeichnen und malen oder im Internet nach Bildern suchen.
Nutzt dafür eine Bildersuchmaschine für Kinder, zum Beispiel **Find das Bild**.

Wenn du Bilder aus dem Internet verwendest, denke daran, dass jemand Rechte daran hat.

© 2021 Cornelsen Verlag GmbH, Berlin.
Alle Rechte vorbehalten.

Präteritum und Perfekt

1 Lies die Texte. Was fällt dir auf? Kreuze an.

- ☐ Die markierten Wörter sind Nomen.
- ☐ In beiden Texten ist das Thema die Erfindung der LED-Lampe.
- ☐ Der erste Text wird von einer Person erzählt.
- ☐ Der zweite Text wird von einer Person erzählt.

Die LED-Lampe **gab** es zuerst
in Rot, Gelb und Grün.
Vor 30 Jahren **erfanden**
Physiker die blaue LED-Lampe.
Daraus **entwickelten** sie später
die weißen LEDs.
Diese Entwicklung **war**
ein großer Fortschritt.

Die LED-Lampe **hat** es zuerst
in Rot, Gelb und Grün **gegeben**.
Vor 30 Jahren **haben** Physiker
die blaue LED-Lampe **erfunden**.
Daraus **haben** sie später
die weißen LEDs **entwickelt**.
Diese Entwicklung **ist**
ein großer Fortschritt **gewesen**.

Herr Lichtblitz

2 Schreibe auf, was Herr Lichtblitz sagt. Markiere beide Teile des Verbs.

Die LED-Lampe hat es zuerst in Rot, Gelb und Grün gegeben.

Merksatz

Verben können in verschiedenen **Zeitformen** stehen.

Präsens (Gegenwart):	*sie **gibt***	*es **ist***
Präteritum (Vergangenheit):	*sie **gab***	*es **war***

Wenn etwas erzählt wird, das vergangen ist, steht das Verb oft im **Perfekt**.
Es besteht aus zwei Teilen.

Perfekt (mündliche Vergangenheit):	*sie **hat gegeben***	*es **ist gewesen***

© 2021 Cornelsen Verlag GmbH, Berlin.
Alle Rechte vorbehalten.

3 Schreibe die Sätze im Perfekt auf. Verändere dazu die farbigen Verben.
Markiere beide Teile des Verbs.

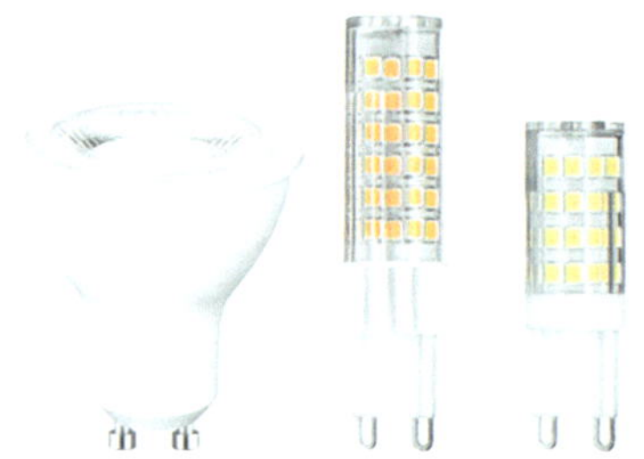

An ihrer Erfindung arbeiteten die Physiker sehr lange.
Ihre Erfindung veränderte viel.
Die LED-Lampe ersetzte mehr und mehr die Glühlampe.
Es entstanden viele verschiedene LED-Lampen.
In Haushaltsgeräten, Smartphones, Verkehrsampeln, Straßenlaternen und vielen anderen Geräten setzte man LED-Lampen ein.
2014 gewannen die Erfinder den Nobelpreis.
Darauf waren sie sehr stolz.

An ihrer Erfindung haben die Physiker sehr lange gearbeitet.

Hör genau hin, wenn dir jemand etwas erzählt.
In welcher Zeitform spricht die Person? Berichte.

© 2021 Cornelsen Verlag GmbH, Berlin.
Alle Rechte vorbehalten.

Adjektive mit bar, los, sam

1 Lies den Text. Markiere bei den farbigen Adjektiven die Endung **bar**, **los** und **sam**.

Jeden Tag verbrauchen wir Menschen maßlos viel Energie, vor allem in Form von Licht. Seitdem wir durch das Internet drahtlos mit der ganzen Welt verbunden sind, laufen die Computerbildschirme pausenlos. Große Werbetafeln leuchten rund um die Uhr. Nachts, wenn es dunkel ist, strahlt die Erde deshalb sichtbar heller. Satellitenaufnahmen zeigen das. Es ist ratsam, möglichst wenig Energie zu verbrauchen und Leuchtmittel sorgsam einzusetzen. Das ist zunächst sehr mühsam. Doch es ist wichtig für das Klima auf unserer Erde.

2 Verwandle die Adjektive aus Aufgabe 1 in Nomen.

maßlos – das Maß,

3 Verwandle die Verben aus dem Kasten in Adjektive. Ordne sie in eine Tabelle.

-bar	-los	-sam
...	hilflos	...

helfen • schweigen • erholen • schlafen • trinken • denken
folgen • sparen • danken • spüren • hören • leben • schützen

4 Verwandle die Verben auf den Karten in Adjektive und setze sie in die Sätze ein. Schreibe die Sätze vollständig auf. Achtung! Zu jedem Verb passen zwei verschiedene Endungen.

Die Klasse 4c macht einen Ausflug in die Jugendherberge.
Die Ankunftszeit an der Jugendherberge ist gut ___.
Die Kinder laufen eine Weile ___ auf dem Gelände herum.
Lena hat sich verlaufen. Sie ist ___.
Für sie ist es ___, wieder zum Treffpunkt zurückzukehren.

raten

planen

© 2021 Cornelsen Verlag GmbH, Berlin.
Alle Rechte vorbehalten.

Wichtige Wörter üben

1 Lies dir die Wörter im Kasten mehrmals genau durch. Flüstere dabei mit.

nie • denn • kein • doch • seit • hinter • wenn • dann • auch • viel • durch • danach
nichts • dein • mein • seid • meistens • wie • unter • bisschen • heraus • hier • dies • über

2 Ordnet die Wörter aus Aufgabe 1 passend zu. Markiert schwierige Stellen.

Wörter mit ie: nie, ______________________

Wörter mit ei: ______________________

Wörter mit ch: ______________________

⊖: ______________________

ⓦ: ______________________

3 Spielt Bingo mit den Wörtern aus Aufgabe 1.

Anleitung:

- Wählt einen Spielleiter oder eine Spielleiterin.
- Zeichnet euer Bingofeld. Tragt in jedes Feld ein Wort aus Aufgabe 1 ein.
- Der Spielleiter oder die Spielleiterin nennt Wörter aus Aufgabe 1.
- Hast du ein Wort in dein Bingofeld eingetragen? Dann kreuze das Feld an.
- Wer zuerst drei Felder in einer Zeile oder einer Spalte angekreuzt hat, darf „Bingo" rufen und hat gewonnen.

4 Setze die Wörter aus dem Kasten passend in die Sätze ein.

nächste • sogar • bald • vorbei • sehr • dann • nämlich • immer

Nächste __________ Woche treffe ich mich mit Lena. Ich darf __________

bei ihr übernachten. Das klappt __________ nicht oft.

Leider geht die Zeit __________ so schnell __________.

Zum Glück sind __________ Ferien. __________ könnte sie bei mir

übernachten. Das wäre __________ schön.

© 2021 Cornelsen Verlag GmbH, Berlin.
Alle Rechte vorbehalten.

Wörter mit ss oder ß

1 Lies den Text. Sprich die farbigen Wörter besonders deutlich.

Um Strom zu erzeugen, kann man Wasser nutzen. Das funktioniert so: Ein Fluss wird durch eine Staumauer gestaut. Dadurch steigt der Wasserspiegel. Am Fuß der Staumauer befindet sich eine Rohrleitung. Das gestaute Wasser wird mit großem Druck in das Rohr gepresst. Es fließt jetzt schneller. Am Ende des Rohrs ist eine Turbine. Sie passt in ihrer Größe genau an das Rohr. Die Schaufelräder der Turbine drehen sich. Die Turbine ist an einen Generator angeschlossen. Dieser wandelt die Bewegung in elektrische Energie um.

2 Schreibe die farbigen Wörter auf. Markiere **ss** und **ß**.

Wasser, ______

______

______

3 **ss** oder **ß**? Mache die Lang-Kurz-Probe. Ergänze **ss** oder **ß**.
Schreibe die Wörter richtig auf.
Markiere den Selbstlaut und **ss** oder **ß**.

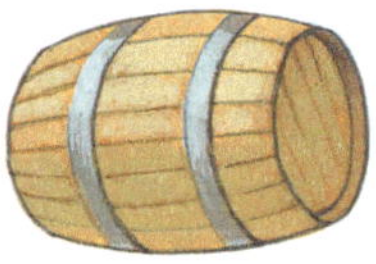

be ss er • gie ß en • bi ___ chen • na ___ • Stra ___ e • au ___ erdem

losla ___ en • mü ___ en • Fa ___ • sto ___ en • Ga ___ e • schlie ___ en

rei ___ en • hei ___ en • drau ___ en • vermi ___ en • pa ___ ieren • wei ___

Wörter mit ss: besser, ______

______

______

Wörter mit ß: gießen, ______

______

______

© 2021 Cornelsen Verlag GmbH, Berlin.
Alle Rechte vorbehalten.

4 Ordne die Wörter nach ihren Wortfamilien. Markiere den Wortstamm.

es fließt • du lässt • er weiß • gelassen • die Flüsse • nachlässig
ich habe gewusst • er ließ • die Wissenschaft • er ist geflossen
das Gewissen • flüssig • verlassen • bewusstlos • das Floß

fließ: es fließt, ____________________

____

wiss: ____________________

____

lass: ____________________

____

5 Finde möglichst viele Wörter mit dem Wortstamm **gieß**.
Oder: Finde weitere Wörter zu den Wortfamilien aus Aufgabe 4.
Schlage auch in der Wörterliste oder im Wörterbuch nach.

____

____

____

____

____

____

____

____

____

____

____

© 2021 Cornelsen Verlag GmbH, Berlin.
Alle Rechte vorbehalten.

Länge des Selbstlautes prüfen

Lang/kurz?

Länge des Selbstlautes prüfen
Lang/kurz?
Wenn du wissen willst, ob ein Selbstlaut lang oder kurz ist, sprich das Wort unterschiedlich aus:
rot oder rot, Frosch oder Frosch

spazieren Katze Keks erschrecken Stiefel
bitten groß Schloss Hut Gurke

1 Klingt der Selbstlaut lang oder kurz? Mache die Lang-Kurz-Probe.
Markiere den langen Selbstlaut mit einem _ und den kurzen Selbstlaut mit einem •.

letzte • Haken • schlimm • Note • zurück • Keks • wissen • hacken

Nashorn • Löffel • Spaß • allein • doppelt • scharren • schlaff • wen

schnäuzen • pieksen • reißen • Schaufel • schlafen • nett • wenn

2 Ordne die Wörter nach ihren Wortfamilien. Markiere den Wortstamm.

erschrecken • herumspuken • abschreckend • spuken • der Schreck
die Spukerei • schreckhaft • spukend • es spukt • hochschrecken

schreck: erschrecken, ______________________________

____

spuk: ______________________________

____

3 Schreibe das Verb **wissen** in allen Personalformen im Präsens auf.
Markiere die langen und die kurzen Selbstlaute.
Wann klingt der Selbstlaut lang, wann klingt er kurz?

© 2021 Cornelsen Verlag GmbH, Berlin.
Alle Rechte vorbehalten.

STARK: Alle Strategien anwenden

1 Lies den Text zweimal. Sieh dir beim zweiten Mal die farbigen Wörter ganz genau an.

Ein Leben ohne Strom können wir uns nicht mehr vorstellen. Wir verwenden viele elektrische Geräte. Die Waschmaschine wäscht die Wäsche und der Saugroboter saugt, ohne dass wir zu Hause sind. Wir verbrauchen jede Menge Strom. Die Kinder der 4a möchten das Klima schützen. Deshalb schreibt die Klasse Handzettel. Sie fordert alle auf, Strom zu sparen. Davor haben die Kinder ein Interview mit dem Hausmeister durchgeführt.

2 Schreibt jedes farbige Wort aus dem Text auf eine Karte.

3 Führt ein Rechtschreibgespräch zu jedem Wort.

Rechtschreibgespräch

1. An welcher Stelle könntet ihr beim Schreiben unsicher sein? Markiert diese Stelle.

2. Welche Strategie hilft euch? Begründet. Ergänzt die Strategie auf der Karte.

3. Findet drei weitere Wörter, bei denen euch die Strategie auch hilft. Schreibt sie auf die Rückseite der Karte.

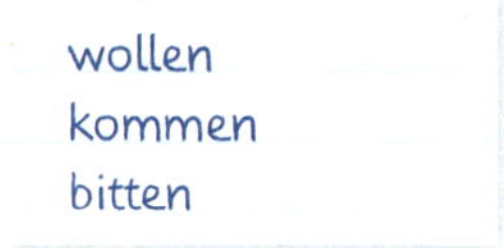

4 Wähle drei Wörter aus, die du besonders schwer findest. Schreibe mit jedem Wort einen Satz.

© 2021 Cornelsen Verlag GmbH, Berlin. Alle Rechte vorbehalten.

Das kann ich schon

Rechtschreibtraining

Vor über 150 Jahren wurde die Glühlampe erfunden. Seitdem wird sie ständig weiterentwickelt. Heute leuchten verschiedene LED-Lampen, denn sie sind sparsam. Der Strom dafür wird in Kraftwerken erzeugt. Einige Kraftwerke stoßen schädliche Stoffe aus. Bei der Verbrennung von Kohle und Erdöl gelangt nämlich das Gas CO_2 in die Lufthülle der Erde. Unser Klima wird wärmer. Immer mehr Strom wird deswegen umweltfreundlich hergestellt. Dieser Strom heißt Ökostrom. Wählbar ist Strom aus Wind, Sonne oder Wasserkraft. „Außerdem ist es wichtig, Strom zu sparen“, sagt Lena. Lena, Jonas, Fatma und Tim wissen viele Tipps. Sie haben Handzettel geschrieben und diese in der Schule verteilt. Ihre Tipps sind für alle ratsam.

Präteritum und Perfekt

1 Schreibe die Sätze im Perfekt auf.

Neulich goss ich Kerzen. Ich sammelte Kerzenreste. Dann schmolz ich das Wachs im heißen Wasserbad. Als Docht nahm ich eine Baumwollschnur. Am Ende befestigte ich ein Gewicht. Das andere Ende knotete ich um einen Stift. Ich wählte eine Dose als Gießform.

Neulich habe ich Kerzen gegossen.

Übungswörter

die Glühlampe
das Kraftwerk
die LED-Lampe
der Tipp
die Verbrennung
die Wasserkraft
es gelangt
gelangen
er heißt
heißen
sie stoßen aus
ausstoßen
ratsam
sparsam
umweltfreundlich
wählbar

außerdem
denn
deswegen
seitdem

Diese Seite fand ich:
○ leicht ○ mittel ○ schwer

© 2021 Cornelsen Verlag GmbH, Berlin.
Alle Rechte vorbehalten.

Adjektive mit bar, los, sam

2 Verwandle die Adjektive aus dem Kasten in Nomen.

farblos • nachweisbar • mühsam • fantasielos • furchtbar • wunderbar
gefahrlos • sorgsam • hilflos • strafbar • gefahrlos • zeitlos

farblos – die Farbe,

3 Verwandle die Verben aus dem Kasten in Adjektive.

einfallen • biegen • zielen • sparen • machen • wachen • enden
erklären • genießen • essen • brennen • kosten • teilen • zahlen

einfallen – einfallslos,

© 2021 Cornelsen Verlag GmbH, Berlin.
Alle Rechte vorbehalten.

Diese Seite fand ich:
○ leicht ○ mittel ○ schwer

Wörter mit ss oder ß

4 **ss** oder **ß**? Mache die Lang-Kurz-Probe. Ergänze **ss** oder **ß**. Schreibe die Wörter richtig auf. Markiere den Selbstlaut und **ss** oder **ß**.

la ss en • flie ß en • er mu ___ • flei ___ ig • grü ___ en • au ___ erdem

fa ___ en • anschlie ___ end • Wa ___ erkraftwerk • wi ___ en • er i ___ t

Durchme ___ er • sü ___ • genie ___ en • Schlü ___ el • Strau ___ • Spa ___

Wörter mit ss: lassen, ______________________________

____

Wörter mit ß: fließen, ______________________________

____

5 Ordne die Wörter nach ihren Wortfamilien. Markiere den Wortstamm.

die Schießscheibe • reißen • er frisst • er biss • schießen • das Gebiss • fressen
zerrissen • beißen • es fraß • sie riss • er schoss • gerissen • du schießt
angebissen • das Milchgebiss • geschossen • der Reißwolf • der Fressnapf

schieß: die Schießscheibe, ______________________________

____

reiß: ______________________________

____

beiß: ______________________________

____

fress: ______________________________

____

Diese Seite fand ich:
○ leicht ○ mittel ○ schwer

© 2021 Cornelsen Verlag GmbH, Berlin.
Alle Rechte vorbehalten.

Wichtige Wörter üben

6 Ordne die Wörter aus dem Kasten passend zu. Markiere schwierige Stellen.

nein • wieder • dich • eins • euch • weil • nach • hier • noch • dies

Wörter mit ie: wieder, ______________________

Wörter mit ei: ______________________

Wörter mit ch: ______________________

7 Setze die Wörter aus dem Kasten passend in die Sätze ein.

trotzdem • wieder • eigentlich • nämlich • nachdem • sogar • bisschen • heute

Heute muss ich lernen. Wir schreiben ________ morgen ________ eine Arbeit. ________ ich gelernt habe, habe ich ________ noch Zeit zum Spielen. Ich habe ________ keine Lust. ________ würde ich lieber ein ________ lesen oder eine Seite in meinem Tagebuch gestalten.

Alle Strategien üben

Markiere die Fehlerwörter. Schreibe die passenden Strategiezeichen darüber.

Wir ferbrauchen jeden Tak ser viel Strom.

Wo kanst du im haushalt Strom sparen? (5)

Schreibe nun beide Sätze richtig auf.

____

____

____

© 2021 Cornelsen Verlag GmbH, Berlin.
Alle Rechte vorbehalten.

Diese Seite fand ich: ○ leicht ○ mittel ○ schwer

Vom Leben der Wale

abtauchen

● Delfin

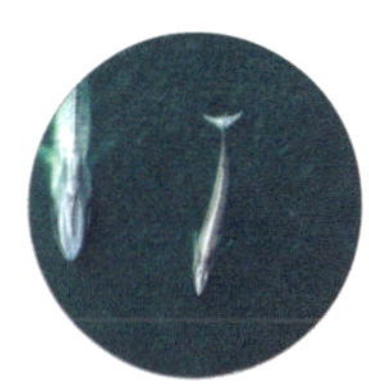
● Kalb

flink

auftauchen

● Finne

● Ozean

gewaltig

atmen

● Fluke

● Wal

friedlich

retten

Übe die Wörter auf der Rückseite.

glatt

© 2021 Cornelsen Verlag GmbH, Berlin.
Alle Rechte vorbehalten.

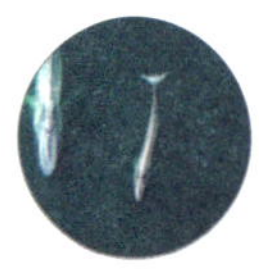

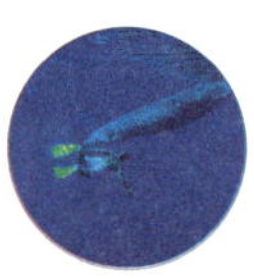

Alles richtig? ☐

Hier schreibe ich Wörter, Texte, Ideen und Fragen zum Bild auf.

© 2021 Cornelsen Verlag GmbH, Berlin.
Alle Rechte vorbehalten.

Ein Gedicht und ein Schaubild lesen

VALW.   .ALWA
'ALWALWALW/
''VALWALW
VAL'
.WA
.LW
.ALW
..ALWALWALWALW..
..WALWALWALWALWALWALWA.
.WALWALWALWALWALWALWAL
ALWALWALWALWALWALWALWALWA..
VALWALWALWALWALWALWALWALWALWALWAL
WALWALWALWALWALWALWALWALWALWALWAL
WALWALWALWALWALWALWALWALWALWALWA
WALWALWALWALWALWALWALWALWALWALW
NALWALWALWALPLASTIKWALWALWALWA'
VALWALWALWALWALWALWALWALW'
LWALWALWALWALWALWALW'
'ALWALWALWALWALW'
..ALWALWAL..

Was steckt im Wal?

☐ Plastik ☐ Müll ☐ Wasser

© 2021 Cornelsen Verlag GmbH, Berlin.
Alle Rechte vorbehalten.

Was schwimmt denn da?

Säugetier oder Fisch? Delfin oder Robbe? Hai oder Wal?
Dank einiger Merkmale kannst du die Tiere leicht einordnen.
Mach den Test!

Muss das Tier zum Atmen auftauchen?

- **Ja!** Es hat schließlich Lungen und ist vom Sauerstoff der Luft abhängig.
  - Gebärt es seine Jungen unter Wasser?
    - **Nein!** Dazu geht es ans Ufer. Die ersten Wochen bleiben die Jungen an Land. → Dann ist es eine Robbe.
    - **Ja!** Die Geburt ist unter Wasser. Das Kälbchen muss dann schnell zum Atmen auftauchen. → Dann ist es ein Wal.
- **Nein!** Es atmet mit Kiemen und filtert den Sauerstoff aus dem Wasser.
  - Siehst du auf jeder Seite nur eine Kiemenöffnung?
    - **Nein!** Auf jeder Seite sind fünf bis sieben Kiemenspalten mit eigener Öffnung. → Dann ist es ein Hai.
    - **Ja!** Über den Kiemen liegt ein einzelner beweglicher Kiemendeckel, also ein flacher Knochen. → Dann ist es ein Knochenfisch.

Dela Kienle

Ein Kinderbuch lesen

Bühne frei für unsere Wale!

Die heutigen Wale bilden zwei Gruppen: die Bartenwale und die Zahnwale.

Die Bartenwale haben keine Zähne, sondern filtern kleine Lebewesen, den Krill, aus dem Meerwasser. Dazu benutzen sie knorpelige Platten, die Barten, in ihren Mäulern: Sie nehmen ein großes Maul voll Meerwasser und drücken es mit ihrer riesigen Zunge durch die Barten. Der Krill bleibt daran hängen und wird hinuntergeschluckt.

Zahnwale ernähren sich von Tintenfischen und Fischen, die sie mit ihren Zähnen fangen. Im Gegensatz zu den Zähnen ihrer Vorfahren sind die Zähne der heutigen Zahnwale meist alle gleich groß und gleich geformt. Delfine und andere kleine Wale gehören zu dieser Gruppe.

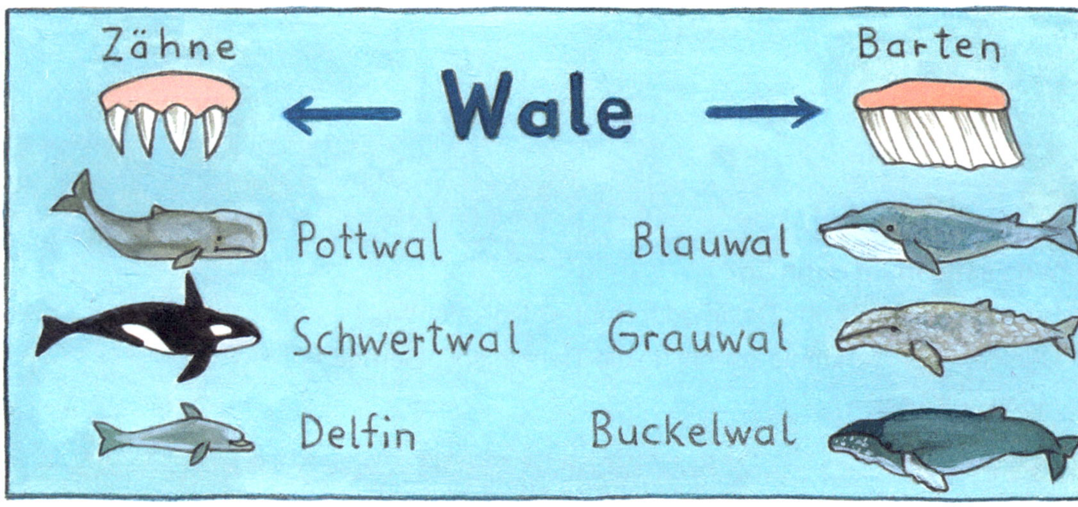

BALAENOPTERA (Blauwal)

Größe: 25 m lang
Der Blauwal ist das größte Wirbeltier, das je auf der Erde gelebt hat. Die riesig großen Bartenwale, zu denen auch der Blauwal gehört, entwickelten sich vor etwa zwei Millionen Jahren.

Dougal Dixon

Welche Walarten kennst du?

© 2021 Cornelsen Verlag GmbH, Berlin.
Alle Rechte vorbehalten.

Einen Text genau lesen

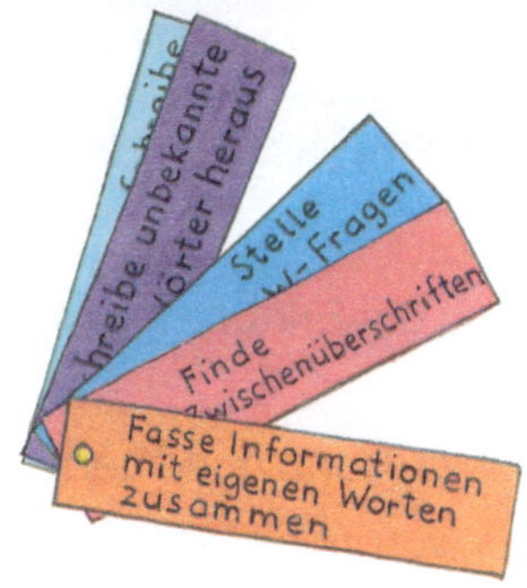

1 Lies die Überschrift. Worum geht es wohl? Kreuze an.

☐ Wale beim Sehtest ☐ Wale beim Hörtest

2 Lies den Text. Kläre unbekannte Wörter.

Aufgehorcht! Schweinswale beim Hörtest

Eigil steckt bis über beide Ohren in Arbeit, von morgens um acht bis mittags um vier. Der Schweinswal nimmt an Forschungsprojekten teil. Sein Arbeitsplatz: ein großes Becken im Forschungszentrum Fjord & Bælt im dänischen Kerteminde. Sein Chef: die Biologin Meike Linnenschmidt. Sie will mithilfe verschiedener Tests mehr über das Gehör und die Echo-Ortung der kleinen Meeressäuger herausfinden.

Und so taucht Eigil immer wieder ab, bis zu 30-mal am Tag. In einem der Tests soll er eine Aluminiumkugel aufspüren, die im Wasser baumelt.

Das Besondere dabei: Das Tier sieht nichts. Mit viel Geduld haben die Forscher Eigil daran gewöhnt, Augenklappen zu tragen, die sie wie eine Taucherbrille über seine Augen stülpen.

Als er durch das flaschengrüne Wasser schwimmt, sendet er immerzu Klicklaute aus. Für unsere Ohren klingen die bloß wie ein Knattern und Knarzen.

Eigil aber helfen die Laute, sich zu orientieren. Die Steine am Meeresgrund, der Steg über das Becken: All das wirft ein Echo seiner Klicks zurück.

Aus diesem formt Eigils Gehirn ein Bild der Umgebung. Der Schweinswal sieht quasi mit den Ohren – selbst nachts oder im trüben Wasser.

Simone Müller

3 Überlege dir W-Fragen zum Text. Markiere die Antworten in den passenden Farben im Text.

Wer? ______________________________

Wann? ______________________________

Was? ______________________________

? ______________________________

4 Beantwortet gegenseitig eure Frage.

Informiert euch über das Forschungszentrum Fjord & Bælt.
Oder: Informiert euch über ein anderes Forschungszentrum für Wale.

© 2021 Cornelsen Verlag GmbH, Berlin.
Alle Rechte vorbehalten.

Überfliegendes Lesen

1 Lies die Erklärung. Was ist **überfliegendes Lesen**? Markiere wichtige Wörter.

> Ich kann das überfliegende Lesen nutzen, wenn ich herausfinden möchte, worum es in einem Text geht. Dabei **fliegen** meine **Augen** ganz **schnell** über den Text. Ich lese **nur die wichtigen Wörter**. Meine Augen springen von einem wichtigen Wort zum nächsten. Das nennt man auch **Blicksprünge**.

2 Probiere das überfliegende Lesen aus.
Lies dazu nur die **fett** gedruckten Wörter im Text.

Das Familienleben der Delfine

Delfine ziehen meist in **größeren Gruppen** durch die Meere. Diese Gruppen nennt man auch **Schulen**. Die Gruppe ist ihre Familie, in der sie sich geborgen fühlen. Die Delfine plappern untereinander in einer **Sprache**, die aus zahlreichen **Pfeiflauten und Klicklauten** besteht. Delfinjunge lernen einen **Pfeifton**, den sie wie einen **Namen** ihr ganzes Leben behalten. Die Mutter kann so das Junge gezielt rufen.

Es fällt auf, wie eng die Delfine in der **Gruppe** schwimmen. Sie bleiben dicht beieinander und streicheln sich mit den Flossen oder stupsen sich an. Die Tiere genießen den **Hautkontakt**. Ganz besonders intensiv berühren sich Mutter und Kind. Die Delfine schließen **Freundschaften** und bestätigen sich, dass sie sich **aufeinander verlassen** können. Delfine helfen auch ihren kranken und verletzten Gefährten.

Dr. Manfred Baur

3 Tauscht euch nach dem überfliegenden Lesen aus.
Worum geht es in dem Text?

4 Übt noch einmal das überfliegende Lesen:
Ein Kind fliegt mit den Augen über den Text und versucht, so schnell wie möglich alle Wörter zu lesen, in denen **Delfin** vorkommt. Das andere Kind stoppt die Zeit.

Anzahl der Delfin-Wörter: ☐

5 Wann kann euch das überfliegende Lesen helfen? Notiert eure Ideen.

____

____

© 2021 Cornelsen Verlag GmbH, Berlin.
Alle Rechte vorbehalten.

Über Leseerfahrungen sprechen

1 Lies die Sprechblasen. Worüber sprechen die Kinder?

2 **Was** liest du gern? **Warum**? **Was** liest du **nicht** gern? **Warum nicht**?
Wo und **wann** liest du am liebsten? Beantworte diese W-Fragen.
Schreibe so: Was: Ich lese gern …

3 Stellt euch gegenseitig die Antworten auf eure W-Fragen vor.

4 Tauscht euch über eure Leseerfahrungen aus.
Welche Erfahrungen sind ähnlich? Welche sind unterschiedlich?

Bringt eure Lieblingsbücher mit und gestaltet eine Ausstellung.

© 2021 Cornelsen Verlag GmbH, Berlin.
Alle Rechte vorbehalten.

Medien gezielt auswählen

1 Welche Medien sind hier abgebildet? Ordne die Buchstaben zu.

☐	Artikel auf einer Webseite	☐	Sachbuch
☐	Podcast	☐	Kinderbuch

Ein Zahnarzt hätte beim Narwal nicht viel zu tun. Dieser seltsame Wal hat nämlich nur zwei Zähne. Der linke davon fängt bei jungen Männchen an zu wachsen und wächst immer weiter. Bis er bei einem ausgewachsenen Narwal knapp drei Meter lang ist. Mit dem Zahn als Waffe können sich die Narwale gegen Feinde wehren.

Sylvia Englert

A

„Was hat denn der Wal hier verloren?", rief Hannah plötzlich. Sie zeigte auf das große Plakat an der Wand. Stimmt, darüber hatte Lena gestern zu Hause auch gerätselt. Die Verkäuferin lächelte: „Eine Urlaubserinnerung." Hannah riss die Augen auf. „Du warst im Urlaub mit den Walen schwimmen?"

Stephan Sigg

B

„Wisst ihr, warum die Narwale auch ‚Einhörner der Meere' genannt werden? Das liegt an dem langen Stoßzahn, der aussieht wie ein Horn. Im Mittelalter erzählten sich die Menschen Geschichten über Einhörner. Ihr Horn sollte magische Kräfte haben. Deshalb wollten viele Menschen so ein Horn haben.
Das nutzten manche Händler aus: Sie verkauften den Menschen einfach die Zähne von Narwalen und wurden sehr reich."

C

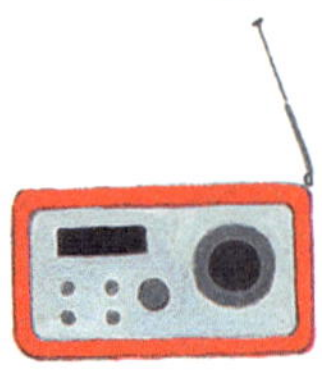

www.beispiel.de/narwal

Narwal *(Monodon monoceros)*
Familie: Gründelwale *(Monodontidae)*
Der Narwal lebt in der Arktis. Er ist ein Säugetier und gehört zu den Zahnwalen. Ein Narwal ernährt sich von Fischen, Tintenfischen, Krebsen und Garnelen. Er findet seine Nahrung tief unten auf dem Meeresboden.

D

2 Ihr möchtet einen Sachtext über den Narwal schreiben.
In welchen Medien aus Aufgabe 1 findet ihr passende Informationen?

Passende Informationen über den Narwal finden wir in ______________________

____

Sammelt weitere Informationen über den Narwal.
Welche Medien könnt ihr dafür nutzen?

© 2021 Cornelsen Verlag GmbH, Berlin.
Alle Rechte vorbehalten.

Einen Sachtext schreiben

1 Lest den Steckbrief. Klärt unbekannte Wörter.

Steckbrief

Name:	Narwal („Einhorn des Meeres“)
Gruppe:	Zahnwale
Größe:	bis zu 5 m
Aussehen:	weißer oder brauner Körper mit grauen und braunen Flecken, dunkler Kopf, keine Finne, dafür mehrere flache Höcker
Alter:	bis zu 40 Jahre
Lebensraum:	Polarmeer (Arktis)
Nahrung:	Tintenfische, Krabben, Garnelen und Fische
Natürliche Feinde:	Schwertwale und Eisbären
Besonderheiten:	die Männchen tragen einen spiralförmigen, bis zu 3 m langen Stoßzahn aus Elfenbein

2 Lies die Schreibtipps für einen Sachtext.

3 Schreibe auf die Rückseite einen Sachtext über Narwale. Nutze dazu die Informationen aus dem Steckbrief. Beachte dabei die Tipps.

4 Lest euch gegenseitig eure Sachtexte vor. Kreuzt auf der Prüfliste an, was beachtet wurde. Überarbeitet eure Texte, falls es notwendig ist.

5 Schreibe einen Sachtext über einen anderen Wal.
Oder: Schreibe einen Sachtext zu deinem Lieblingstier. Fertige zuerst einen Steckbrief an.

Ich schreibe einen Sachtext über:

____

____

Tipp

- Schreibe sachlich und ohne Ausschmückungen.
- Verwende alle Stichworte von oben nach unten.
- Mache nach jedem Sinnabschnitt einen Absatz.
- Schreibe im Präsens.
- Schreibe vollständige Sätze.

© 2021 Cornelsen Verlag GmbH, Berlin.
Alle Rechte vorbehalten.

Der Narwal

Der Narwal wird auch „Einhorn des Meeres" genannt.

Prüfliste

- [ ] sachlich geschrieben
- [ ] keine Ausschmückungen verwendet
- [ ] alle Stichworte von oben nach unten verwendet
- [ ] die Reihenfolge eingehalten
- [ ] nach jedem Sinnabschnitt einen Absatz gemacht
- [ ] in der Zeitform Präsens geschrieben
- [ ] auf vollständige Sätze geachtet

© 2021 Cornelsen Verlag GmbH, Berlin.
Alle Rechte vorbehalten.

Einen Comic fortsetzen

1 Lies den Comic. Wie könnte er weitergehen?

2 Zeichne und schreibe den Comic zu Ende.

3 Zeichne und schreibe einen eigenen Wal-Comic.
Oder: Erstelle einen eigenen Wal-Comic am Tablet.

Stellt eure Wal-Comics zu einem Comic-Heft zusammen.

© 2021 Cornelsen Verlag GmbH, Berlin.
Alle Rechte vorbehalten.

Verben mit Wortbausteinen

1 Sieh dir die Bausteine an. Welche Verben kannst du bilden?

abtauchen,

2 Bilde mit den Wortbausteinen neue Verben. Schreibe nur sinnvolle Verben auf.
Achtung! Ein Verb ergibt keinen Sinn.

an ent auf **halten** ver ent unter **nehmen**

ab zer ver **wehren** zer ein aus **quetschen**

anhalten,

3 Schreibe die Verben in der Grundform und in allen Personalformen im Präsens auf.
Schreibe so: untertauchen: ich tauche unter, du …

untertauchen • aufpassen • zerreißen

Diesen Wortbaustein kann ich nicht abtrennen: ____________

4 Finde zu jedem Verb zwei verschiedene Wortbausteine.
Schreibe mit jedem neuen Verb einen sinnvollen Satz.
Schreibe so: Pottwale halten die Luft an. Sie halten den Wasserdruck aus.

halten • fressen • fallen • geben • steigen

Merksatz

Wortbausteine können getrennt vom Verb stehen.
*an*greifen – er greift ***an***, wir greifen ***an***
***ent**kommen – ich **ent**komme, ihr **ent**kommt*

© 2021 Cornelsen Verlag GmbH, Berlin.
Alle Rechte vorbehalten.

Futur

1 Lies die Sätze. Schreibe die farbigen Verben im Futur auf.

Ein Blauwalbaby wird etwa ein Jahr lang im Bauch seiner Mutter wachsen. Das Junge wird mit dem Schwanz voran auf die Welt kommen. Das Baby wird schon sieben Meter lang sein. Es wird mehr wiegen als ein Elefant.

wird wachsen,

2 Lies die Sätze. Markiere die Verben im Futur. Schreibe sie dann auf.

Das Blauwalbaby wird sofort auftauchen.
Dann wird das Baby Luft holen.
Das Baby wird anschließend wieder abtauchen.
Unter Wasser wird es sich an der Seite der Blauwalmutter wohlfühlen.
Es wird an den Zitzen seiner Mutter trinken.
Die Mutter wird ihm dabei helfen.
Sie wird ihrem Jungen die Milch ins Maul spritzen.
Das Junge wird dicht bei der Mutter schwimmen.
Dort wird es sicher sein. So werden sie gemeinsam im großen Weltmeer herumschwimmen.
Oft werden auch die verwandten Blauwale bei ihnen sein.

wird auftauchen,

Merksatz

Verben in der Zeitform Futur drücken aus, was in der Zukunft sein wird.
*du **wirst schwimmen*** *ihr **werdet schwimmen***

© 2021 Cornelsen Verlag GmbH, Berlin.
Alle Rechte vorbehalten.

3 Schreibe die Verben in der Grundform und in allen Personalformen im Futur auf.

tauchen • trinken • springen

tauchen: ich werde tauchen, du

4 Markiere die Verbformen in den passenden Farben und ordne sie dann in die Tabelle ein.

ich werde bleiben • du tauchst • bleiben • er frisst • ich bleibe • er fraß
er wird fressen • ich blieb • wir werden atmen • fressen • wir atmen
du tauchtest • atmen • tauchen • wir atmeten • du wirst tauchen

Grundform	Futur	Präsens	Präteritum
	ich werde bleiben		

© 2021 Cornelsen Verlag GmbH, Berlin.
Alle Rechte vorbehalten.

Wortfamilien

1 Die Wörter im Kasten gehören zur gleichen Wortfamilie.
In jedem Wort ist der Wortstamm markiert.
Seht euch die Wörter an.
Was fällt euch auf?

fressen • sie haben gefressen • der Vielfraß
ich fresse • sie fraßen • du frisst • ihr fresst
der Fraß • der Fressnapf • es fraß • ausfressen

2 Markiere den Wortstamm in allen Wörtern einer Wortfamilie in der gleichen Farbe .
Ordne die Wörter dann nach ihren Wortfamilien.

du kannst • die Möglichkeit • mögen • er kann • er wird können
das Vermögen • sie mochten • sie konnten • möglich • ihr mögt
du konntest • sie mag • können • ich habe gekonnt

könn: du kannst, ______________________________

____

mög: ______________________________

____

____

3 Markiere den Wortstamm in allen Wörtern einer Wortfamilie in der gleichen Farbe.

der Riss • abschließen • er isst • zerrissen • sie haben gegessen
geschlossen • es riss • essbar • abreißen • der Esslöffel • schließen
das Schloss • reißen • sie aßen • sie schließt zu • das Abendessen

4 Findet mindestens vier Wörter zu jeder Wortfamilie. Markiert den Wortstamm.
Schlagt auch in der Wörterliste oder im Wörterbuch nach.
Schreibt so: mess: das Maßband, …
halt: …
trink: …

Wähle eine Wortfamilie von dieser Seite. Schreibe möglichst viele Quatschwörter zu dieser Wortfamilie auf.
Schreibe so: könn: Könnung, verkönnen, …

© 2021 Cornelsen Verlag GmbH, Berlin.
Alle Rechte vorbehalten.

Verben mit ieren

1 Lies den Text. Sprich die farbigen Verben besonders deutlich.
Markiere die Endung **ieren**.

Die Kinder der Klasse 4a diskutieren darüber, wie man Wale schützen kann. Einige Kinder möchten beim Schulfest eine Ausstellung organisieren. Sie wollen Plakate gestalten und diese den Eltern und Kindern präsentieren. Mit den Plakaten wollen sie darüber informieren, warum Wale gefährdet sind. Fatma, Marek und Tara möchten einen Stand dekorieren und Kuchen verkaufen. Das Geld wollen sie für den Walschutz spenden. Jonas wird alle Aktionen für die Klassenzeitung fotografieren. Tim und Lena möchten für mehr Umweltschutz demonstrieren. „Wenn es im Meer nicht mehr so viel Müll gibt, dann hilft das auch den Walen“, sagt Tim. Kim und Luca interessieren sich sehr für Wale. Sie wollen später Meeresbiologie studieren und sich dann für den Schutz der Wale einsetzen.

2 Wähle fünf Verben aus Aufgabe 1 aus. Schreibe die Verben in allen Personalformen im Präsens auf. Schreibe so: diskutieren: ich diskutiere, du …
Oder: Schreibe die Verben in allen Personalformen im Präteritum auf.
Schreibe so: diskutieren: ich diskutierte, du …

3 Die Endung **ieren** macht aus Nomen Verben.
Verwandle diese Nomen in Verben. Benutze dazu die Endung **ieren**.

der Schock • die Adresse • der Alarm
der Transport • das Experiment
die Markierung • die Probe

der Schock – schockieren,

4 Findet die Nomen zu diesen Verben.
Schlagt dazu in der Wörterliste oder im Wörterbuch nach.

addieren   subtrahieren   multiplizieren   dividieren

© 2021 Cornelsen Verlag GmbH, Berlin.
Alle Rechte vorbehalten.

Gewusst wie: Fehlerwörter üben

So kannst du Fehlerwörter mit dem **Trainingskasten** üben:

Schreibe dein **Fehlerwort** richtig **auf** eine **Karte**.

Wiederhole Schritt 1 für alle Fehlerwörter.
Stecke die Karten dann in das **erste Fach** deines Trainingskastens.

Ziehe eine Karte aus dem ersten Fach.
Sieh dir das Wort an und **merke** dir seine **Schreibweise**.
Schreibe das Wort auswendig **auf**.

Kontrolliere das Wort mithilfe der Karte. Ist das Wort **richtig**? Schreibe ein **großes A auf die Karte** und stecke sie in **Fach A**.
Ist das Wort **falsch**? **Schreibe es noch einmal** richtig auf. Stecke die Karte zurück in das **erste Fach**.

Hast du ein Wort aus Fach A wieder richtig geschrieben, schreibe ein **großes B** neben das A. Stecke die Karte dann in **Fach B**. So wandert dein Wort weiter bis in Fach E.
Hast du einen Fehler gemacht? Dann bleibt das Wort so lange in dem Fach, bis du es richtig geschrieben hast.

Was ist wichtig, wenn du eigene Fehlerwörter üben willst? Kreuze an.

- ☐ Ich schreibe mein Fehlerwort auf eine Karte.
- ☐ Wenn ich das Wort richtig geschrieben habe, wandert die Karte ins nächste Fach.
- ☐ Ich werfe die Karte weg und übe nicht weiter, wenn ich einen Fehler hatte.

© 2021 Cornelsen Verlag GmbH, Berlin.
Alle Rechte vorbehalten.

1 Jonas hat einen Text über den Blauwal geschrieben.
Er hat schon drei Fehlerwörter in seinem Text gefunden.
Lies den Text genau. Finde acht weitere Fehler und markiere sie.

größte

Der Blauwal ist das gröste Tier auf unserer Erde. Er wirt bis zu 33 Meter lang

und er wigt bis zu 20.000 kg. Der Blauwal gehört zu den Bartenwalen.

Er frist Krill. Dabei schwimmt er mit weit aufgerissenem Maul.

Das ist dan so risig wie ein Zimer. Der Wal schliest dann sein Maul und drückt

mit seiner Zunge das Merrwasser durch die Barten hinaus.

Der Krill bleibt in den Barten hengen und wird hinuntergeschlukt.

2 Schreibe jedes Fehlerwort richtig auf. Nutze dazu die freien Zeilen.

3 Schreibe jedes Fehlerwort richtig auf eine Karte.
Die Wörterliste kann dir helfen.

4 Wähle mindestens fünf Karten aus Aufgabe 1 aus und lege sie auf einen Stapel. Ziehe eine Karte. Sieh dir das Wort an und merke dir seine Schreibweise. Schreibe das Wort auswendig auf.

5 Kontrolliere das Wort mithilfe der Karte.
Ist das Wort richtig? Schreibe ein großes A auf die Karte und stecke sie in Fach A deines Trainingskastens.
Ist das Wort falsch? Schreibe es noch einmal richtig auf.
Stecke die Karte zurück in das erste Fach deines Trainingskastens.

6 Übe nun die anderen Wörter aus deinem Stapel.
Gehe vor wie in Aufgabe 2 und 3.

© 2021 Cornelsen Verlag GmbH, Berlin.
Alle Rechte vorbehalten.

Das kann ich schon

Rechtschreibtraining

Die Kinder der 4b informieren sich über Wale. Wale sind riesige Säugetiere, die sich im Wasser aufhalten. Sie existieren seit etwa zwei Millionen Jahren.
Wie andere Säugetiere saugen Walkälber nach der Geburt Muttermilch. Da Wale unter Wasser nicht atmen können, müssen sie dazu auftauchen. An der Wasseroberfläche können sie Luft einatmen. Die meisten Wale leben in großen Gruppen zusammen. Eine Walgruppe nennt man Schule. Wale haben eine eigene Sprache, in der sie miteinander kommunizieren. Sie besteht aus verschiedenen Lauten und Gesängen. Die Botschaften der Wale werden durch den Schall übertragen. Er trägt die Nachrichten meilenweit durch das Meer.
Wale senden auch Klicklaute aus, um sich in ihrer Umgebung zu orientieren.

Verben mit Wortbausteinen

1 Schreibe die Verben in der Grundform und in allen Personalformen auf.

ansagen • zerstören • verschenken • einkaufen

ansagen: ich sage an,

Übungswörter

die Geburt
der Gesang
das Säugetier
das Walkalb
die Wasseroberfläche
sich aufhalten
auftauchen
einatmen
existieren
sich informieren
kommunizieren
sich orientieren
übertragen
meilenweit

miteinander
seit
unter

© 2021 Cornelsen Verlag GmbH, Berlin.
Alle Rechte vorbehalten.

Diese Seite fand ich:
○ leicht ○ mittel ○ schwer

Futur

2 Lies den Text. Markiere die Verben im Futur. Schreibe sie dann auf.

Am Nachmittag wird Sofie ihren Freund Emil besuchen. Dann werden sie draußen Inlineskates fahren. Das wird viel Spaß machen. Es wird aber auch sehr anstrengend sein. Am Kiosk werden die Freunde ein großes Eis kaufen. Das Eis werden sie in der Sonne essen. Danach werden sie nach Hause zurückfahren. Am Abend werden sie im Garten ein Lagerfeuer machen. Dann werden sie Würstchen ins Feuer halten. Lecker! Nach so einem anstrengenden Tag wird Sofie sicher schnell einschlafen.

wird besuchen,

3 Schreibe die Verben in der Grundform und in allen Personalformen im Futur auf.

bleiben • spielen • sein • vorschlagen

bleiben: ich werde bleiben,

© 2021 Cornelsen Verlag GmbH, Berlin. Alle Rechte vorbehalten.

Diese Seite fand ich:
○ leicht ○ mittel ○ schwer

Wortfamilien

4 Ordne die Wörter nach ihren Wortfamilien. Markiere den Wortstamm.

er fährt • träumen • der Traum • fahren • die Räume • sie ist gefahren
verträumt • wegräumen • die Träume • der Weltraum • gefährlich
die Vorfahrt • das Fahrrad • traumhaft • einräumen • aufräumen
die Busfahrerin • der Raum • räumlich • der Albtraum • das Raumschiff

fahr: er fährt, ____________________

____

____

traum: ____________________

____

____

raum: ____________________

____

____

5 Finde weitere Wörter der Wortfamilie **fahr**.

____

____

____

____

____

____

____

____

© 2021 Cornelsen Verlag GmbH, Berlin.
Alle Rechte vorbehalten.

Diese Seite fand ich:
○ leicht ○ mittel ○ schwer

Verben mit ieren

6 Verwandle diese Nomen in Verben. Benutze dazu die Endung **ieren**.

der Fotograf • das Telefon • das Interesse • die Nummer • die Kasse
der Kommentar • die Information • die Probe • das Experiment
die Funktion • die Kontrolle • die Konzentration • die Präsentation

der Fotograf – fotografieren,

© 2021 Cornelsen Verlag GmbH, Berlin.
Alle Rechte vorbehalten.

Alle Strategien üben

Markiere die Fehlerwörter. Schreibe die passenden Strategiezeichen darüber.

Walle sind sehr interesante Seugetiere.
sogar in der Ostse kommen sie for. (6)

Schreibe nun beide Sätze richtig auf.

Diese Seite fand ich:
○ leicht ○ mittel ○ schwer

Mein Fahrrad

klingeln

● Fahrradhelm

● Pedale

kaputt

bremsen

● Fahrradweg

● Unfall

sportlich

abbiegen

● Lenker

● Verbot

verkehrssicher

reflektieren

Übe die Wörter auf der Rückseite.

rostig

© 2021 Cornelsen Verlag GmbH, Berlin.
Alle Rechte vorbehalten.

Kontrolliere mit der Vorderseite.

Alles richtig? ☐

Hier schreibe ich Wörter, Texte, Ideen und Fragen zum Bild auf.

© 2021 Cornelsen Verlag GmbH, Berlin.
Alle Rechte vorbehalten.

Eine Abbildung und einen Sachtext lesen

Das verkehrssichere Fahrrad

1 Rahmen	**2** Lenker	**3** Gabel	**4** Felge
5 Mantel	**6** Ventil	**7** Schlauch	**8** Speichen
9 Nabe	**10** Pedale	**11** Reflektor	**12** Bremse
13 Schutzblech	**14** Kettenschutz		

© 2021 Cornelsen Verlag GmbH, Berlin.
Alle Rechte vorbehalten.

Die Erfindung des Fahrrads

1815 gab es auf der indonesischen Insel Sumbawa einen Vulkanausbruch. Große Mengen Asche wurden in die Luft gepustet. Selbst in ganz Europa wurde dadurch das Wetter schlecht. Das schlechte Wetter zerstörte die Ernte der Bauern. Das wenige Getreide, das es noch gab, war sehr teuer. Viele Menschen konnten es sich nicht mehr leisten, damit ihre Pferde zu füttern. Und so hat der Vulkanausbruch etwas mit der Geschichte des Fahrrads zu tun. Denn angeblich überlegte sich der Tüftler Karl Drais aus Mannheim, wie man sich auch ohne Pferde schnell fortbewegen kann. Und so erfand er ein Laufrad aus Holz. Am 12. Juni 1817 staunten die Mannheimer nicht schlecht, als Drais mit seinem Laufrad die erste Fahrt nach Schwetzingen unternahm. Das war die Geburtsstunde des Fahrrads.

Heute fangen viele Kinder das Radfahren mit einem Laufrad an.

Hattest du ein Laufrad? ☐ ja ☐ nein

Ein Kinderbuch lesen

Darauf radeln wir

In der Halfpipe der Hit – im Straßenverkehr nicht. Ein BMX, Kurzform von „Bicycle Moto Cross“, ist ganz und gar nicht verkehrssicher.

Mit bis zu 36 Gängen kommt man mit dem Mountainbike auf jeden Hügel. Besonders in unwegsamem Gelände punkten seine dicken Stollenreifen.

Wer es schnell mag, steigt aufs Rennrad. Schmale Reifen und ein leichter Rahmen machen es zum Leichtgewicht der Fahrradtypen.

Die Zukunft wird elektrisch

Jedes dritte Erwachsenenrad könnte bald ein Elektrorad sein, also ein E-Bike oder Pedelec. Pedelecs unterstützen den Fahrer nur dann mit einem Motor, wenn dieser auch in die Pedalen tritt. Sie beschleunigen mit Motorkraft auf bis zu 25 Kilometer pro Stunde. Bei einem E-Bike startet der Motor durch einen Drehgriff oder Schaltknopf. Sie gelten nicht als Fahrräder, sondern als Kleinkraftrad, und ihr Fahrer braucht in der Regel mindestens einen Mofa-Führerschein. Auf Radwegen dürfen sie nur dann fahren, wenn es das Zusatzschild „Mofas frei“ gibt.
Eingebaute Navigationssysteme, die das Handy mit dem Fahrrad verbinden und die Richtung vorgeben, gibt es für E-Bikes bereits. Hersteller tüfteln nun an sogenannten Smartbikes, die sich automatisch bei einer Werkstatt melden, wenn die Bremsen verschlissen sind, und nach einem Unfall einen Notruf absetzen.

Sarah Marquardt

Wie sieht dein Traumfahrrad aus?

© 2021 Cornelsen Verlag GmbH, Berlin.
Alle Rechte vorbehalten.

Verkehrszeichen lesen

1 Seht euch die Verkehrszeichen an. Welche dieser Verkehrszeichen findet ihr auf eurem Schulweg? Kreuzt an.

☐ A 

☐ B 

☐ C 

☐ D 

☐ E 

☐ F 

☐ G 

☐ H 

2 Ordne den Verkehrszeichen die passende Bezeichnung zu.

- [G] Achtung, Baustelle!
- [ ] Radweg
- [ ] Verbot für den Radverkehr
- [ ] Vorfahrt gewähren
- [ ] Fahrradstraße
- [ ] Vorfahrtsstraße
- [ ] Halt! Vorfahrt gewähren
- [ ] Getrennter Rad- und Gehweg

3 Löse die Rätsel. Welche Zeichen aus Aufgabe 1 sind gemeint?

Mein Verkehrszeichen ist ein dreieckiges Vorschriftszeichen. Es schreibt vor, dass man anderen Vorfahrt gewähren muss. ☐

Mein Verkehrszeichen ist ein Verbotszeichen. Es bedeutet, dass man in diese Straße nicht mit dem Fahrrad hineinfahren darf. ☐

4 Schreibe zu drei anderen Verkehrszeichen aus Aufgabe 1 ein Rätsel.
Oder: Überlege dir Rätsel zu weiteren Verkehrszeichen.

Farben und Formen haben bei Verkehrszeichen eine Bedeutung.
Welche Karten gehören zusammen? Verbinde.

Rot und rund	Verbot	Hier musst du aufpassen.
Rot und dreieckig	Vorschrift	Hier darfst du etwas nicht tun.
Blau	Gefahr	Hier sollst du etwas tun.

© 2021 Cornelsen Verlag GmbH, Berlin.
Alle Rechte vorbehalten.

Zu einem Text Stellung nehmen

1 Lies die Überschrift. Betrachte das Bild.
Worum geht es wohl?

2 Lies den ersten Abschnitt des Textes. Beachte vor allem die markierten Gründe, die für eine Helmpflicht sprechen.

Helmpflicht – ja oder nein?
In Deutschland müssen Radfahrer keinen Helm aufsetzen. Sollte man das ändern und eine Helmpflicht einführen? Fahrradhelme schützen. Das ist sicher. Ärzte, die Verletzte nach einem Unfall behandeln, setzen sich deshalb dafür ein, dass Radfahrer einen Helm tragen müssen. Stürzt ein Radfahrer ohne Helm, gibt es oft schwere Verletzungen am Kopf. Inzwischen gibt es viele coole Modelle, sodass man auch mit Helm gut aussieht.

3 Könnt ihr die Gründe für eine Helmpflicht nachvollziehen?
Tauscht euch aus.

4 Lies nun die Fortsetzung des Textes.
Markiere selbst Gründe, die gegen eine Helmpflicht sprechen.

Manche Leute finden, dass ein Helm unbequem ist oder die Frisur kaputt macht. Man hat ihn auch nicht immer dabei. Deshalb sind sie gegen eine Helmpflicht.
In den Niederlanden gibt es auch keine Helmpflicht. Dort passieren aber weniger Fahrradunfälle als in Deutschland, denn dort gibt es sehr gut ausgebaute Radwege. Daher sagen einige Leute, dass sie sich keine Helmpflicht wünschen, sondern verbesserte Radwege.
Sollte man aber nicht beides tun? Für sichere Radwege sorgen und trotzdem einen Helm aufsetzen?

5 Helmpflicht – ja oder nein? Diskutiert darüber in der Gruppe.
Begründet eure Meinung. Hat sich eure Meinung geändert, nachdem ihr den zweiten Teil des Textes gelesen habt?

© 2021 Cornelsen Verlag GmbH, Berlin.
Alle Rechte vorbehalten.

Aussagen begründen

1 Lies die Aussagen der Kinder. Welche Begründungen findest du sinnvoll? Welche nicht? Markiere in verschiedenen Farben.

2 Wie kommt ihr zur Schule? Tauscht euch darüber aus. Begründet eure Aussagen.

Ich fahre mit dem Fahrrad, weil …

Ich fahre mit dem Bus, weil …

3 Wie ist die Verkehrssituation vor Schulbeginn an eurer Schule? Beschreibt typische Situationen.

Was könnt ihr tun, um die Verkehrssituation vor Schulbeginn zu verbessern? Überlegt gemeinsam.

© 2021 Cornelsen Verlag GmbH, Berlin.
Alle Rechte vorbehalten.

Witze spielen

1 Lies die Witze. Welcher Witz gefällt dir am besten?

A Ein Mann rennt völlig außer Atem zum Bootssteg, wirft seinen Koffer auf das drei Meter entfernte Boot, springt hinterher, zieht sich mit letzter Kraft über die Reling und schnauft erleichtert: „Geschafft!“
Einer der Seeleute: „Gar nicht so schlecht, aber wieso haben Sie nicht gewartet, bis wir anlegen?“

B Die Polizistin ermahnt den Radfahrer:
„Wenn das Licht nicht geht, absteigen!“
„Hab ich schon probiert, aber das Licht geht trotzdem nicht.“

C Im Sportunterricht. Die Schüler liegen rücklings auf dem Boden und strampeln mit den Beinen. Die Übung nennt sich Radfahren.
Jule, die einfach nur regungslos auf dem Rücken liegt, wird vom Lehrer ertappt. „Hey, Jule, warum machst du denn nicht mit? Du könntest dich ruhig ein bisschen anstrengen!“
Jule trocken: „Ich fahre bergab!“

D Im Bus sitzt ein Mädchen mit einer Schnupfennase.
Feiner Herr neben ihr: „Sag mal, hast du denn gar kein Taschentuch, Mädchen?“
Mädchen: „Schon, aber ich verleihe es nicht.“

2 Wählt einen Witz aus. Lernt ihn auswendig. Übt, den Witz zu spielen

Wir haben uns für Witz ☐ entschieden.

Soll es einen Erzähler oder eine Erzählerin geben? ☐ ja ☐ nein

Diese besonderen Gegenstände oder Verkleidungen brauchen wir:

____

____

3 Gebt euch gegenseitig Tipps, wie ihr sprechen und spielen könnt.
Probiert verschiedene Möglichkeiten aus.

sehr langsam | schnell | Tempo steigern | übertrieben deutlich sprechen

4 Spielt den Witz vor. Sprecht dabei laut und deutlich.
Achtet darauf, dass ihr dem Publikum nicht den Rücken zuwendet.

© 2021 Cornelsen Verlag GmbH, Berlin.
Alle Rechte vorbehalten.

Präpositionen verwenden

1 Seht euch das Bild an. Was könnt ihr alles entdecken?

2 Finde die farbig gedruckten Personen, Tiere, Fahrzeuge und Gegenstände im Bild. Kreise sie dort ein.

Der Angler steht im _______ Fluss.

Tinto sitzt _______ dem Laster.

Die Musiker stehen _______ dem Dach.

Die Hunde rennen _______ den Park.

Das Planetarium ist _______ der Bäckerei.

Das Kino ist _______ vom Turmtheater.

Der Kinderwagen steht _______ der Gärtnerei.

Das Schiff fährt den Fluss _______.

Der Radfahrer fährt _______ Brunnen vorbei.

3 Setze die Wörter aus dem Kasten passend in die Sätze von Aufgabe 2 ein.

hinter • neben • im • am • durch • entlang • auf • rechts • unter

4 Schreibe weitere Sätze zum Bild. Nutze die Präpositionen im Kasten.
Schreibe so: *Der Fallschirmspringer fliegt über …*

über • bei • zwischen • im • vor • am • gegenüber • neben • hinter • auf • links

© 2021 Cornelsen Verlag GmbH, Berlin.
Alle Rechte vorbehalten.

Einen Weg beschreiben

1 Sieh dir das Bild von Seite 153 noch einmal genau an.
Wo steht Jonas? Kreise ihn ein.

Er steht ______________________________

2 Tim hat Jonas eine Nachricht mit einer Wegbeschreibung geschickt.
Lies die Wegbeschreibung. Zeichne den Weg, den Jonas gehen muss, auf dem Bild von Seite 153 ein. Was hat Tim wohl geplant?

> Überquere den Steg und gehe auf das Café zu. Gehe nach rechts, bis du zum Kino kommst. Gehe links weiter, am Kino und am Eingang des Turmtheaters entlang. Biege an der Ecke rechts ab. An der nächsten Kreuzung gehst du nach links und läufst auf dem Gehweg gegenüber vom Megamarkt weiter. Überquere die nächste Straße und gehe geradeaus weiter. Nach etwa 100 Metern kommst du auf die Brücke, die über den Fluss führt. Dann siehst du auf der linken Seite ein hohes Gebäude mit einer Kuppel. Dort werde ich am Eingang auf dich warten.

Tim will ______________________________

3 Beschreibt euch gegenseitig weitere Wege, die die Personen im Bild von Seite 153 gehen können.
Zeigt, wie sie gehen müssen.

4 Sarah ist auf dem Minigolfplatz.
Sie will zur Bäckerei.
Schreibe auf, wie sie gehen muss.
Nutze dazu den Tipp
und die Verben im Kasten.
Schreibe so: *Gehe zuerst nach …*

> gehe zuerst • folge • biege ab
> gehe entlang • halte dich …
> überquere • wende dich …

Schreibe einem Partnerkind eine Wegbeschreibung von dessen Zuhause zu dem Zuhause eines anderen Kindes aus eurer Klasse. Kann dein Partnerkind erraten, zu wem es gehen soll?

Tipp

- Benenne Straßen und Plätze, wenn du ihre Namen kennst.
- Beschreibe Richtungen und Richtungswechsel.
  Nutze dazu Präpositionen, zum Beispiel **rechts**, **links**, **vor**, **hinter**, **gegenüber**, **neben**, **über**, **unter**.
- Bezeichne wichtige Orientierungspunkte.
- Halte die richtige Reihenfolge ein.
- Schreibe im Präsens.

© 2021 Cornelsen Verlag GmbH, Berlin.
Alle Rechte vorbehalten.

Aus Verben werden Nomen

1 Lies die Sätze. Was fällt dir bei den farbigen Wörtern auf?

☐ Einmal ist das gleiche Wort groß-, einmal kleingeschrieben.

☐ Mir fällt nichts auf.

Die Verben sind ☐ grün ☐ rot.

Die Nomen sind ☐ grün ☐ rot.

Wir fahren gern mit dem Fahrrad.
Das Fahren mit dem Rad macht Spaß.

Wir planen eine Radtour.
Das Planen ist schnell erledigt.

2 Markiere im ersten Satz das Verb.
Markiere im zweiten Satz das Nomen, das aus dem Verb entsteht.

Gemeinsam packen wir.
Beim Packen hilft uns Papa.

Mama sagt: „Alle aufsteigen!"
Beim Aufsteigen falle ich fast um.

Die Kinder rasen sofort los.
Das Rasen hört aber schnell auf.

Wir wollen unterwegs picknicken.
Beim Picknicken ruhen wir uns aus.

3 Schreibe die Sätze richtig ab.
Achtung! Schreibe das Nomen groß und das Verb klein.

Gemeinsam packen wir. Beim Packen

Merksatz

Aus Verben werden Nomen (Substantive), wenn man **das**, **zum** oder **beim** vor ein Verb setzt. Nomen (Substantive) werden großgeschrieben.
*Ich **fahre** Rad. **Das Fahren** macht Spaß.*
***Zum Fahren** trage ich einen Helm. **Beim Fahren** muss ich aufpassen.*

© 2021 Cornelsen Verlag GmbH, Berlin.
Alle Rechte vorbehalten.

4 Setze jedes Wort in die Sätze ein. Einmal als Verb (kleingeschrieben), einmal als Nomen (großgeschrieben).

Wir beraten ______, welche Strecke wir fahren wollen.

Beim ______ hilft uns unsere Radkarte.

BERATEN

Meine Schwester und ich ______ neue Räder.

Unsere Mutter begleitet uns zum ______.

KAUFEN

Das ______ ist anstrengender, als mit dem Rad zu fahren.

Deshalb will ich nicht zur Schule ______.

LAUFEN

Wir ______ nur zum Spaß.

Zum ______ nehmen wir die neuen Fahrradglocken.

KLINGELN

5 Verb oder Nomen? Setze die Wörter aus dem Kasten passend in die Sätze ein.

FAHREN • NEHMEN • KOMMEN • ABBIEGEN
ABBIEGEN • AUFPASSEN • SAUSEN • TRINKEN • FAHREN

Da das Fahren ______ durstig macht, ______

wir viel Wasser mit. Wir ______ zuerst durch ein Dorf.

Dann müssen wir in den Waldweg ______.

Beim ______ müssen wir gut ______.

Rasant ______ wir den Waldweg entlang. Was für ein Spaß!

Zum ______ halten wir lieber an. Dann ______ wir weiter.

Lies die Sätze. Schreibe nur die richtigen Sätze ab.

Nomen und Verben unterscheiden sich nicht.
Aus einem Verb kann ein Nomen werden.
Ich entscheide selbst, ob ich ein Verb groß- oder kleinschreibe.

______

© 2021 Cornelsen Verlag GmbH, Berlin.
Alle Rechte vorbehalten.

Die Fälle des Nomens

1 Lies die Sätze. Was fällt dir an den farbigen Wörtern auf?
Kreuze an.

Das verkehrssichere Fahrrad
Der Polizist kontrolliert die Fahrräder.
Der Stift des Polizisten schreibt nicht.
Tim gibt dem Polizisten einen neuen Stift.
Die Lehrerin fragt den Polizisten:
„Sind alle Fahrräder verkehrssicher?"

- [ ] Die Wörter sind immer gleich.
- [ ] Vor Polizist stehen andere Artikel.
- [ ] Das Wort Polizist ändert sich am Ende.
- [ ] Das Fahrrad ist verkehrssicher.

2 Markiere in den Fragen das Fragewort. Beantworte die Fragen.
Schreibe dazu, in welchem Fall die Antwort steht. Der Merksatz hilft dir.

Wer oder was kontrolliert die Fahrräder?

Der Polizist. Wer-Fall (Nominativ)

Wessen Stift schreibt nicht?

____

Wem gibt Tim einen neuen Stift?

____

Wen oder was fragt die Lehrerin?

____

Merksatz

Das Nomen (Substantiv) kann im Satz in vier Fällen vorkommen.

Wer-Fall (Nominativ):	*der Polizist*
Wessen-Fall (Genitiv):	*des Polizisten*
Wem-Fall (Dativ):	*dem Polizisten*
Wen-Fall (Akkusativ):	*den Polizisten*

© 2021 Cornelsen Verlag GmbH, Berlin.
Alle Rechte vorbehalten.

3 Frage nach den markierten Wörtern.
Ergänze, in welchem Fall die Antwort steht.

Wer oder was? Wem? Wen oder was? Wessen?
Der Polizist erklärt den Kindern die Bedeutung des Verkehrszeichens.

Wer oder was erklärt den Kindern die Bedeutung des Verkehrszeichens? Der Polizist. Wer-Fall (Nominativ)

4 Lies die Sätze. Frage nach den farbigen Wörtern. Schreibe die Fragen und Antworten auf. Ergänze, in welchem Fall die Antwort steht.

Die Kinder freuen sich. Sie beobachten den Polizisten. Sarahs Fahrrad ist verkehrssicher. Der Polizist gibt dem Mädchen die Plakette.

Wer oder was freut sich?
Die Kinder. Wer-Fall (Nominativ)

© 2021 Cornelsen Verlag GmbH, Berlin.
Alle Rechte vorbehalten.

Wörter mit V oder v (M)

1 Lies den Merkspruch. Markiere alle **V**, **v**. Lerne ihn auswendig.

vor und **ver**
schreibt jeder Herr
und jede Frau
mit Vogel-V.

2 Lies die Wörter im Kasten. Markiere alle Wörter im Kasten, die zum Merkspruch aus Aufgabe 1 passen.

Vogel • verbieten • Kurve • Advent • vergessen • verlieren • nervös • Wettervorhersage
vom • Virus • Veranstaltung • Versteck • verrückt • Vollmilch • Vorrat • Verbrennung
Olive • violett • Vorgang • Veilchen • Vorname • Vampir • vorsichtig • Silvester • davor
Klavier • Verlust • Lokomotive • versuchen • vier • viel • Verpackung • versprechen
brav • vielleicht • Vase • Verkehr • verbrauchen • Vater • Vorfahrt • verwandt • Vorteil
November • Verrat • Ventil • von • vorne • Verkäufer • voraus

3 Schreibe die markierten Wörter auf. Markiere **Vor**, **vor** oder **Ver**, **ver**.

verbieten, ______________________________

____

____

____

____

4 Schreibe nun die übrigen Wörter aus dem Kasten auf. Sortiere sie nach der Anzahl ihrer Buchstaben. Markiere **V** oder **v**.
Schreibe so: drei Buchstaben: vom, …

Wie viele Buchstaben hat das …

längste Wort? ☐ Buchstaben   kürzeste Wort? ☐ Buchstaben

5 Lass dir alle Wörter von einem Partnerkind diktieren. Kontrolliere.
Trainiere falsch geschriebene Wörter mit dem Trainingskasten.

Schreibe witzige Sätze mit möglichst vielen Wörtern mit **V** oder **v**.
Oder: Schreibe einen langen Satz, in dem alle Wörter mit **V** oder **v** beginnen.

Vater verspricht, im Advent violette Vogelpullover zu verlieren. Die Vögel verbieten, die Oliven zu vergessen, weil sie den Vorrat an Silvester brauchen.

© 2021 Cornelsen Verlag GmbH, Berlin.
Alle Rechte vorbehalten.

Wörter mit langem i (M)

1 Lies die Wörter auf dem Zettel laut. Markiere das lange **i**.
Diese Wörter musst du dir merken.
Sie werden nur mit **i** geschrieben.

Wir bringen dir:
Mandarinen, Nektarinen,
Apfelsinen und Sardinen,
Kiwi, Zitrone, Margarine,
jede Menge Vitamine!
1 Liter Apfelsaft, Rosinen,
1 Kilo Mehl und auch Pralinen.

2 Schreibe die Wörter ab, in denen das **i** lang klingt. Markiere das **i**.

3 Die Wörter im Kasten haben alle ein einfaches **i**, obwohl man ein langes **i** hört. Lies die Wörter. Finde alle Tiere. Schreibe sie in der Einzahl und in der Mehrzahl auf. Markiere das lange **i**. Schreibe so: der Delfin – die Delfine, …

Kino • Delfin • Pilot • Tiger • Maschine • Lineal • Krokodil • Nilpferd
Ventil • Olive • Biber • Musik • Bibel • Bison • Benzin • Igel • Kabine

4 Lies die Rätselfragen. Schreibe die Lösungen auf.
Markiere das lange **i**.

Wo sieht man sich Filme an?	im Kino
Was hilft beim Unterstreichen?	
Wo ziehen sich die Sportler um?	
Welches Buch hat der Pfarrer?	
Wer kann ein Flugzeug steuern?	
Was hilft beim Arbeiten?	
Womit fährt das Auto?	
Was findet man am Fahrrad?	
Was wächst in südlichen Ländern?	
Was hört man bei einem Konzert?	

Trainiert die Wörter im Kasten aus Aufgabe 3 mit dem Stoppspiel.

© 2021 Cornelsen Verlag GmbH, Berlin.
Alle Rechte vorbehalten.

Das kann ich schon

Rechtschreibtraining

Es gibt viele Möglichkeiten, im Verkehr unterwegs zu sein. Das Radfahren ist besonders umweltfreundlich, denn das Fahrrad braucht kein Benzin und verschmutzt die Umwelt nicht. Egal, ob du ein Mountainbike oder ein Rennrad fährst: Dein Rad muss verkehrssicher sein. Wenn du fährst, musst du klingeln und bremsen können. In der Dunkelheit müssen deine Rückstrahler das Licht reflektieren. Für die Fahrradprüfung übt die 4b, wie man gut um eine Kurve kommt, wie man abbiegt und wann man Vorfahrt gewähren muss. Vor allem das Abbiegen nach links fällt vielen Kindern schwer. Mit dem Lineal zeichnet die Klasse verschiedene Verkehrszeichen. Die Zeichen zeigen Verbote und Vorschriften an oder weisen auf eine Gefahr hin.

Wörter mit V oder v

1 Sortiere die Wörter im Kasten nach der Anzahl ihrer Buchstaben. Markiere **V** oder **v**.

bevor • Ventil • Virus • davon • brav • Verein • Vampir
vom • Pullover • vorne • Klavier • voll • viel • Verkehr
Verschmutzung • Vase • nervös • Verkäufer • vier • Kurve

3 Buchstaben: vom,

4 Buchstaben:

Übungswörter

das Benzin
das Fahrrad
die Kurve
die Möglichkeit
das Mountainbike
der Rückstrahler
das Verbot
der Verkehr
die Vorfahrt
die Vorschrift
gewähren
klingeln
reflektieren
es verschmutzt
verschmutzen
verkehrssicher

besonders
man
unterwegs

Diese Seite fand ich:
○ leicht ○ mittel ○ schwer

© 2021 Cornelsen Verlag GmbH, Berlin.
Alle Rechte vorbehalten.

Aus Verben werden Nomen

2 Schreibe die Sätze ab. Markiere das Verb und das Nomen, das aus dem Verb entsteht.

Wir liegen faul auf dem Sofa.
Das Liegen ist sehr gemütlich.

Ich muss heute noch Brot einkaufen.
Zum Einkaufen nehme ich eine Tasche mit.

Beim Essen höre ich gern Radio.
Das geht nur, wenn wir nicht zusammen essen.

Ich schneide das Brot in Scheiben.
Beim Schneiden muss ich aufpassen.

Wir liegen faul ____________________

____

____

____

____

____

____

3 Verb oder Nomen? Setze die Wörter aus dem Kasten passend ein.

KOCHEN • ESSEN • ABSCHMECKEN • SETZEN
SCHMECKEN • RADFAHREN • FREUEN

Papa und ich kochen zusammen.

Als wir fertig sind, rufen wir zum ____________.

Ich darf Papa beim ____________ helfen.

Alle ____________ sich schnell an den Tisch und lassen es

sich ____________. So gestärkt sind wir bereit zum ____________.

Auf diese Tour ____________ wir uns schon lange.

© 2021 Cornelsen Verlag GmbH, Berlin. Alle Rechte vorbehalten.

Diese Seite fand ich:
○ leicht ○ mittel ○ schwer

Die Fälle des Nomens

4 Frage nach den markierten Wörtern. Verbinde, in welchem Fall die Antwort steht.

Wem? Wer oder was? Wessen? Wen oder was?

Die Lehrerin erklärt den Mädchen die Bedeutung des Nomens.

Wer-Fall, Nominativ Wem-Fall, Dativ Wen-Fall, Akkusativ Wessen-Fall, Genitiv

5 Lies die Sätze. Frage nach den farbigen Wörtern. Schreibe die Fragen und Antworten auf. Schreibe dazu, in welchem Fall das Nomen steht.

Tim bekommt ein neues Fahrrad. Es gefällt dem Jungen sehr.
Die Farbe des Rahmens schillert in der Sonne.
Tim probiert die Klingel aus. Er umarmt die Eltern, weil er sich so freut.
Das Fahrrad hat 24 Gänge.
Der Klang der Klingel ist sehr durchdringend.

Wer oder was bekommt ein neues Fahrrad? Tim.
Wer-Fall (Nominativ)

© 2021 Cornelsen Verlag GmbH, Berlin.
Alle Rechte vorbehalten.

Diese Seite fand ich:
○ leicht ○ mittel ○ schwer

Wörter mit langem i

6 Ordne die Wörter aus dem Kasten passend zu. Markiere das lange **i**.

Bison • Kabine • Kantine • Kamin • Krokodil • Vampir • Maschine
Mandarine • Linie • Praline • Gardine • Sirene • Kino • Turbine • Medizin
Nilpferd • Musik • Zitrone • Kilo • Nektarine • Fibel • Tiger • Liter
Lawine • Igel • Pirat • Apfelsine • Pilot • Delfin • Vitamine • Lineal

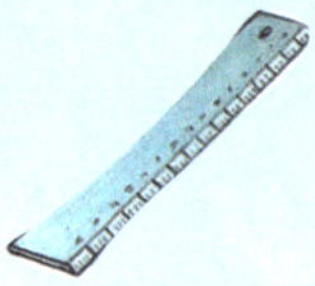

Tiere: Bison, ______________________

____

Wörter mit der Endung ine: ______________________

____

____

übrige Wörter: ______________________

____

____

© 2021 Cornelsen Verlag GmbH, Berlin.
Alle Rechte vorbehalten.

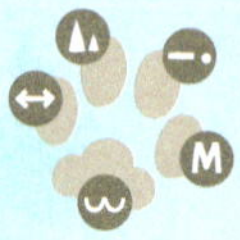

Alle Strategien üben

Markiere die Fehlerwörter. Schreibe die passenden Strategiezeichen darüber.

Ⓜ
Mier macht das radfahren grosen Spaß.

Mein neues Fahrad glenzt und glizert. (6)

Schreibe nun beide Sätze richtig auf.

____

____

____

Diese Seite fand ich:
○ leicht ○ mittel ○ schwer

Einfach genial!

© 2021 Cornelsen Verlag GmbH, Berlin.
Alle Rechte vorbehalten.

nachdenken

● Drohne

● Idee

genial

erforschen

● Erfinder

● Maschine

außergewöhnlich

tüfteln

● Funke

● Mikroskop

fleißig

experimentieren

Übe die Wörter auf der Rückseite.

mechanisch

Alles richtig? ☐

Hier schreibe ich Wörter, Texte, Ideen und Fragen zum Bild auf.

© 2021 Cornelsen Verlag GmbH, Berlin.
Alle Rechte vorbehalten.

Einen Zeitstrahl und eine Erklärung lesen

Faustkeil	Rad	Pflug	Buchdruck	Mikroskop
1,5 Millionen Jahre v. Chr.	5 000 Jahre v. Chr.	3 500 Jahre v. Chr.	um 1450	um 1590

Dampflokomotive	Konservendose	Fahrrad	Jeans	Auto
1804	1810	1817	1873	1886

  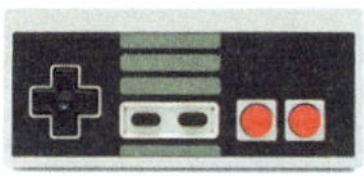  

Klettverschluss	Satellit	Spielkonsole	USB-Stick	Exoskelett
1951	1957	1974	2000	in Entwicklung

© 2021 Cornelsen Verlag GmbH, Berlin.
Alle Rechte vorbehalten.

Was ist eigentlich eine Erfindung?
In jedem Fall ist eine Erfindung etwas ganz Neues, das es vorher noch nicht gab. Eben das unterscheidet nämlich eine Erfindung von einer Entdeckung. Beispiel: Das Feuer wurde nicht erfunden, sondern entdeckt. Es war ja immer da und konnte auch ohne menschliche Hilfe entstehen – etwa durch einen Blitzschlag. Der Mensch musste „nur“ auf die Idee kommen, es selbst zum Lodern zu bringen. Das erste Feuerzeug gilt hingegen sehr wohl als Erfindung: Es bestand aus einem Brocken eines schwefelhaltigen Minerals, das unsere Vorfahren vor schätzungsweise 32 000 Jahren auf einen Feuerstein schlugen – bis Funken stoben.

Sarah Marquardt

Welche Erfindungen findest du besonders interessant?

Ein Kinderbuch lesen

ANN MAKOSINSKI
Erfinderin

Es war einmal ein Mädchen auf den Philippinen, das nach Sonnenuntergang nicht mehr für die Schule lernen konnte.
Eines Tages erfuhr ihre Freundin Ann in Kanada davon. Ann hatte schon immer gern getüftelt, aber ganz besonders spannend fand sie Transistoren, also Geräte, die den Durchfluss von elektrischem Strom regeln.
„Wie wäre es, wenn ich eine Taschenlampe erfinde, die allein durch deine Körperwärme betrieben wird?", schrieb Ann ihrer Freundin. „Schließlich geben unsere Körper viel Energie in Form von Wärme ab."
Beide Mädchen fanden die Idee aufregend.
„Stell dir vor, wie viele Menschen auf einmal Strom hätten, wenn das funktionierte!"
Ann war erst 15, hatte aber viel Erfahrung darin, Gegenstände auseinanderzunehmen und wieder zusammenzusetzen. Also machte sie sich daran, diese unglaubliche neue Taschenlampe zu entwickeln. Sie nannte sie „Hollow Lamp", weil sie sie aus einer hohlen Aluminiumröhre baute.
Als sie ihre Erfindung auf einem weltweiten Wettbewerb vorstellte, gewann sie den ersten Preis. Noch nie hatte es das gegeben – eine Taschenlampe, die weder Batterien noch Sonne noch Wind brauchte. Körperwärme allein genügte.
Heute zählt Ann zum Kreis der vielversprechendsten jungen Erfinderinnen und Erfinder unserer Zeit. Ihr Traum ist es, diese Taschenlampe jedem auf der Welt, der sich keinen Strom leisten kann, kostenlos zur Verfügung zu stellen.
„Mir gefällt der Gedanke, die Welt mithilfe der Technologie ein Stück besser zu machen und die Umwelt zu schonen", sagt sie.

Elena Favilli / Francesca Cavallo

Was würdest du gern erfinden?

____

____

____

© 2021 Cornelsen Verlag GmbH, Berlin.
Alle Rechte vorbehalten.

Eine Bauanleitung lesen

1 Sieh dir das Bild an.
Welche Materialien brauchst du, um ein Luftkissenboot zu bauen?

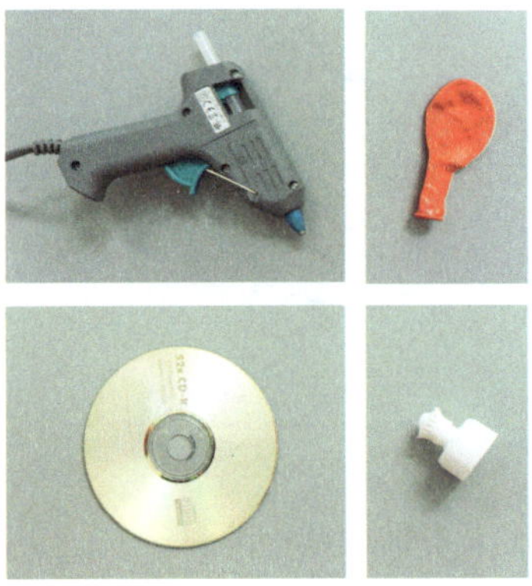

____

____

____

____

____

2 Ordne die Sätze den Schritten der Bauanleitung zu.

☐ Heißkleber um das Innenloch der CD auftragen.

☐ Verschluss runterdrücken.

☐ Ballon aufpusten.

☐ Sofort den Verschluss aufkleben. Kleber trocknen lassen.

☐ Die Ballonöffnung fest über den Verschluss ziehen.

☐ Den Verschluss hochziehen und die CD über den Tisch flitzen lassen.

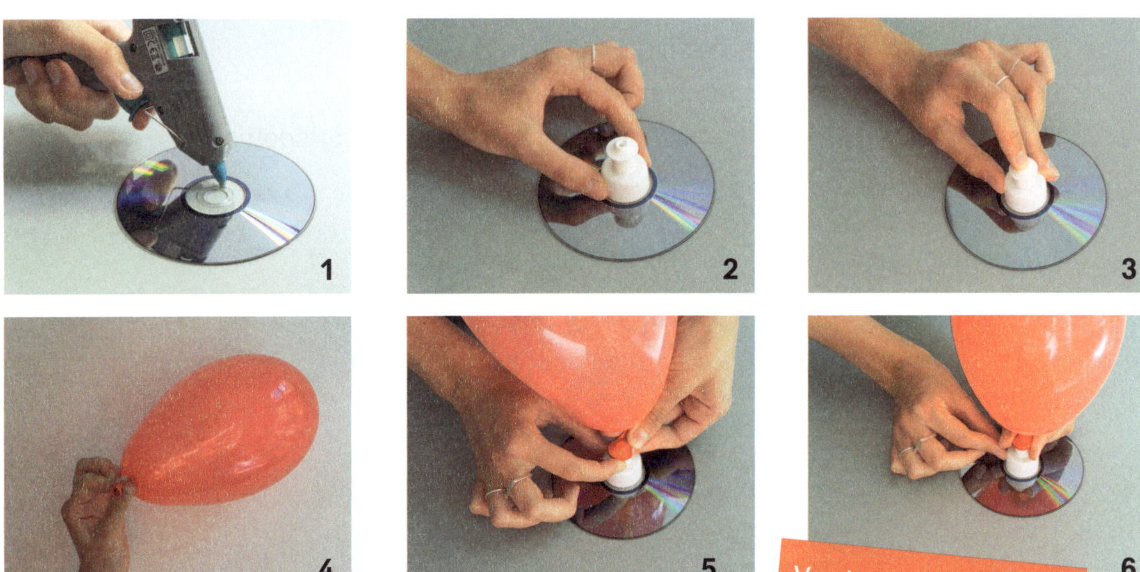

Vorsicht bei der Arbeit mit der Heißklebepistole. Lass dir von einem Erwachsenen helfen!

Ihr könnt selbst ein Luftkissenboot bauen.
Besprecht, was jeder mitbringt.

© 2021 Cornelsen Verlag GmbH, Berlin.
Alle Rechte vorbehalten.

Eine Skizze und eine Funktionsbeschreibung lesen

1 Seht euch das Bild und die Skizze an. Lest den Text.
Warum heißt dieses Fahrzeug **Luftkissenboot**? Kreuzt an.

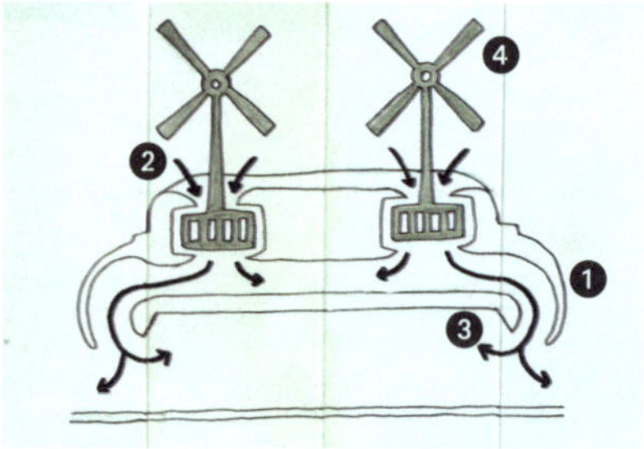

Ein Luftkissenboot ist kein richtiges Boot, obwohl es sich auf dem Wasser bewegt. Denn es schwimmt nicht. Es schwebt. Warum?

Anke M. Leitzgen

Es heißt so, …

- ☐ weil alle Reisenden weiche Kissen bekommen.
- ☐ weil es auf einem Luftkissen schwebt.
- ☐ weil sich die Propeller am Heck so schnell drehen.

2 Lest die Funktionsbeschreibung. Erklärt euch gegenseitig mit eigenen Worten, wie ein Luftkissenboot funktioniert.

Rund um den flachen Rumpf eines Luftkissenbootes befindet sich eine Gummischürze. ❶
Zusammengedrückte Luft wird durch ein Gebläse ❷ unter den Boden gepresst.
So entsteht unter dem Boot eine Art Kissen aus Luft ❸.
Das sorgt dafür, dass das Boot leicht vom Wasser abhebt.
Dann wird das Luftkissenboot durch die Propeller ❹ vorwärtsgetrieben und schwebt los.

Anke M. Leitzgen

3 Erklärt euch gegenseitig, wie das Luftballonauto funktioniert.

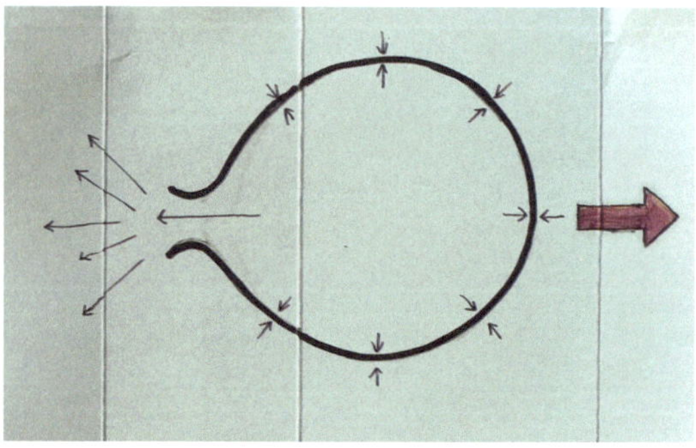

Ihr könnt selbst ein Luftballonauto bauen. Besprecht, was jeder mitbringt.

© 2021 Cornelsen Verlag GmbH, Berlin. Alle Rechte vorbehalten.

Sich in einem Lexikon orientieren

1 Lest den Lexikonartikel über das Rad. Seit wann gibt es Räder?

____

____

Register
Aal, der Seite 5

Rad: Das Rad ist die wichtigste → Erfindung der Welt. Es wurde vor mehr als 5 000 Jahren erfunden und half den Menschen, schwere Lasten zu transportieren. Vorher nutzten sie dazu → Schlitten oder runde Hölzer, die sie unter die Last legten. Die ersten Räder bestanden aus Brettern und waren sehr schwer. Um die Räder leichter zu machen, entwickelten die Menschen Räder mit Speichen aus → Holz oder Draht. Ende des 19. Jahrhunderts erfanden die Brüder Michelin Luftreifen für → Autos. Bei Autoreifen bestehen die Speichen aus → Aluminium.

Wagenrad aus Holz

Speichenrad eines Fahrrads

Alurad eines Autos

D E F G H I J K L M N O P Q **R**

© 2021 Cornelsen Verlag GmbH, Berlin.
Alle Rechte vorbehalten.

2 Lest die Erklärungen in den Kästen.
Markiere die passenden Stellen im Lexikonartikel.

Das **Stichwort** zeigt, worum es in dem Artikel geht. Stichworte sind immer fett gedruckt und alphabetisch sortiert.

Die Pfeile verweisen auf Einträge zu anderen Stichworten. Deshalb nennt man sie auch **Verweis**.

Die **Abc-Leiste** zeigt dir, bei welchem Buchstaben du gerade suchst.

Im **Register** am Ende des Lexikons findest du alle Stichworte.

3 Beantwortet die Fragen:
- Wobei hilft die Abc-Leiste?
- Warum ist das Stichwort immer fett gedruckt?
- Wo befindet sich das Register?
- Wann helfen euch die Verweise?

Bringt verschiedene Lexika mit.
Vergleicht, mit welchen Zeichen diese arbeiten.

Einen Podcast erstellen

1 Seht euch das Bild an. Was tun Jonas und Lena?

Ein **Podcast** ist eine Sendung im Radio oder im Internet. Meistens gibt es Podcasts als Serie zu bestimmten Themen.

* sprich: Pottkast

2 Lest die Namen der Erfinderinnen und Erfinder. Informiert euch darüber, was sie erfunden haben. Wählt eine Person aus, die euch besonders interessiert. Kreuzt an.

- ☐ Ada Lovelace
- ☐ Ann Makosinski
- ☐ Galileo Galilei
- ☐ Carl Benz
- ☐ Marie Curie
- ☐ Samuel Morse
- ☐ Johannes Gutenberg
- ☐ Melitta Bentz
- ☐ Artur Fischer
- ☐

3 Erstellt mithilfe des Tipps einen Podcast über die Person, die ihr ausgewählt habt.

Tipp

So erstellt ihr einen Podcast:
- Sammelt Informationen zu eurem Thema.
- Fasst die wichtigsten Informationen in Stichworten zusammen und bringt sie in eine sinnvolle Reihenfolge.
- Übt, eure Stichworte mündlich vorzutragen. Sprecht langsam, laut und deutlich.
- Nehmt euren Vortrag auf. Ihr könnt einen Teil der Informationen auch durch ein Interview vorstellen.
- Speichert euren Vortrag als Audio-Datei auf dem Computer.
- Hört euch eure Aufnahme an. Kann man euren Text gut verstehen? Nehmt den Text erneut auf, wenn es nötig ist.
- Möchtet ihr Musik oder Geräusche einsetzen? Fügt diese an der passenden Stelle in eurer Audio-Datei ein.

© 2021 Cornelsen Verlag GmbH, Berlin.
Alle Rechte vorbehalten.

Gewusst wie: Einen Gegenstand beschreiben

Sieh dir **den Gegenstand**, den du beschreiben willst, **sehr genau an**. Achte auch auf **Details***.

Benenne den Gegenstand.
Sammle Fachbegriffe und Adjektive, die dir helfen, den Gegenstand genau zu beschreiben.

Erstelle deine Beschreibung.
Beschreibe deinen Gegenstand **zunächst allgemein**.
Beschreibe **dann die Details**.
Achte auf eine **logische Reihenfolge**.
Beschreibe den Gegenstand zum Beispiel
– von oben nach unten,
– von links nach rechts oder
– von außen nach innen.

Schreibe **sachlich** und **im Präsens**.
Schreibe auch auf, **wozu man den Gegenstand benutzen kann**.
Bedenke, dass dein Gegenstand aus **mehreren Teilen** bestehen kann.

* sprich: Detais

Ein Detail ist eine Einzelheit oder ein kleines Teilstück von einer größeren Sache.

Was ist wichtig, wenn du einen Gegenstand beschreiben willst? Kreuze an.

- ☐ Ich beschreibe mein letztes Erlebnis mit dem Gegenstand.
- ☐ Ich achte darauf, nichts Wichtiges zu vergessen.
- ☐ Ich versuche, alle Details zu beschreiben.
- ☐ Fachbegriffe sind mir nicht so wichtig.
- ☐ Ich beschreibe zuerst die schönen Farben.

© 2021 Cornelsen Verlag GmbH, Berlin.
Alle Rechte vorbehalten.

1 Sieh dir das Bild sehr genau an.
Es zeigt einen Quadrocopter.
Dieser wird auch Drohne genannt.
Achte auch auf Details.

2 Lies die Fachbegriffe im Kasten.
Welche Begriffe helfen dir,
die Drohne zu beschreiben? Kreuze an.

☐ LED • ☐ Anschnallgurt • ☐ Halterung • ☐ Rahmen • ☐ Drohne
☐ Reifen • ☐ Rotor • ☐ Positionslicht • ☐ Landekufen • ☐ Rotorblätter
☐ Auspuff • ☐ Lüftungsschlitz

3 Setze die Wörter aus Aufgabe 2 passend in den Text ein.

Der Gegenstand, den ich beschreibe, ist eine Drohne. An ihrem weißen Rahmen gibt es vier Arme. Auf jedem Arm sitzt ein ________. Er besteht aus einer silbernen Nabe und vier weißen ________. An der Unterseite der Arme ist eine grüne oder rote ________ angebracht. Diese nennt man auch ________. Jeder Arm hat an den Seiten einen ________. In der Mitte des Rahmens ist eine kugelförmige ________ für die Kamera. Das Objektiv der Kamera ist schwarz. An jeder Seite des Rahmens sind zwei weiße ________ angebracht.

4 Beschreibe den Controller der Drohne. Nutze dazu die Fachbegriffe.

© 2021 Cornelsen Verlag GmbH, Berlin.
Alle Rechte vorbehalten.

Das Akkusativobjekt

1 Lies die Sätze.
Beantworte die Frage nach dem Akkusativobjekt.

Fatma liebt große Erfinderinnen.
Wen oder was liebt Fatma? Große Erfinderinnen.

Melitta Bentz erfand den ersten Kaffeefilter.
Wen oder was erfand Melitta Bentz? ____________________

Tims Papa kauft eine neue Drohne.
Wen oder was kauft Tims Papa? ____________________

2 Frage in jedem Satz mit **Wen oder was?** nach dem Akkusativobjekt.
Schreibe die Fragen mit den passenden Antworten auf.
Markiere die Fragewörter und das Akkusativobjekt.

Carl Benz erfand das erste Auto.

Wen oder was erfand Carl Benz?
Das erste Auto.

Die Jeans erfand Levi Strauss.

____

____

Jonas bewundert die Erfinderin Ann Makosinski.

____

____

Die neue Drohne hat einen kaputten Rotor.

____

____

Merksatz

Das Akkusativobjekt (Ergänzung im 4. Fall) ist ein Satzglied im Wen-Fall.
Nach dem Akkusativobjekt fragt man mit Wen oder was?.
Wen oder was *liebt Fatma?* ***Große Erfinderinnen.***
Wen oder was *kauft Tims Papa?* ***Eine neue Drohne.***

© 2021 Cornelsen Verlag GmbH, Berlin.
Alle Rechte vorbehalten.

3 Lies die Sätze. Finde in jedem Satz das Akkusativobjekt.

Fatma liest ein dickes Buch. Das Buch beschreibt tolle Erfindungen und Entdeckungen. Sie zeigt Jonas einen langen Text. Er erklärt eine interessante Entwicklung. Johannes Gutenberg verbesserte den Buchdruck. Er entwickelte dazu Buchstaben aus Metall. Zuerst druckte Gutenberg eine Bibel.

Wen oder was liest Fatma? Ein dickes Buch.

4 Schreibe fünf eigene Sätze über eine interessante Erfindung.
Oder: Schreibe fünf Sätze zu einem anderen Thema.
Markiere das Akkusativobjekt.

© 2021 Cornelsen Verlag GmbH, Berlin.
Alle Rechte vorbehalten.

Wörter erfinden

1 Seht euch das Bild an. Was für eine Maschine hat der Erfinder gebaut?

2 Schreibt den Satz aus Aufgabe 1 richtig auf.

3 Was für ein Problem hat der Erfinder mit seiner Maschine. Kreuzt an.

- ☐ Sie schreibt alle Wörter klein.
- ☐ Sie druckt mit der falschen Farbe.
- ☐ Sie trennt die Wörter an der falschen Stelle.
- ☐ Er hat kein Problem.

4 Die Maschine des Erfinders funktioniert immer noch nicht richtig.
Was ist hier passiert? Schreibt die Sätze richtig auf.

Mibit meibeineber neubeueben Eberfibindubung kabann ibich laubauteber tobollebe Sabacheben ebentwibickebeln.

Leal Torenmo hendre sich teheu sondersbe schnell.

Mn Mschn mss ch nbdngt vrbssrn. S gfllt mr brhpt ncht.

5 Hier sind dem Erfinder alle Wortarten durcheinandergeraten. Helft ihm, die Wörter zu sortieren. Markiert Nomen, Verben und Adjektive in unterschiedlichen Farben.

Tröb • schlupsen • Morfung • tröben • schlupste • Fallasheit • tröblich
schlupsig • fallaste • Schlups • fallasig • Morf • Schlupsheit • morfbar
Fallasung • tröbsam • morfte • vertröben • Tröbnis • angeschlupst

Erfinde selbst Sätze, die die Maschine durcheinandergebracht hat.

© 2021 Cornelsen Verlag GmbH, Berlin.
Alle Rechte vorbehalten.

Wörter mit stummem h (M)

1 Lies die Wörter im Kasten. Was haben alle Wörter gemeinsam? Markiere.

die Wahrheit • anstrahlen • die Feuerwehr • wehrlos • der Strahl • wahrscheinlich
sich wehren • die Wahrsagerin • wahr • abgewehrt • strahlen • der Sonnenstrahl

2 Ordne die Wörter aus Aufgabe 1 nach ihren Wortfamilien. Markiere den Wortstamm.

wahr: die Wahrheit, ______

______

wehr: ______

strahl: ______

______

3 Lies die Wörter im Kasten. Schreibe sie nach Nomen, Verben und Adjektiven sortiert auf. Schreibe so: Nomen: Ohr, …

Ohr • rühren • Jahreszeit • Uhr • ähnlich • Bohne • Lehrer • Bahn • Stuhl
Mehl • kühl • Sahne • Bahnhof • dehnen • Huhn • kahl • Mähne • belohnen
hohl • lehnen • anfühlen • Sohn • zähmen • Höhle • ahnen • Zahn • Draht

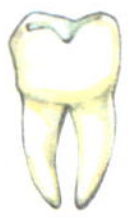

4 Übe die Wörter im Kasten mithilfe des Tipps.

sehr • zehn • während • mehr • ohne • wohl

Tipp

So kannst du Merkwörter üben:
- Schreibe die Wörter ab und markiere die Merkstelle.
- Tippe die Wörter am Computer in verschiedenen Farben.
- Lass dir die Wörter von einem Partnerkind diktieren.
- Sortiere die Wörter nach ihrer Buchstabenzahl.

5 Schreibe den Text ab. Markiere die acht Pronomen mit einem stummen **h**.
Schreibe so: Carla schreibt ihrer Tante …

Carla schreibt ihrer Tante einen Brief. Sie berichtet ihr von ihrem neuen Hund. Sie hat ihn Leo genannt. Jeden Tag gibt sie ihm nun das Futter. Ihre Eltern helfen ihr natürlich. Carla ist ihnen dafür dankbar.

© 2021 Cornelsen Verlag GmbH, Berlin.
Alle Rechte vorbehalten.

Großschreibung von Nomen – Nominalgruppe

1 Lies die Wortgruppen. Was fällt dir auf?

der Erfinder — der geniale Erfinder — der geniale, verrückte Erfinder

die Idee — die ______ Idee — die ______, ______ Idee

Nur die Nomen werden groß-geschrieben.

2 Findet passende Adjektive und setzt diese in Aufgabe 1 ein.

____

____

3 Schreibe die Sätze ab. Ergänze zwischen dem Artikel und dem Nomen mindestens ein Adjektiv. Denke an die Kommas.

Die Erfindung ist sehr interessant.
Das Mädchen mag die Maschine.
Der Plan begeistert die Erfinderinnen.
Die Bauteile sind leider sehr teuer.
Das Labor hat eine Lüftung.

Die neue, verrückte, große Erfindung ist

____

Merksatz

Zwischen einen Artikel und ein Nomen (Substantiv) schieben sich oft andere Wörter, zum Beispiel Adjektive. Dann entsteht eine Nominalgruppe.
Der geniale Erfinder.
Das Nomen (Substantiv) am Ende dieser Nominalgruppe wird großgeschrieben.
Statt eines Artikels können auch diese Artikelwörter vor einem Nomen stehen:
dieses, den, mein, dein, ihre, einige, jeder, alle, keine, am, zur, zum, beim.

© 2021 Cornelsen Verlag GmbH, Berlin.
Alle Rechte vorbehalten.

4 Schreibe die Sätze ab. Markiere das Artikelwort und das Nomen.
Ergänze vor jedem Nomen ein Adjektiv.
Der Merksatz von Seite 177 kann dir helfen.

Meine Drohne ist neu. Sie hat einige Aufkleber. Ich lade den Akku auf. Dann schalte ich die Fernsteuerung ein. Die Drohne fliegt am Himmel. Sie macht viele Fotos von der Landschaft. Es ist keine Kunst, sie zu steuern.

Meine kleine Drohne ist neu.

5 Schreibe den Text richtig ab.

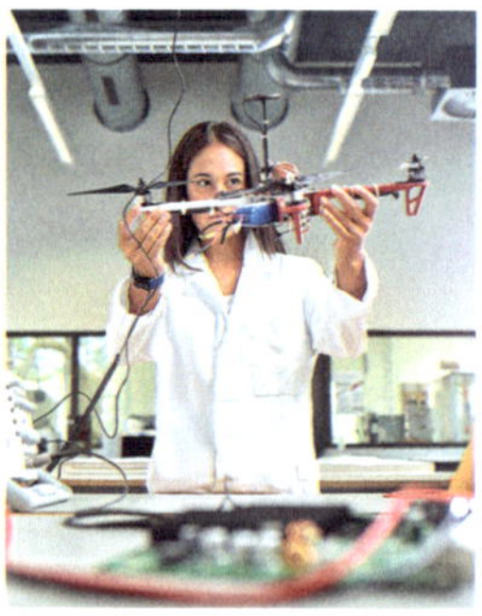

DIE JUNGE FORSCHERIN ARBEITET AN EINER NEUEN DROHNE. EINIGE GESCHICKTE MITARBEITERINNEN HELFEN BEIM SCHWIERIGEN ZUSAMMENBAU DER KLEINEN TEILE. IHRE GROẞEN ANSTRENGUNGEN SIND NICHT UMSONST. ES GIBT KEINE GRÖẞEREN PROBLEME. AM ENDE SIND ALLE EIFRIGEN HELFERINNEN SEHR GLÜCKLICH.

Die junge Forscherin

© 2021 Cornelsen Verlag GmbH, Berlin.
Alle Rechte vorbehalten.

Das kann ich schon

Rechtschreibtraining

Früher arbeiteten Erfinderinnen und Erfinder häufig allein. Sie studierten dicke Bücher in der Bibliothek. Danach experimentierten sie in ihrem Labor, wo es qualmte und Funken durch die Gegend flogen. Sie saßen am Mikroskop oder konstruierten nützliche Dinge in ihrer Werkstatt. Manchmal quälten sie sich mehrere Jahre mit neuen Ideen. Dann dauerte es also ziemlich lange, bis sie ihre außergewöhnliche Erfindung bauen und präsentieren konnten.
Heute sieht die Arbeit von Forscherinnen und Forschern ganz anders aus.
Oft geht es darum, bereits bekannte Sachen weiterzuentwickeln. Dafür braucht man viele kluge Köpfe. Deshalb arbeiten die Männer und Frauen meistens in Gruppen zusammen. So können sie ihre Ideen miteinander teilen und sich bei Schwierigkeiten gegenseitig unterstützen.

Wörter erfinden

1 Schreibe die fehlerhaften Sätze aus der Wörtermaschine richtig auf.

Ldr mcht d Mschn mmr nch gnz vl Fhlr.

Neei tegu Maneschi zu finerden,
ist rischwieger, als wir kenden.

2 Markiert die erfundenen Nomen, Verben und Adjektive in unterschiedlichen Farben.

Brösheit • schwolzhaft • Quoffung • brösen • brösig
Schwolzung • Schwolz • quoffen • Brösnis • schwolzen
schwolzig • bröste • quoffig • geschwolzt • Quoffnis
anbrösen • quofften

Übungswörter

die Bibliothek
die Gegend
die Gruppe
die Idee
das Mikroskop
die Schwierigkeit
die Werkstatt
sie experimentierten
experimentieren
sie präsentierten
präsentieren
es qualmte
qualmen
außergewöhnlich
bekannt
nützlich

häufig
mehrere
ziemlich

© 2021 Cornelsen Verlag GmbH, Berlin.
Alle Rechte vorbehalten.

Diese Seite fand ich:
○ leicht ○ mittel ○ schwer

Wörter mit stummem h

3 Lies die Wörter im Kasten. Schreibe sie nach Nomen, Verben und Adjektiven sortiert auf.

Ehre • Fahne • ähnlich • befehlen • ermahnen • Bohne • Sahne • Reh
bestehlen • Hahn • Huhn • empfehlen • Fohlen • dehnen • wohnen
Rohr • lahm • ahnen • Bahn • aufbewahren • Jahr • fehlen • kühl • hohl
zähmen • Mehl • fühlen • Lehrer • Kohle • bohren • Kahn • Drohne • zäh

Nomen: Ehre, ______________________

____

____

Verben: ______________________

____

____

Adjektive: ______________________

____

4 Ordne die Wörter nach ihren Wortfamilien. Markiere den Wortstamm.

die Lehrerin • fehlen • wählen • zahnlos
das Lehrerzimmer • gelehrt • wählbar
verfehlt • die Wahl • belehren • der Fehler
verzahnt • der Backenzahn • verwählt
das Zahnrad • fehlerhaft

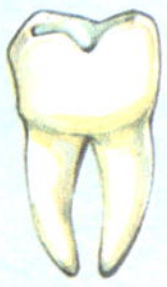

lehr: die Lehrerin, ______________________

____

zahn: ______________________

____

wahl: ______________________

fehl: ______________________

© 2021 Cornelsen Verlag GmbH, Berlin.
Alle Rechte vorbehalten.

Diese Seite fand ich:
○ leicht ○ mittel ○ schwer

Das Akkusativobjekt

5 Lies die Sätze.
Beantworte die Frage nach dem Akkusativobjekt.

Jonas hat eine Idee.
Wen oder was hat Jonas? Eine Idee.

Die Drohne bekommt einen neuen Rotor.
Wen oder was bekommt die Drohne? ______

Im Labor gibt es ein kaputtes Gerät.
Wen oder was gibt es im Labor? ______

6 Frage in jedem Satz nach dem Akkusativobjekt. Schreibe die Fragen mit den passenden Antworten auf. Markiere die Fragewörter und das Akkusativobjekt.

Die Forscher planen eine neue Maschine.
Die Besonderheiten beschreibt der Plan.
Der Computer braucht ein neues Programm.
Das Lexikon enthält eine Liste wichtiger Erfindungen.
Die Spülmaschine erfand Josephine Cochrane.
Die neue Maschine hat bunte Zahnräder.

Wen oder was planen die Forscher?
Eine neue Maschine.

© 2021 Cornelsen Verlag GmbH, Berlin.
Alle Rechte vorbehalten.

Diese Seite fand ich:
○ leicht ○ mittel ○ schwer

Großschreibung von Nomen – Nominalgruppe

7 Schreibe die Sätze ab. Markiere das Artikelwort und das Nomen.
Ergänze vor jedem Nomen ein Adjektiv.

Die Erfinderin sitzt in ihrem Labor. Im Raum stehen viele Geräte.
Ein Nebel steigt aus den Gläsern auf.
Er enthält keine Gifte.
Sie mischt die Flüssigkeiten zusammen.
Schließlich entdeckt sie ein Medikament.
Alle Mitarbeiterinnen freuen sich über den Erfolg.

Die kluge Erfinderin

Alle Strategien üben

Markiere die Fehlerwörter. Schreibe die passenden Strategiezeichen darüber.

Oft arbeiteten die erfinder gleichzeitik an einer ehnlichen Erfindung.

Es lonte sich, schneler zu sein als die anderen forscher. (6)

Schreibe nun beide Sätze richtig auf.

© 2021 Cornelsen Verlag GmbH, Berlin.
Alle Rechte vorbehalten.

Diese Seite fand ich:
○ leicht ○ mittel ○ schwer

Eine Zeitung entsteht

interviewen

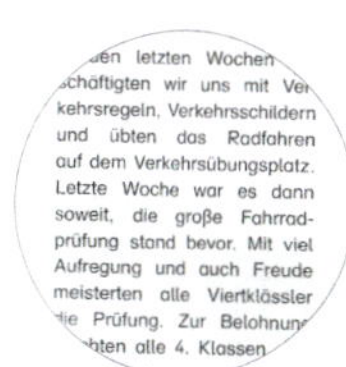
Artikel

Sitzung

fett

korrigieren

Mikrofon

Tastatur

kursiv

besprechen

Schlagzeile

Titel

schmal

drucken

Übe die Wörter auf der Rückseite.

breit

© 2021 Cornelsen Verlag GmbH, Berlin.
Alle Rechte vorbehalten.

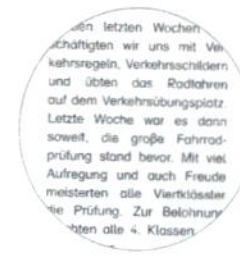

Fahrrad

Seite 2

Grundschule

post

Alles richtig? ☐

Hier schreibe ich Wörter, Texte, Ideen und Fragen zum Bild auf.

© 2021 Cornelsen Verlag GmbH, Berlin.
Alle Rechte vorbehalten.

Eine Aufzählung und einen Klappentext lesen

Was ich mit einer Zeitung alles machen kann

Ich kann
– darin blättern,
– die Artikel lesen,
– die Fotos und Zeichnungen ansehen,
– sie als Geschenkpapier benutzen,
– Fenster und Spiegel damit putzen,
– meine nassen Schuhe damit trocknen,
– aus ihr ein Schiff, einen Hut oder einen Flieger basteln,
– eine Collage damit gestalten oder
– mich dahinter verstecken.

Wozu kannst du eine Zeitung noch verwenden?

____

____

____

© 2021 Cornelsen Verlag GmbH, Berlin.
Alle Rechte vorbehalten.

Falschmeldungen im Valleby-Blatt
Skandal in Valleby: Jeden Tag erscheint ein peinlicher Artikel über eine bekannte Persönlichkeit in der Zeitung.
Nichts davon ist wahr, aber keiner will die Berichte geschrieben haben.
Maja und Lasse müssen helfen, denn alle Angestellten der Zeitung sind verdächtig …

Martin Widmark

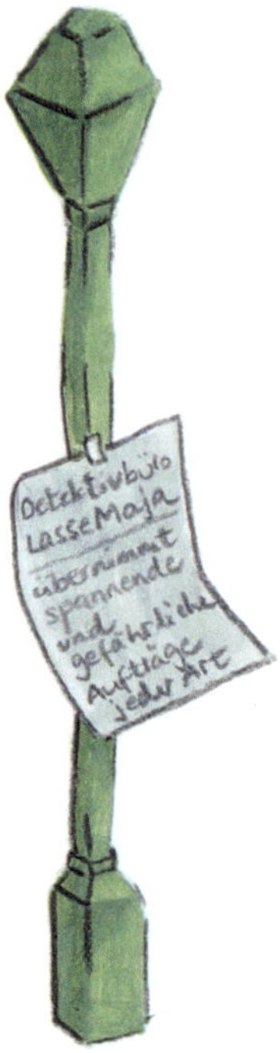

Ein Kinderbuch lesen

Das Zeitungsgeheimnis

Maja und Lasse sind Detektive und wohnen in Valleby.
Sie nehmen die Zeitungsartikel im Valleby-Blatt genauer unter die Lupe.

Valleby-Blatt, 11. September

Kindergärtnerin Britt isst den Kindern das Essen weck

Wie uns aus sicherer Quelle zugetragen wurde, können sich die Kinder im Kindergarten nicht satt essen, weil ihnen die Kindergärtnerin Britt das Essen wegisst. Lesen Sie mehr auf Seite 7.

Aber es gibt keine Fortsetzung auf Seite 7.
„Britt ist doch superlieb", sagt Maja. „Irgendetwas stimmt hier nicht.
Und weg wird mit g und nicht mit ck geschrieben."

Valleby-Blatt, 12. September

Bibliotekarin gibt zu: Ich habe Bücher gestohlen

Während ihrer gesamten Schulzeit hat die Bibliotekarin Karin Fahlén Bücher aus der Schulbibliotek nicht zurückgegeben. Jetzt gesteht sie dem Valleby-Blatt, dass sie ein schlechter Mensch ist. Lesen Sie mehr auf Seite 9.

„Wetten, der Artikel ist hier zu Ende", sagt Maja und tippt mit dem Finger auf die Titelseite. „Und guck mal: Bibliotekarin und Bibliotek nur mit t und nicht mit th!"

Valleby-Blatt, 13. September

Politzeiinspektor auf frischer Tat ertappt

Der Politzeiinspektor der Stadt wurde heute Nacht auf frischer Tat ertappt, wie er Äpfel im Garten von Gärtner Lindblom gestohlen hat.
Lesen Sie mehr auf Seite 12.

Aber auf Seite 12 steht nichts über den Polizeiinspektor.
„Politzei mit tz, ts, ts, ts", sagt Lasse. „Ich denke, das Detektivbüro LasseMaja hat einen neuen Fall zu lösen. Meinst du nicht auch, wir sollten dem Valleby-Blatt einen Besuch abstatten?"
„Ja", antwortet Maja. „Diese Artikel sind sehr verdächtig!"

Martin Widmark

Mit wem würdest du gern ein Detektivbüro gründen?

© 2021 Cornelsen Verlag GmbH, Berlin.
Alle Rechte vorbehalten.

Ein Informationsmedium kennen

1 Lies den Text. Kläre unbekannte Wörter. Worum geht es?

In Deutschland gibt es viele verschiedene Tageszeitungen. An jeder Ausgabe wird vom frühen Morgen bis spät in die Nacht gearbeitet. Fotoreporterinnen und Fotoreporter schießen Fotos bei besonderen Veranstaltungen. Redakteurinnen und Redakteure schreiben ihre Artikel. Die Texte und Fotos schicken sie an die Redaktion. Dort wird entschieden, welche Artikel und welche Fotos in der nächsten Ausgabe der Zeitung stehen werden. Die Artikel sind nach Themen geordnet: Politik, Wirtschaft, Kultur, Regionales, Sport, Wetter, Anzeigen und Rätsel. Besonders wichtig ist die Titelseite. Hier stehen die Neuigkeiten des Tages. Anschließend werden in der Layout-Abteilung Fotos, Schlagzeilen und Artikel auf den Zeitungsseiten angeordnet. Manchmal müssen einige Artikel etwas gekürzt oder Fotos verkleinert oder vergrößert werden, damit eine Zeitungsseite genau gefüllt ist. Mitten in der Nacht beginnt das Drucken einer Tageszeitung. Dazu werden große Mengen Papier und Farbe verbraucht. Das Papier läuft von riesigen Rollen in eine Druckmaschine. Am anderen Ende kommt die fertige Zeitung heraus. In den frühen Morgenstunden bringen Lieferwagen die Zeitung aus der Druckerei zu den Austrägerinnen und Austrägern, die sie in die Briefkästen werfen. Außerdem kann man sie am Kiosk oder in Supermärkten kaufen. Viele Zeitungen gibt es auch in einer digitalen Ausgabe, die man auf dem Tablet oder dem Computer lesen kann. Die digitale Ausgabe einer Zeitung nennt man E-Paper.

© 2021 Cornelsen Verlag GmbH, Berlin.
Alle Rechte vorbehalten.

2 In welchen Zeilen erfahrt ihr etwas über

- die Themen in einer Zeitung? In den Zeilen ______
- das Drucken einer Zeitung? In den Zeilen ______
- die Arbeit der Layout-Abteilung? In den Zeilen ______

3 Welche Zeitungen kennt ihr? Bringt sie mit und vergleicht sie.

4 Welche Artikel interessieren dich in der Zeitung besonders? Begründe. Schreibe so:
Mich interessieren besonders … , weil …

Fachbegriffe kennen

1 Lest den **Zeitungsartikel** und die Fachbegriffe.

Vorspann — Schlagzeile (Headline) — Unterzeile

Digitale Ausstattung der Goethe-Grundschule schreitet voran

Nun auch die dritten Klassen mit Tablets ausgestattet

Der Schulträger finanziert weitere Tablets für den Unterricht in der Grundschule.
Vor vier Jahren entwickelte das Kollegium der Goethe-Grundschule ein neues Medienkonzept, das viele Umsetzungsmöglichkeiten der Digitalisierung der Grundschule umfasst.

Einsatz von Tablets in der 4b

Die Mitglieder der Gesamtkonferenz und des Schulvorstandes befürworteten das Konzept und trafen die notwendigen Beschlüsse. Das Medienkonzept wurde dem Schulträger vorgelegt. So können ab sofort nicht nur die Kinder der vierten Klassen, sondern auch die Drittklässlerinnen und Drittklässler mit Tablets arbeiten. Laut Aussage des Schulleiters Herrn Abeling werden die bereits vorhandenen Tablets in fast allen Unterrichtsstunden genutzt. Bearbeitete Aufgaben werden verglichen, Kurzfilme angeschaut und Musikstücke angehört.

Bildunterschrift — Spalten

2 Markiert die Antworten im Zeitungsartikel in verschiedenen Farben.

- Wie heißt die Schlagzeile dieses Artikels?
- Wie heißt die Unterzeile?
- Wie heißt die Bildunterschrift?
- Wie heißt der Vorspann?

3 Wie viele Spalten hat dieser Artikel? Kreuzt an.

☐ eine Spalte ☐ zwei Spalten ☐ drei Spalten

4 Bringt Zeitungen mit. Wählt einen Zeitungsartikel aus und beschriftet ihn mit den Fachbegriffen aus Aufgabe 1.
Oder: Schreibt die Fachbegriffe auf Zettel und ordnet sie den passenden Stellen im Artikel zu.

© 2021 Cornelsen Verlag GmbH, Berlin. Alle Rechte vorbehalten.

Über Arbeitsvorhaben sprechen

1 Was haben die Kinder vor? Tauscht euch aus.

2 Plant eine Klassenzeitung für eure Klasse.
Erstellt eine Themenliste.
Worüber wollt ihr berichten?

3 Stellt eure Ergebnisse vor.

4 Plant eine Klassenzeitung für eure Klasse.

- Verteilt die Aufgaben: Wer macht was wann?
- Einigt euch auf einen Abgabetermin.

Haltet eure Absprachen auf einem Plakat fest.

Themenliste:

____

____

____

____

____

____

© 2021 Cornelsen Verlag GmbH, Berlin.
Alle Rechte vorbehalten.

Ein Interview planen

1 Lest den Text. Worum geht es?

☐ Um ein Interview ☐ Um einen Bericht

Wenn du ein **Interview*** führen möchtest, solltest du es gut vorbereiten. Dann kannst du es mit einem Gesprächspartner durchführen. Anschließend überarbeitest du das Interview. Danach kannst du es veröffentlichen.

* sprich: Interwju

2 Was ist bei der Planung eines Interviews wichtig? Ordnet zu und markiert die Sätze aus den Kästen in den passenden Farben.
Oder: Schreibt die Sätze aus den Kästen auf Zettel und sortiert sie. Klebt sie auf ein Plakat.

1. Vorbereitung des Interviews	2. Durchführung des Interviews	3. Überarbeitung des Interviews für die Veröffentlichung

Einen Termin mit dem Gesprächspartner vereinbaren.

Unterbrechen, wenn der Gesprächspartner vom Thema abschweift.

Den Gesprächspartner begrüßen.

Nachfragen, wenn die Antwort unklar ist.

Sinnvolle W-Fragen überlegen und aufschreiben.

Die Rechtschreibung überprüfen.

Die Fragen und Antworten abtippen.

Die Antworten aufnehmen.

Sich bedanken.

Fragebogen, Stift und Aufnahmegerät mitbringen.

© 2021 Cornelsen Verlag GmbH, Berlin.
Alle Rechte vorbehalten.

Ein Interview führen

1 Lies die Fragen in den Sprechblasen. Welcher Person kannst du welche Frage stellen? Verbinde.

1. Seit wann sind Sie Bürgermeisterin unserer Stadt?

2. Welche Aufgaben gehören zu Ihrer Arbeit als AG-Leiter?

3. Welche Themen besprecht ihr gerade im Schülerrat?

4. Was machen Sie in Ihrer Freizeit?

A Herr Binder | **B** Lisa aus der 4a | **C** Frau Nüsser

2 Welche Frage aus Aufgabe 1 könnt ihr mehreren Personen stellen? Tauscht euch aus.

Frage ☐

© 2021 Cornelsen Verlag GmbH, Berlin. Alle Rechte vorbehalten.

3 Lest die Fragen in den Kästen. Bei welcher Frage erhaltet ihr mehr Informationen? Tauscht euch aus. Markiert die Frage.

Herr Binder, arbeiten Sie an unserer Schule?

Herr Binder, welche Aufgaben haben Sie an unserer Schule?

4 Bereitet ein eigenes Interview vor.
- Findet einen Gesprächspartner und vereinbart einen Termin.
- Überlegt euch W-Fragen und schreibt sie auf.
- Prüft, ob auf alle W-Fragen sinnvolle Antworten möglich sind.
- Verteilt die Rollen.
- Schreibt eine Liste mit Dingen, die ihr erledigen oder besorgen müsst.

Interview mit Herrn Binder
am 7. Juni um 11.00 Uhr
in der Aula
Fragen:
1. Herr Binder, seit wann arbeiten Sie als AG-Leiter an unserer Schule?
2. ...

Hanna: Stift, Block
Tiago: Tablet für Fotos

5 Führt euer Interview durch.

6 Tippt eure Fragen und Antworten ab. Überprüft die Rechtschreibung.

Einen Bericht schreiben

1 Lies den Bericht von Marie und Maxi. Wovon handelt er?

☐ Von einem Schulfest ☐ Von einem Klassenfest

Unser Klassenfest
Wieder einmal trafen wir uns mit unseren Eltern und Geschwistern zu leckerem Kuchen, Wasser und Apfelschorle nachmittags in der Schule. Unser Klassenfest stand an. Mit unserer Klassenlehrerin Frau Herbst hatten wir einen kleinen Auftritt geplant. Dafür haben wir ausgiebig geprobt. Wir spielten dem begeisterten Publikum „Es war eine Mutter, die hatte vier Kinder“ vor. Jeder von uns hatte dabei eine Plastikröhre in den Händen und schlug an den richtigen Stellen des Liedes den Ton an. Das Highlight war unser Trommeln mit Drumsticks auf Eimern. „Ich lieb den Frühling“ kam beim Publikum besonders gut an. Dies war unser letztes Klassenfest mit unseren Familien in der Grundschulzeit.
Marie und Maxi, 4b

2 Seht euch den Tipp an. Lest dann noch einmal den Bericht. Prüft, ob alle Hinweise im Bericht umgesetzt wurden. Kreuzt dies in der roten Spalte an.

Tipp	Aufgabe 2	Aufgabe 4
• Schreibe über ein Ereignis, das wirklich passiert ist.	☐	☐
• Finde eine Überschrift, die auf das Ereignis hinweist.	☐	☐
• Beantworte die W-Fragen:		
Was ist geschehen?	☐	☐
Wann und **wo** fand das Ereignis statt?	☐	☐
Wer war dabei?	☐	☐
Wie war der Ablauf?	☐	☐
• Beachte die zeitliche Reihenfolge.	☐	☐
• Schreibe kurz, sachlich und ohne wörtliche Rede.	☐	☐
• Schreibe im Präteritum.	☐	☐

3 Sammelt Themen für Berichte, die in eurer Klassenzeitung abgedruckt werden sollen. Verteilt die Themen.

4 Schreibe einen Bericht zu deinem Thema. Sieh dir den Tipp an. Kreuze in der grünen Spalte an, was du beachtest hast. Ergänze deinen Bericht, wenn nötig.

5 Überarbeite deinen Bericht in einer Schreibkonferenz.

© 2021 Cornelsen Verlag GmbH, Berlin.
Alle Rechte vorbehalten.

Gewusst wie: Das Layout gestalten

Nachdem ihr die Artikel ausgewählt habt, die in eurer Klassenzeitung erscheinen sollen, könnt ihr beginnen, das Layout der Klassenzeitung zu gestalten.

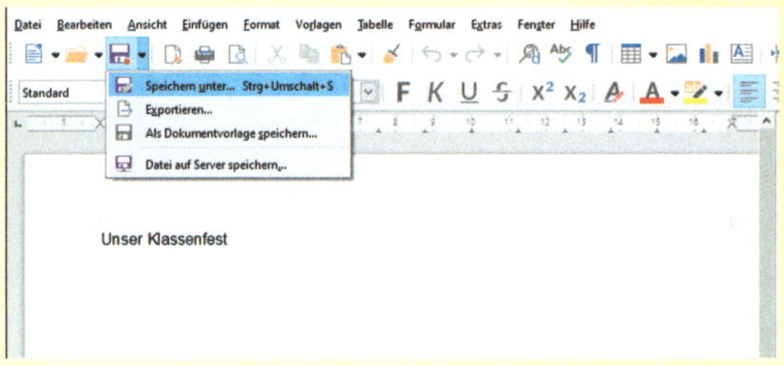

Öffne das Schreibprogramm am Computer. **Gib der Datei einen Namen** und **speichere** sie. **Tippe deinen Artikel** fehlerfrei **ab. Kontrolliere** mithilfe des Rechtschreibprogramms.
Diese Datei ist deine Originaldatei.

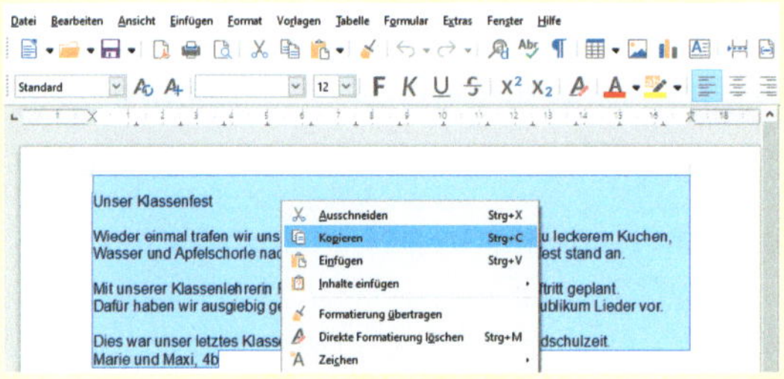

Markiere deinen **gesamten Artikel**. **Kopiere ihn** und füge ihn **in eine neue Datei** ein. **Gib der Datei ebenfalls einen Namen** und **speichere** sie.
Der Name muss sich vom Namen deiner Originaldatei unterscheiden.

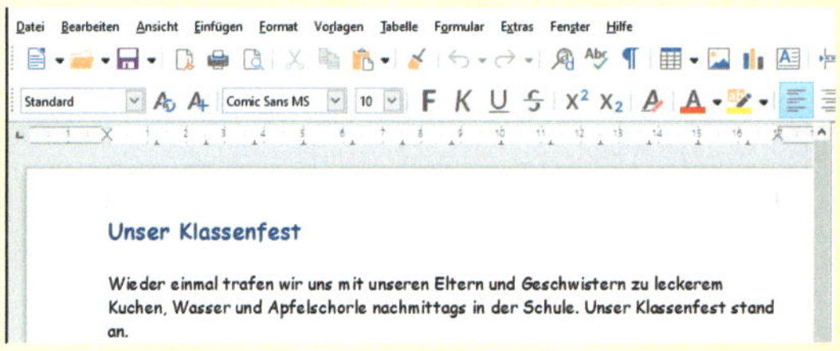

In deiner neuen Datei kannst du **deinen Artikel** nun **bearbeiten**.
Du kannst die **Art**, die **Größe** und die **Farbe der Schrift** verändern.

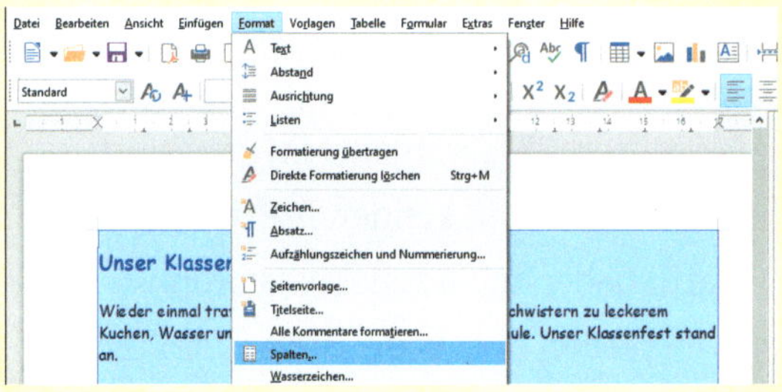

Du kannst deinen Text auch **in mehrere Spalten** setzen. **Markiere** dazu deinen **gesamten Text** und **klicke in der Menüleiste auf Format**.

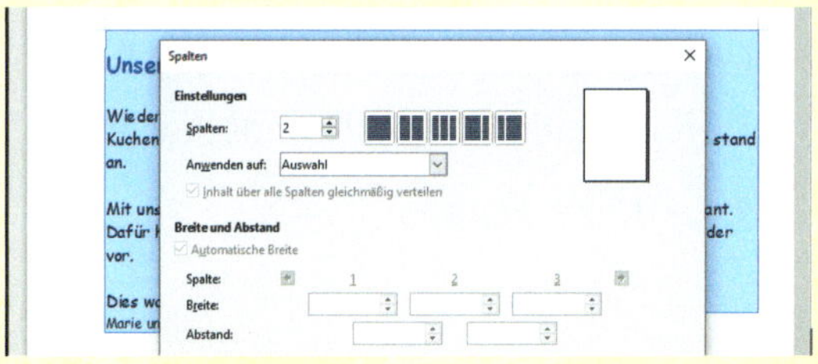

Klicke dann **auf Spalten**. **Wähle aus**, in wie vielen Spalten der Text dargestellt werden soll. Nun erscheint dein Text in Spalten. **Speichere** deine Datei erneut.

So gestalte ich nach und nach alle Seiten der Klassenzeitung.

Was ist wichtig, wenn du das Layout einer Zeitung gestaltest? Kreuze an.

- ☐ Ich speichere die Datei.
- ☐ Ich kann die Schriftart, die Größe und die Farbe des Textes am Computer verändern.
- ☐ Ich kann einen Text in zwei Spalten setzen.
- ☐ Ich speichere meine Dateien nicht ab.

© 2021 Cornelsen Verlag GmbH, Berlin.
Alle Rechte vorbehalten.

1 Tippe den Artikel am Computer ab. Achte dabei auf die Rechtschreibung. Speichere die Datei unter dem Namen **Unser_Klassenfest** ab.

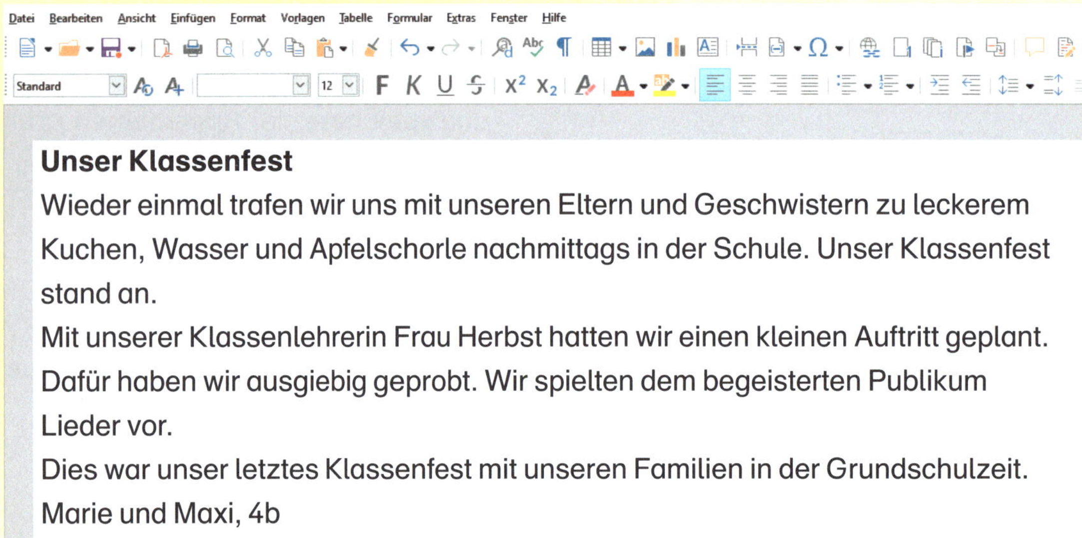

Unser Klassenfest

Wieder einmal trafen wir uns mit unseren Eltern und Geschwistern zu leckerem Kuchen, Wasser und Apfelschorle nachmittags in der Schule. Unser Klassenfest stand an.

Mit unserer Klassenlehrerin Frau Herbst hatten wir einen kleinen Auftritt geplant. Dafür haben wir ausgiebig geprobt. Wir spielten dem begeisterten Publikum Lieder vor.

Dies war unser letztes Klassenfest mit unseren Familien in der Grundschulzeit.

Marie und Maxi, 4b

2 Markiere den abgetippten Artikel und kopiere ihn in eine neue Datei. Speichere die Datei unter dem Namen **Unser_Klassenfest_bearbeitet** ab.

3 Bearbeite den Artikel. Wähle eine andere Schriftart. Ändere die Schriftgröße. Verändere die Farbe der Schrift.

4 Setze deinen Text in zwei Spalten. Markiere dazu deinen Text und klicke in der Menüleiste auf Format. Klicke dann auf Spalten und wähle **Zwei** aus. Nun sieht dein Text so aus:

Unser Klassenfest

Wieder einmal trafen wir uns mit unseren Eltern und Geschwistern zu leckerem Kuchen, Wasser und Apfelschorle nachmittags in der Schule. Unser Klassenfest stand an.

Mit unserer Klassenlehrerin Frau Herbst hatten wir einen kleinen Auftritt geplant. Dafür haben wir ausgiebig geprobt. Wir spielten dem begeisterten Publikum Lieder vor.

Dies war unser letztes Klassenfest mit unseren Familien in der Grundschulzeit.

Marie und Maxi, 4b

5 Gestaltet alle Seiten eurer Klassenzeitung. Besprecht, wie viele Exemplare ihr benötigt und wo die Zeitung gedruckt werden soll.

Anzahl der Exemplare: ☐

Druck: ______________________________

____

© 2021 Cornelsen Verlag GmbH, Berlin. Alle Rechte vorbehalten.

Das Dativobjekt

1 Lies die Sätze.
Beantworte die Frage nach dem Dativobjekt.

Jonas zeigt Lena eine Seite der Klassenzeitung.
Wem zeigt Jonas eine Seite der Klassenzeitung? Lena.

Das Layout der Seite gefällt ihr sehr gut.
Wem gefällt das Layout der Seite sehr gut? ______

Jonas und Lena wollen die Seite ihren Mitschülern zeigen.
Wem wollen Jonas und Lena die Seite zeigen? ______

2 Frage in jedem Satz mit **Wem?** nach dem Dativobjekt.
Schreibe die Fragen mit den passenden Antworten auf.
Markiere das Fragewort und das Dativobjekt.

Fatma bietet Jonas und Lena ihre Hilfe an.

Wem bietet Fatma ihre Hilfe an?

Jonas und Lena.

Sie gibt ihnen noch einen Hinweis für das Layout.

______

______

Der Hinweis hilft den beiden weiter.

______

______

Jonas dankt seiner Mitschülerin dafür.

______

______

Merksatz

Das Dativobjekt (Ergänzung im 3. Fall) ist ein Satzglied im Wem-Fall.
Nach dem Dativobjekt fragt man mit Wem?.
Wem** zeigt Jonas die Klassenzeitung? **Lena.

© 2021 Cornelsen Verlag GmbH, Berlin.
Alle Rechte vorbehalten.

3 Lies die Sätze. Schreibe nur die vier Sätze ab, in denen es ein Dativobjekt gibt.

Nach und nach gestalten die Kinder alle Seiten der Klassenzeitung. Am Ende geben sie der Lehrerin ein fertiges Exemplar. Sie freut sich sehr über die tolle Gestaltung. Die Lehrerin gibt ihnen noch einen Tipp. „Der letzte Artikel passt super in die Stadtteilzeitung. Ihr könntet der Redakteurin Frau Tholen einen Ausdruck davon geben." „Das kann ich übernehmen", sagt Jonas. „Sie ist meine Nachbarin." Am Nachmittag bringt er ihr den Ausdruck vorbei.

4 Schreibe fünf eigene Sätze über die Arbeit an eurer Klassenzeitung.
Oder: Schreibe fünf Sätze zu einem anderen Thema. Markiere das Dativobjekt.

© 2021 Cornelsen Verlag GmbH, Berlin. Alle Rechte vorbehalten.

Gesprochene und geschriebene Sprache

1 Lies die Sätze. Was fällt dir auf?

___

___

___

Hey Natalia, ich würde gern ein Interview mit dir machen, okay?

Was ist in deiner Grundschulzeit am coolsten gewesen?

Marlo führte ein Interview mit Natalia durch.

Er fragte sie nach den schönsten Erlebnissen in ihrer Grundschulzeit.

Ach, mega ist unsere Klassenfahrt gewesen. Auch, weil die 4b dabei gewesen ist. Und Frau Oelkers ist da echt krass gewesen.

Natalia fand die Klassenfahrt mit Frau Oelkers und der Parallelklasse 4b am schönsten.

Was würdest du in den letzten Wochen noch gern machen? Und warum?

Außerdem wollte Marlo erfahren, was seine Mitschülerin in den letzten Schulwochen noch gern unternehmen würde.

Hmh, das Kochen hat mir megagut gefallen, weil die Suppe echt lecker geschmeckt hat. Ich würde gern noch mal kochen.

Das gemeinsame Kochen gefiel Natalia gut, weil die Suppe sehr gut schmeckte. Deswegen würde sie gern noch einmal kochen.

2 Wodurch unterscheiden sich die Texte in den Sprechblasen von den Texten in den Kästen? Tauscht euch aus.

3 Lest die Wörter in den Kästen. Gehören sie zur gesprochenen oder zur geschriebenen Sprache? Tauscht euch aus. Begründet. Markiert Wörter, die zusammengehören.

cool · sich entspannen · checken · keine Lust · verstehen

jemanden ärgern · sehr gut · dissen · chillen · kein Bock

Hör genau hin, wenn dir jemand etwas erzählt. Wie oft spricht die Person ihren Satz nicht zu Ende? Berichte.

© 2021 Cornelsen Verlag GmbH, Berlin. Alle Rechte vorbehalten.

Anredepronomen

1 Lest die Briefe. Was fällt euch auf?

Liebe Frau Steinberg,
wir möchten uns bei ***Ihnen*** *als unsere Schulleiterin für die schöne Grundschulzeit bedanken.*
Wir hatten immer viel Spaß mit ***Ihnen****.*
Viele Grüße
Ihre *Klasse 4b*

Liebe Kinder unserer Patenklasse 2b,
wir möchten uns bei ***euch*** *für die schöne Grundschulzeit bedanken.*
Wir hatten immer viel Spaß mit ***euch****.*
Viele Grüße
eure *Klasse 4b*

2 Setze die Anredepronomen aus dem Kasten in den Brief ein.

Ihrer • Sie • Ihre • Ihnen • Sie • Ihnen

Sehr geehrte Frau Bürgermeisterin Nüsser,
wir aus der Klasse 4b haben unsere Grundschulzeit nun bald beendet. Dennoch haben wir ein Anliegen an __________. In den großen Pausen spielen wir sehr gern Fußball. Viele Kinder aus unserer Patenklasse 2b spielen mit uns. Mittlerweile sind wir so viele geworden, dass der Platz mit den zwei Toren nicht mehr ausreicht. Wäre es möglich, dass __________ für unseren Pausenhof einen Basketballkorb anschaffen?

Wir Kinder liegen __________ bestimmt am Herzen.

Mit __________ Unterstützung hätten wir bald die Möglichkeit, auch einmal ein anderes Ballspiel zu spielen. Dann wäre es auf dem Fußballplatz weniger voll.

Über eine Rückmeldung von __________ würden wir uns sehr freuen.
Mit freundlichen Grüßen

__________ Klasse 4b

3 Schreibe einen Brief an eine Person deiner Wahl.
Achte auf die Anredepronomen.

Ich schreibe einen Brief an: ______________________________

Merksatz

In einem Brief oder einer E-Mail werden diese Anredepronomen großgeschrieben: **Sie**, **Ihre**, **Ihnen**, **Ihr**.
Die Anredepronomen **du**, **deine**, **dir**, **dein**, **dich**, **ihr**, **euch**, **eure** können groß- oder kleingeschrieben werden, aber in einem Brief immer einheitlich.

© 2021 Cornelsen Verlag GmbH, Berlin.
Alle Rechte vorbehalten.

Komma und Konjunktion

1 Lies die Sätze. Welche Wörter verbinden sie?

Lea faltet eine Tasche aus einer Zeitung. Sie möchte die Tasche verschenken.
Lea faltet eine Tasche aus einer Zeitung, denn sie möchte die Tasche verschenken.
Lea faltet eine Tasche aus einer Zeitung, weil sie die Tasche verschenken möchte.

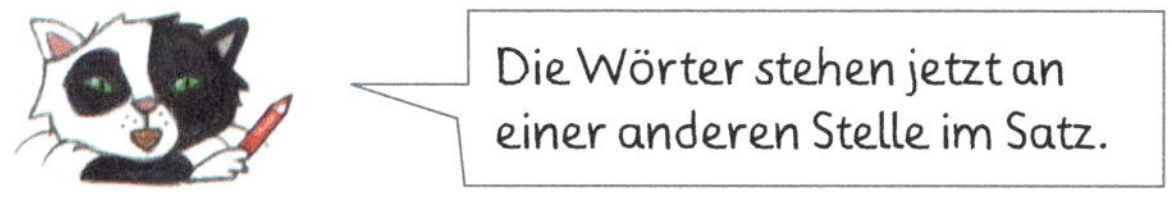

2 Schreibe die Sätze ab und setze die passende Konjunktion ein.
Markiere die Konjunktion und das Komma davor.

Tim sieht Lea beim Falten zu, (denn/aber) er möchte auch eine Tasche basteln.

Tim sieht Lea beim Falten zu, denn

Das Basteln gelingt Tim nicht, (sondern/obwohl) er genau zugesehen hat.

Lea zeigt ihm alles noch einmal, (damit/weil) es jetzt klappt.

Sie hat nun genug gebastelt, (wenn/aber) Kai und Omar möchten es auch lernen.

Merksatz

Mit einer Konjunktion (Bindewort) kann man zwei Sätze verbinden.
Vor den Konjunktionen **weil**, **denn**, **aber**, **obwohl**, **damit**, **wenn**, **sondern** und **falls** steht ein Komma.
*Lea faltet eine Tasche, **weil** sie die Tasche verschenken möchte.*

© 2021 Cornelsen Verlag GmbH, Berlin.
Alle Rechte vorbehalten.

3. Findet eine passende Konjunktion, um die Sätze zu verbinden.
Schreibe sie in den Kasten.

[denn]

Das Falten macht den Kindern Spaß.
Sie basteln gern.

[ ]

Die Zeitungstaschen sehen toll aus.
Das Falten war schwer.

[ ]

Die Faltanleitung kommt in die Klassenzeitung.
Alle können die Tasche nachbasteln.

[ ]

Die Kinder können Tim fragen.
Sie brauchen Hilfe.

[ ]

Die Kinder tippen die Anleitung am Computer ab.
Das ist viel Arbeit.

4. Verbindet die Sätze aus Aufgabe 3 mit der Konjunktion zu einem Satz.
Achtet auf das Komma.

Das Falten macht den Kindern Spaß, denn ______________________

____

____

____

____

____

____

____

____

Bringt Zeitungen mit und faltet Zeitungstaschen.

© 2021 Cornelsen Verlag GmbH, Berlin.
Alle Rechte vorbehalten.

Das kann ich schon

Rechtschreibtraining

Die Klasse 4a schreibt eine Klassenzeitung über ihre Grundschulzeit. Vier Schüler sind als Reporter unterwegs. Sie befragen ihre Mitschülerinnen und Mitschüler: „Was hat euch am besten gefallen?“ Die meisten sagen: „Unsere Klassenfahrt!“ Die Redakteurinnen und Redakteure schreiben Berichte über Ausflüge oder das Sportfest. Sie malen Bilder und führen Interviews durch. Zwei Schülerinnen entwerfen ein schwieriges Kreuzworträtsel. Auf der Redaktionssitzung entscheiden die Kinder gemeinsam, was auf welche Seite kommen soll. Mia und Tim arbeiten am Layout. Mia meint: „Eine Zeitungsseite zu gestalten ist ganz schön schwer!“ Die Kinder setzen manche Artikel zweispaltig. Sie verkleinern oder vergrößern einige Bilder und schieben sie an die passende Stelle. Anschließend werden alle Seiten ausgedruckt und gebunden. Am Ende ist eine interessante Klassenzeitung entstanden, die alle gern lesen.

© 2021 Cornelsen Verlag GmbH, Berlin.
Alle Rechte vorbehalten.

Anredepronomen

1 Setze die Anredepronomen aus dem Kasten in den Brief ein.

dich • du • deiner • du • dein • du • deinen

Liebe Ida,

ich habe mich sehr über ______ Brief gefreut,

vielen Dank! Hoffentlich wirst ______ bald wieder

gesund sein. Wir vermissen ______ in der Schule.

Wenn ______ wiederkommst, können wir endlich

wieder zusammen Basketball spielen. Mal abwarten, wie

viele Körbe ______ werfen wirst. Mit ______

neuen Wurftechnik schaffst du bestimmt sehr viele!

Viele Grüße

______ Paul

Übungswörter

der Artikel
das Interview
die Klassenzeitung
das Kreuzworträtsel
das Layout
der Redakteur
die Redaktionssitzung
der Reporter
sie führen durch
durchführen
vergrößern
verkleinern
passend
schwierig
zweispaltig

am besten
anschließend
ihre

Diese Seite fand ich:
○ leicht ○ mittel ○ schwer

2 Setze die Anredepronomen aus dem Kasten in den Brief ein.

Ihrer • Ihnen • Sie • Ihre • Ihnen • Sie • Ihre • Sie • Ihrer • Ihr

Sehr geehrter Herr Binder,

wir gehören zur blauen Gruppe im Ganztag. Unsere Stammgruppenleiterin Frau de Brosses hat immer viele tolle Ideen. Wir erleben viel mit ihr. Das gefällt uns sehr gut. Aber nun kommen wir mit einem Wunsch auf ______ zu. Bald findet wieder der Verkauf am „Stand der Schulen" auf dem Marktplatz statt. Der Erlös ist für kranke Kinder gedacht. Wir würden gern mit ______ Hilfe schöne Dinge aus Ton dafür herstellen. Diese könnten wir dann verkaufen. Außerdem würden wir so gern im Ganztag wieder einmal töpfern. Dafür bräuchten wir zwei Ballen Ton. Frau de Brosses meinte, dass wir ______ schreiben sollen. Nur ______ wissen, ob der Werkraum für uns frei wäre. Und: Wäre es ______ Meinung nach möglich, dass ______ Ton für uns besorgen könnten?

Wir brauchen ______ Hilfe und würden uns sehr über eine Rückmeldung von ______ freuen.

Mit freundlichen Grüßen

______ Hanna und ______ Carlos aus der Klasse 4a

© 2021 Cornelsen Verlag GmbH, Berlin. Alle Rechte vorbehalten.

Diese Seite fand ich:
○ leicht ○ mittel ○ schwer

Komma und Konjunktion

3 Schreibe die Sätze ab und setze die passende Konjunktion ein.
Markiere die Konjunktion und das Komma davor.

Tiago und Bilal rufen ihren Freund Leon, (aber/weil) sie mit ihm Basketball spielen möchten.

Tiago und Bilal rufen ihren Freund Leon, weil

Leon reagiert nicht, (denn/falls) er ist nicht im Klassenraum.

Tiago sucht ihn, (obwohl/damit) er eigentlich jetzt in die Pause gehen wollte.

Er findet ihn auf dem Flur, (denn/weil) er sich schon die Schuhe anzieht.

Leon spielt heute nur mit, (wenn/aber) Paul auch mitspielen darf.

Der Junge fragt seinen Freund Paul, (denn/weil) er am liebsten mit seinem besten Freund spielt.

Paul ist einverstanden, (obwohl/aber) er vorher noch etwas mit der Klassenlehrerin besprechen muss.

© 2021 Cornelsen Verlag GmbH, Berlin.
Alle Rechte vorbehalten.

Diese Seite fand ich:
○ leicht ○ mittel ○ schwer

Das Dativobjekt

4 Frage in jedem Satz nach dem Dativobjekt.
Schreibe die Fragen mit den passenden Antworten auf.
Markiere das Fragewort und das Dativobjekt.

Oma kauft ihrer Enkelin Greta beim Spaziergang ein Eis.

Wem kauft Oma beim Spaziergang ein Eis?

Ihrer Enkelin Greta.

Der Eisverkäufer reicht Greta das Eis.

Oma gibt dem Verkäufer einen Geldschein.

Er gibt ihr das Wechselgeld in Münzen zurück.

© 2021 Cornelsen Verlag GmbH, Berlin.
Alle Rechte vorbehalten.

Alle Strategien üben

Markiere die Fehlerwörter. Schreibe die passenden Strategiezeichen darüber.

Die Kinda entwarfen viele Saiten für ire Klassenzeitun.

Das tippen am Komputer hat lange gedauert und war viel arbeit. (7)

Schreibe nun beide Sätze richtig auf.

Diese Seite fand ich:
○ leicht ○ mittel ○ schwer

Jahreszeiten und Feste

backen

● Feier

● Lagerfeuer

zart

singen

● Feuerwerk

● Laub

gemütlich

schmücken

● Frühblüher

● Schmetterling

zufrieden

aufwirbeln

Übe die Wörter auf der Rückseite.

kühl

© 2021 Cornelsen Verlag GmbH, Berlin.
Alle Rechte vorbehalten.

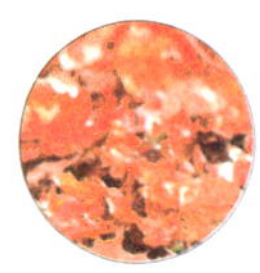

Kontrolliere mit der Vorderseite.

Alles richtig? ☐

Hier schreibe ich Wörter, Texte, Ideen und Fragen zum Bild auf.

© 2021 Cornelsen Verlag GmbH, Berlin.
Alle Rechte vorbehalten.

Durch das Jahr: Die Jahreszeiten

Frühling – Ich kann es kaum erwarten,
ich will jetzt in den Garten!
Erste Sonne, Tulpe, Krokus,
du verstehst, dass ich jetzt los muss?
Schneeglöckchen und Osterglocken,
Gänseblümchen, die mich locken.
Grüne Blättchen, warme Luft,
zart der erste Blütenduft.
Vögel, grad zurückgekehrt,
zwitschern völlig unbeschwert.
Es ist März! Da kann man nur
raus in die Natur!

Der Frühling beginnt am 20. März.
Im Frühling kehren die Zugvögel zurück.

Was begeistert dich am Frühling?

Sommer – Bin schon mal losgerannt,
ich will jetzt an den Strand!
Die Tage lang, die Sonne heiß,
Creme muss sein, jaja, ich weiß.
Erd- und Him- und Brombeeren essen,
Eis und Kirschen nicht vergessen.
Schmetterlinge und Libellen
glänzend durch die Lüfte schnellen.
Nur die Mücken nerven mich,
hab schon wieder einen Stich.
Juni, endlich! Ich will nur
raus in die Natur.

Der Sommer beginnt am 21. Juni.
Im Sommer geht die Sonne früher auf
und später unter.

Was unternimmst du im Sommer gern draußen?

© 2021 Cornelsen Verlag GmbH, Berlin.
Alle Rechte vorbehalten.

Herbst – Endlich weht der Wind so stark,
ich will jetzt in den Park.
Eicheln suchen, Drachen fliegen,
Kastanien finden, Schnupfen kriegen.
Kürbissuppe auf den Tisch,
dazu Pilze, auch ganz frisch.
Abends dann Laterne laufen,
mitten durch die Blätterhaufen.
Die Störche ziehn nach Afrika,
ganz genau wie letztes Jahr.
September ist's und ich will nur
raus in die Natur.

Der Herbst beginnt am 22. oder 23. September.
Die Blätter verfärben sich und fallen zu Boden.

Was ist für dich am Herbst besonders?

Winter – Und nun kommt der Winter dran.
Was ich dazu sagen kann?
Mütze, Handschuh, Stiefel, Schal,
Kratzesocken, eine Qual.
Sehr spät hell und sehr früh dunkel,
in der Nacht mal Sterngefunkel.
Aber dann: Es bimmeln Glöckchen
und es fallen weiße Flöckchen.
Schlitten fahren, Schneemann bauen,
Lieder singen, Plätzchen kauen.
Dezember ist's und lausekalt,
egal: Ich will jetzt in den Wald.

Eva Bade / Cordula Thörner

Der Winter beginnt am 21. oder 22. Dezember.
Die Tage sind im Winter kurz.

Was machst du im Winter gern drinnen?
Was machst du gern draußen?

© 2021 Cornelsen Verlag GmbH, Berlin.
Alle Rechte vorbehalten.

Quiz – alle Jahreszeiten

1 Lies die Fragen. Welche Antwort ist richtig?
Kreuze an und schreibe den Lösungsbuchstaben in das Kästchen.

Der erste Tag des Jahres ist immer … ☐

N der 31. Dezember. C der 1. Januar. D der 24. Dezember.

Unser Jahr ist eingeteilt in … ☐

F 362 Tage. K vier Jahreszeiten. P 51 Wochen.

Unsere Jahreszeiten entstehen durch … ☐

B die Drehung der Erde um sich selbst. Q die Drehung der Sonne.
E die Neigung der Erdachse.

Jede Jahreszeit dauert etwa … ☐

R zwei Monate. M drei Monate. O 6 Wochen.

Deutschland liegt … ☐

A auf der Nordhalbkugel. Z am Südpol. I auf der Südhalbkugel.

Auf der Südhalbkugel beginnt der Sommer genau … ☐

U zur gleichen Zeit. J eine Woche früher.
G um ein halbes Jahr versetzt.

Die Grenze zwischen Nord- und Südhalbkugel ist … ☐

L der Äquator. Y die Erdachse. X der Nullmeridian.

Wenn in Deutschland (Europa) Sommer ist, ist Winter … ☐

S in Italien. Y in Australien. T in der Türkei.

Wenn in Deutschland Herbst ist, ist in Frankreich … ☐

W Frühling. K Winter. H auch Herbst.

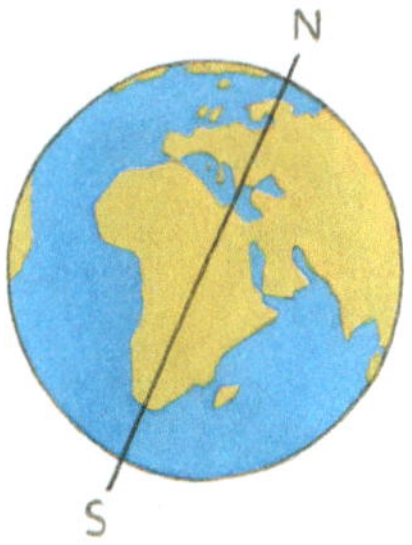

Am Äquator gibt es … ☐

E vier Jahreszeiten. N sechs Jahreszeiten.
V die Regenzeit und Trockenzeit.

Im Winter sind bei uns … ☐

O die Nächte länger als die Tage. C die Tage länger als die Nächte.
G Tage und Nächte nur 10 Stunden lang.

© 2021 Cornelsen Verlag GmbH, Berlin.
Alle Rechte vorbehalten.

Gleich lang sind bei uns die Tage und die Nächte …

V im Winter und Sommer. V in allen Jahreszeiten.
N im Frühling und Herbst.

Alle vier Jahre hat das Jahr nicht 365 Tage, sondern …

H zwei Tage mehr. P einen Tag mehr.
D einen Tag weniger.

Diese besonderen Jahre heißen …

Y Zusatzjahre. Q lange Jahre. B Schaltjahre.

Die längsten Ferien sind bei uns…

I im Sommer. R im Herbst. A im Frühling und im Winter.

Meine Lieblingsjahreszeit ist

J der Frühling. J der Sommer. J der Herbst. J der Winter.

2 Verbinde die Lösungsbuchstaben in der richtigen Reihenfolge.
Verbinde den letzten Lösungsbuchstaben mit dem ersten Buchstaben.

3 Trage die Himmelsrichtungen ein.

© 2021 Cornelsen Verlag GmbH, Berlin.
Alle Rechte vorbehalten.

Durch das Jahr: Der Jahreslauf

Die Welt ist allezeit schön

Im Frühling prangt die schöne Welt
in einem fast smaragdnen Schein.

Im Sommer glänzt das reife Feld
und scheint dem Golde gleich zu sein.

Im Herbste sieht man, als Opalen,
der Bäume bunte Blätter strahlen.

Im Winter schmückt ein Schein, wie Diamant
und reines Silber, Flut und Land.

Ja kurz, wenn wir die Welt aufmerksam sehn,
ist sie zu allen Zeiten schön.

Barthold Heinrich Brockes

Meine Farben zu den Jahreszeiten:

Gegenwart

Langsam wird es höchste Zeit:
Weg mit der Vergangenheit,
ich werde sie verlassen!
Ich schau nach vorn und nicht retour,
in Zukunft werde ich mich
nur mit Gegenwart befassen.
In Zukunft mit der Gegenwart?
Halt, Moment! Ist das gescheit?
In Zukunft ist die Gegenwart
doch wieder nur Vergangenheit.

Paul Maar

Was wünschst du dir für deine Zukunft?

© 2021 Cornelsen Verlag GmbH, Berlin.
Alle Rechte vorbehalten.

Durch das Jahr: Die Entstehung der Jahreszeiten

Wie entstehen die Jahreszeiten?

Die Jahreszeiten entstehen, weil die Erde um die Sonne kreist. Dazu benötigt sie ein Jahr. Während die Erde die Sonne umkreist, dreht sie sich auch um sich selbst. Dabei ist eine Seite der Erde der Sonne näher als die andere. Das liegt daran, dass die Erdachse schräg zur Sonne steht.

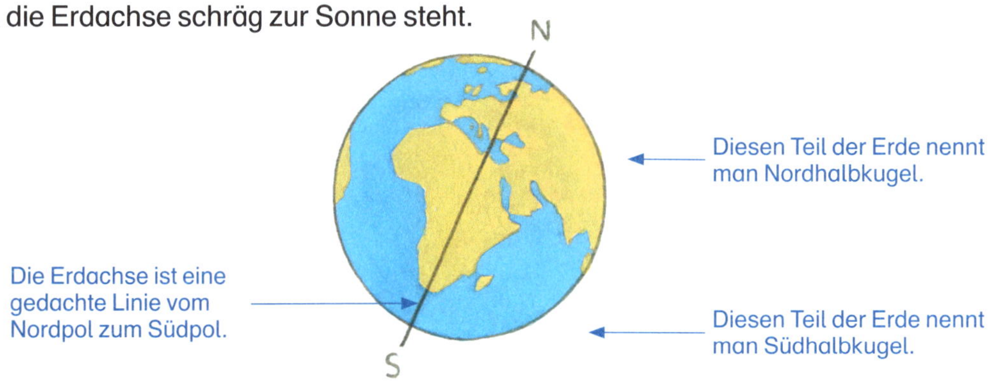

Deutschland liegt auf der Nordhalbkugel. Im Sommer neigt sich die Nordhalbkugel der Sonne entgegen. Die Sonne steht mittags hoch am Himmel. Darum sind die Tage im Sommer lang und die Nächte kurz. Es ist warm, weil die Sonnenstrahlen steil auf die Erde fallen. Im Frühling und im Herbst sind Tag und Nacht gleich lang. Die Sonne steht auf der Nordhalbkugel und der Südhalbkugel gleich hoch, da sie seitlich auf die Erdachse trifft. Im Winter ist die Nordhalbkugel von der Sonne weggedreht. Es ist kalt, weil die Sonnenstrahlen flach auf die Erde fallen. Die Sonne steht mittags tiefer am Himmel. Darum sind die Tage kurz und die Nächte lang.

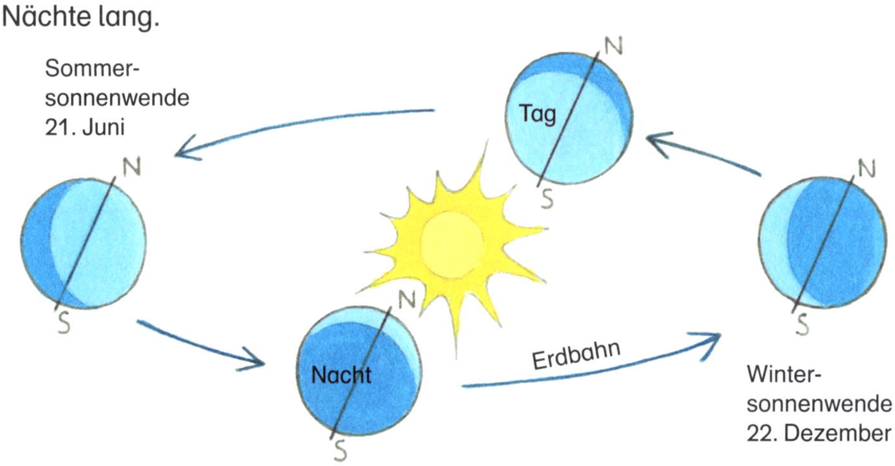

1 Kreuze die richtigen Aussagen an.

- [ ] Deutschland liegt auf der Südhalbkugel.
- [ ] Im Winter sind die Tage kurz.
- [ ] Die Erdachse ist immer zur Sonne hingeneigt.
- [ ] Wenn die Sonnenstrahlen flach auf die Erde fallen, ist es kälter.
- [ ] Wenn bei uns Winter ist, ist auf der Südhalbkugel Sommer.

© 2021 Cornelsen Verlag GmbH, Berlin.
Alle Rechte vorbehalten.

Märzküsse

Es kroküsst und es primelt
im Garten und am Bach.
Ein Spatzenpaar verkrümelt
sich selig unters Dach.

Paarweise wird gewandelt,
geturtelt und geküsst
und fröhlich angebandelt,
weil endlich Frühling ist.

Nun küsst der Wal die Walin,
die Nerzin küsst den Nerz,
ein Herr küsst die Gemahlin,
Kroküsse küsst der März.

James Krüss

© 2021 Cornelsen Verlag GmbH, Berlin.
Alle Rechte vorbehalten.

Einen Krokus basteln

Ihr könnt selbst einen Krokus basteln. Notiert euch, was ihr braucht.

Für einen Krokus brauchst du:

___

___

So wird es gemacht:

Durch das Jahr: Frühling

1 Löse das Rätsel. Wie heißt das Lösungswort?

____

Mit meiner Familie unternehme ich bei herrlichem A ______________________

unsere erste Radtour in diesem Jahr. Die B ______________________

wärmen uns. Unsere Radtour führt uns durch einen C ______________________.

Dort entdecken wir viele D ______________________.

Anschließend halten wir an einem Eiscafé und genießen das

erste E ______________________. Auf dem Rückweg

nach Haus fahren wir durch eine Apfelbaumplantage.

Die Bäume haben schon viele F ______________________.

Die G ______________________ schwirren herum

und bestäuben die Apfelblüten. Ob in diesem Jahr

viele leckere H ______________________ geerntet werden können?

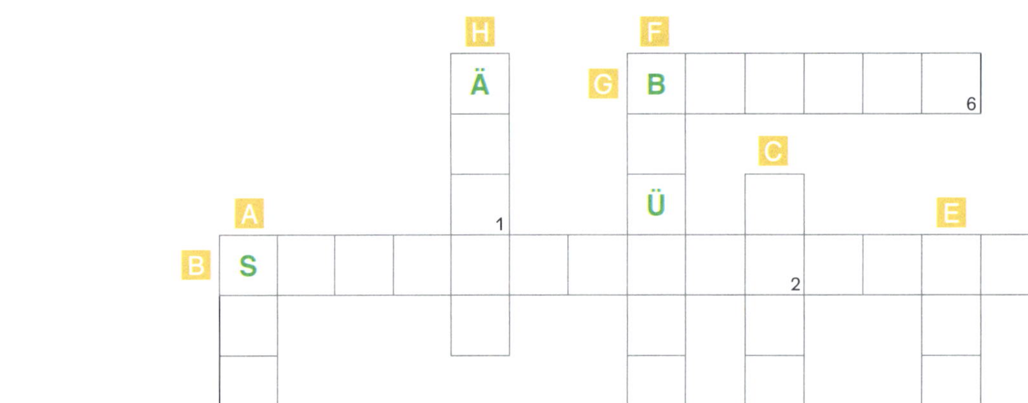

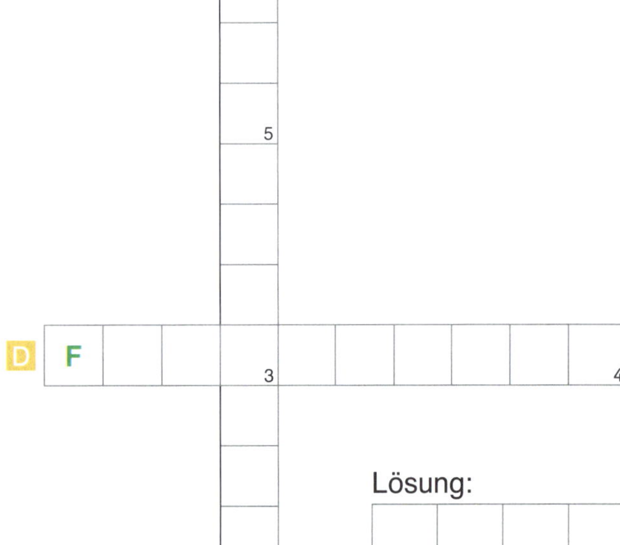

Lösung:

1	2	3	4	5	6

© 2021 Cornelsen Verlag GmbH, Berlin.
Alle Rechte vorbehalten.

Der Sommer

Er trägt einen Bienenkorb als Hut,
blau weht sein Mantel aus Himmelsseide,
die roten Füchse im gelben Getreide
kennen ihn gut.
Sein Bart ist voll Grillen. Die seltsamsten Mären
summt er der Sonne vor, weil sie's mag,
und sie kocht ihm dafür jeden Tag
Honig und Beeren.

Christine Busta

© 2021 Cornelsen Verlag GmbH, Berlin.
Alle Rechte vorbehalten.

Samenbomben herstellen

Mit Samenbomben kannst du die Umwelt bunter machen. Aus ihnen wachsen Blumen, die Hummeln und Schmetterlingen als Nahrungsquelle dienen. Du kannst Samenbomben ganz einfach selbst herstellen.

Für 6 Samenbomben brauchst du:

eine große Schüssel, einen Rührlöffel, 1 TL Blumensamen, 5 EL Tonerde oder zerkleinertes Katzenstreu, 5 EL Blumenerde, etwas Wasser

So wird es gemacht:

1. Vermische die Blumenerde mit den Blumensamen.
2. Füge die Tonerde oder das zerkleinerte Katzenstreu dazu.
3. Gib tröpfchenweise Wasser hinzu. Knete so lange, bis eine geschmeidige Masse entsteht. Achte darauf, dass die Masse nicht zu fest wird.
4. Forme aus der Masse kleine Kugeln.
5. Lass die Kugeln einige Tage trocknen.
6. Pflanze die fertigen Samenbomben ein. Bedecke sie zur Hälfte mit frischer Erde und gieße sie regelmäßig.

Welche Insekten fliegen noch im Sommer?

Durch das Jahr: Sommer

Es gibt viele verschiedene Bienen. Die Honigbiene wird von Menschen in Bienenstöcken gehalten und gezüchtet. Alle anderen Bienen sind Wildbienen. In Deutschland leben über 570 verschiedene Wildbienenarten. Sie alle sehen anders aus, bewohnen verschiedene Lebensräume und haben verschiedene Lebensweisen. Auch die Hummel gehört zu den Wildbienen.

Alle Wildbienen sind wichtig für die Natur. Sie bestäuben Pflanzen wie zum Beispiel Äpfel, Erdbeeren, Gurken oder Kürbisse. Damit tragen sie dazu bei, dass es genug Obst und Gemüse gibt.

Doch es sterben viele Bienen, weil ihre Lebensräume zerstört werden oder Gift gespritzt wird, um Schädlinge zu bekämpfen.

Wildbienen sind, um zu überleben, auf Nahrung angewiesen. Im Garten und in der Stadt gibt es viele Möglichkeiten, für die Bienen einen Bienengarten oder eine Bienenweide anzulegen. In vielen Städten sieht man mehr und mehr bunte Bienenweiden oder Insektenhotels für Bienen.

Auch kleine Bienenweiden bieten den Bienen Nahrung und sehen schön aus.

Sammelt Ideen für Bienenweiden in eurer Schule oder bei dir zu Hause.

© 2021 Cornelsen Verlag GmbH, Berlin.
Alle Rechte vorbehalten.

Durch das Jahr: Herbst

Herbstlied

Melodie und Text: traditionell aus England
deutscher Text: Hannes Kraft

2. Herbst ist da, es ruhet die Zeit,
klingendes Lied wird still.
Will nichts mehr fragen,
will nichts mehr sagen,
Welt hat ein End und Ziel.

3. Autumn comes, the summer is past,
winter will come too soon.
Stars will shine clearer,
skies seem nearer,
under the harvest moon.

Welche Herbstlieder kennt ihr noch?
Singt sie gemeinsam und erstellt eine Herbstlieder-Hitliste.

Herbst

Herbstwindsausen,
Stürme brausen,
Blätter wirbeln durch die Luft.
Drachen fliegen,
Feuer liegen
im Kartoffelfeuerduft.

Graue Tage,
Wolkenplage,
düster ist´s und nebeltrüb.
Tropfennasse
Schnupfennase.
Herbst, du bist mir ja soo (?) lieb!

Elke Bräunling

© 2021 Cornelsen Verlag GmbH, Berlin.
Alle Rechte vorbehalten.

Durch das Jahr: Herbst

Herbstzeit – Gespensterzeit

Warum geht es eigentlich gerade im Herbst oft um Hexen, Gespenster und Geister? Warum feiern wir Halloween mit Gruselgestalten und basteln Kürbis- oder Rübengeister?
Das liegt sicher nicht daran, dass im Herbst besonders viele Gespenster auftauchen. Nein, Gespenster gibt es nicht.
Aber im Herbst wird es früher dunkel und oft gibt es Nebel oder Regenwetter. Man sieht im Herbst also oft schlecht. Und wenn einem dann ein Tier oder eine Gestalt über den Weg läuft, stellt man sich leicht vor, es könnte ein Gespenst oder etwas Gruseliges sein. Das ist vor allem so, wenn man schon vorher daran glaubt, dass es Geister gibt.
Dazu haben Forscher folgendes Experiment gemacht. Zwei Gruppen von Menschen wurden durch ein altes Kino geführt. Der einen Gruppe sagte man, es würde dort spuken. Der zweiten Gruppe, dass das Kino renoviert werden sollte. Hinterher befragte man beide Gruppen, wie sie sich gefühlt hatten. Und natürlich hatten in der ersten Gruppe viel mehr Menschen geglaubt, irgendwo eine merkwürdige Spukerscheinung zu sehen.
Wenn im Herbst Nebelschwaden durch die Landschaft ziehen, sieht es auch manchmal so aus, als ob geheimnisvolle Gestalten unterwegs sind. Und wer daran glaubt, sieht dann mit Sicherheit Gespenster!

1 Wo hast du schon einmal geglaubt, Gespenster zu sehen?

___

___

___

Taschentuch-Gespenster

Das brauchst du:
weiße Papiertaschentücher oder Servietten
weiße Watte
weißes Nähgarn
schwarzer Stift

So wird es gemacht:
Aus Watte oder Papiertaschentüchern eine Kugel formen.
Die Kugel auf die ausgebreitete Serviette legen.
Das Tuch zusammennehmen und abbinden.
Das Gespenstergesicht aufmalen.

© 2021 Cornelsen Verlag GmbH, Berlin.
Alle Rechte vorbehalten.

Die Kälte

Nasreddin betrat an einem Wintertag mit seinem Freund Mehmet eine Teestube. Mehmet ging durch die Tür, Nasreddin folgte ihm und wollte sich zu seinem Freund an den Tisch setzen.
„Nasreddin! Du hast die Tür offen gelassen!“, rief Mehmet.
„Na und?“, fragte Nasreddin. „Ist das so schlimm, dass du gleich schreien musst?“
„Ja! Es ist kalt draußen!“, rief Mehmet.
„Und wenn ich die Tür zumache, ist es dann weniger kalt draußen?“, fragte Nasreddin.

Paul Maar

© 2021 Cornelsen Verlag GmbH, Berlin.
Alle Rechte vorbehalten.

Winterliche Zungenbrecher

Hundert Schlittenhunde ziehen
hundert Hundeschlitten.

Wenn der Winter wesentlich wärmer wäre,
würden die Würmer wesentlich weniger frieren.

Paul Maar

Erfinde selbst einen Zungenbrecher.

Durch das Jahr: Winter

1 Was ist ES? Löse die Rätsel zum Bild.

ES sammelt im Herbst Vorräte.
ES hält Winterruhe.
ES wacht nur selten auf, um etwas zu fressen.
ES ist ein Meister im Klettern.

ES ist ______________________

____

von Julius, 4a

ES ist im Schlamm eingegraben.
ES ist in Winterstarre. ES braucht mehrere Schritte, bis ES sich entwickelt hat. Es lebt meistens in Gewässern.

ES ist ______________________

____

von Emilio, 4a

ES lebt meistens im Wald.
ES ist braun.
ES versteckt sich.
Wenn ES Junge hat, heißen sie Kitze.

ES ist ______________________

____

von Nesrin, 4a

Dein ES-Rätsel:

____

____

____

____

____

von ______________________

© 2021 Cornelsen Verlag GmbH, Berlin. Alle Rechte vorbehalten.

Das große Quiz

Kinder dieser Welt

Aus welchem Land kommt Claire?

K England | L Irland | M Schottland

Im Wald

Wer hat das Buch Ronja Räubertochter geschrieben?

T Andreas Steinhöfel | A Joanne K. Rowling | E Astrid Lindgren

Sonne, Mond und Sterne

Welcher Astronaut landete zuerst auf dem Mond?

U Neil Armstrong | D Alexander Gerst | F Ulf Merbold

Drachen

Wie heißt der Ort, an dem Siegfried den Drachen besiegte?

R Drachenburg | B Drachenschlucht | C Drachenfels

Mädchen und Jungen

Für welche Themen interessieren sich Kinder am meisten?

A Kleidung/Mode | H Freunde/Freundschaft | S Umwelt/Natur

Strom überall

Was zählt zu den erneuerbaren Energiequellen?

T Sonne | N Erdöl | Z Kohle

Vom Leben der Wale

Welcher Wal ist das größte Wirbeltier der Welt?

D Blauwal | B Pottwal | G Buckelwal

Fahrrad

Was bedeutet dieses Verkehrszeichen?

C Verbot für den Radverkehr | I Radweg | L Fahrradstraße

Einfach genial!

Womit wird die Taschenlampe von Ann Makosinski allein betrieben?

J Körperbewegung | P Körpersprache | O Körperwärme

Eine Zeitung entsteht

Wie nennt man die digitale Ausgabe einer Zeitung?

K E-Book | D E-Paper | U Tablet

Jahreszeiten und Feste

Welche Biene ist keine Wildbiene?

E Honigbiene | C Mauerbiene | V Pelzbiene

Lösung: ☐☐☐☐☐☐☐☐☐☐☐

© 2021 Cornelsen Verlag GmbH, Berlin.
Alle Rechte vorbehalten.

	Lesen	Sprechen
Kinder dieser Welt	• Cartoon, Aufzählung und Kinderbuch lesen: S. 7/8 • Fragen beantworten: S. 9 • Sprachen verstehen: S. 10 • Informationen mit eigenen Worten wiedergeben: S. 11	• Über ein Thema sprechen: S. 12
Im Wald	• Gedicht, Sachtext und Kinderbuch lesen: S. 27/28 • Märchen kennen: S. 29/30 • Textinhalte mit Stichworten wiedergeben: S. 31	• Sich in Gesprächen aufeinander beziehen: S. 32
Sonne, Mond und Sterne	• Fabel, Gedicht und Kinderbuch lesen: S. 47/48 • Zwischenüberschriften finden: S. 49/50	• **Gewusst wie:** Informationen austauschen: S. 51/52
Drachen	• Erklärung, Fantasiegeschichte und Kinderbuch lesen: S. 67/68 • Fragen zu einem Text überlegen: S. 69/70 • Eine Sage kennenlernen: S. 71	• Über eine Sage sprechen: S. 72
Mädchen und Jungen	• Aufzählung, Klappentext und Kinderbuch lesen: S. 87/88 • Eine Szene spielen: S. 89 • Sich über Gefühle austauschen: S. 90 • Diagramme lesen: S. 91	• Meinungen diskutieren: S. 92
Strom überall	• Plakat, Steckbrief und Kinderbuch lesen: S. 107/108 • Informationen zusammenfassen: S. 109/110 • Einen Text in Handlung umsetzen: S. 111	• Redewendungen kennenlernen: S. 112
Vom Leben der Wale	• Gedicht, Schaubild und Kinderbuch lesen: S. 127/128 • Einen Text genau lesen: S. 129 • Überfliegendes Lesen: S. 130	• Über Leseerfahrungen sprechen: S. 131 • Medien gezielt auswählen: S. 132
Mein Fahrrad	• Abbildung, Sachtext und Kinderbuch lesen: S. 147/148 • Verkehrszeichen lesen: S. 149 • Zu einem Text Stellung nehmen: S. 150	• Aussagen begründen: S. 151 • Witze spielen: S. 152
Einfach genial!	• Zeitstrahl, Erklärung und Kinderbuch lesen: S. 165/166 • Eine Bauanleitung lesen: S. 167 • Eine Skizze und eine Funktionsbeschreibung lesen: S. 168 • Sich in einem Lexikon orientieren: S. 169	• Einen Podcast erstellen: S. 170
Eine Zeitung entsteht	• Aufzählung, Klappentext und Kinderbuch lesen: S. 183/184 • Ein Informationsmedium kennen: S. 185 • Fachbegriffe kennen: S. 186	• Über Arbeitsvorhaben sprechen: S. 187 • Ein Interview planen: S. 188
Jahreszeiten und Feste	• Gedichte, Lieder und Geschichten kennen, Anleitungen verstehen, Sachtexten Informationen entnehmen, Sprachen vergleichen: S. 203–216	

© 2021 Cornelsen Verlag GmbH, Berlin. Alle Rechte vorbehalten.

Texte schreiben	Sprache untersuchen	Richtig schreiben
• Eine Liste schreiben: S. 13 • Über ein Erlebnis schreiben: S. 14	• Wortarten: S. 15/16 • Nomen mit **heit**, **keit**, **nis**, **ung**: S. 17	• Wörter mit **aa**, **ee**, **oo**: S. 18 • Richtig abschreiben: S. 19/20 • **Strategie** Nomen und Satzanfänge großschreiben: S. 21 • **STARK** anwenden: S. 22
• Ein Rondell schreiben: S. 33 • Texte anschaulich schreiben: S. 34 • **Gewusst wie:** Texte überarbeiten: S. 35/36	• Wörtliche Rede und Begleitsätze: S. 37/38 • Nomen zusammensetzen: S. 39/40	• Wörter mit **lk**, **nk**, **rk** und **lz**, **nz**, **rz**: S. 41 • Wörter mit **o/ö** und **u/ü**: S. 42
• Einen Text planen: Wortmaterial sammeln: S. 53/54 • Zu einem Bild schreiben: S. 55	• Verben: Personalform und Wortstamm: S. 56 • Mit Adjektiven vergleichen: als und wie: S. 57	• Wörter mit **Eu** oder **eu**: S. 58 • Wörter trennen: S. 59/60 • **Strategie** Verwandte Wörter finden: S. 61 • **STARK** anwenden: S. 62
• Eine Geschichte aufbauen: S. 73/74 • Eine Fantasiegeschichte schreiben: S. 75	• Adjektive mit **ig**, **lich**, **isch**: S. 76 • Präsens und Präteritum: S. 77/78	• Wortstamm: S. 79 • Wörter mit **eu** oder **äu**: S. 80 • **Strategie** Wörter in Silben gliedern und abhören: S. 81 • **STARK** anwenden: S. 82
• Einen Buchinhalt zusammenfassen: S. 93 • Ein Buch schriftlich vorstellen: S. 94	• Subjekt und Prädikat: S. 95/96 • Geteiltes Prädikat: S. 97/98	• Komma bei Aufzählungen: S. 99 • Fremdwörter richtig schreiben: S. 100 • **Strategie** Schwierige Wörter merken: S. 101 • **STARK** anwenden: S. 102
• **Gewusst wie:** Eine Aufforderung schreiben: S. 113/114	• Präteritum und Perfekt: S. 115/116 • Adjektive mit **bar**, **los**, **sam**: S. 117	• Wichtige Wörter üben: S. 118 • Wörter mit **ss** oder **ß**: S. 119/120 • **Strategie** Länge des Selbstlautes prüfen: S. 121 • **STARK** anwenden: S. 122
• Einen Sachtext schreiben: S. 133/134 • Einen Comic fortsetzen: S. 135	• Verben mit Wortbausteinen: S. 136 • Futur: S. 137/138	• Wortfamilien: S. 139 • Wörter mit **ieren**: S. 140 • **Gewusst wie:** Fehlerwörter üben: S. 141/142
• Präpositionen verwenden: S. 153 • Einen Weg beschreiben: S. 154	• Aus Verben werden Nomen: S. 155/156 • Die Fälle des Nomens: S. 157/158	• Wörter mit **V** oder **v**: S. 159 • Wörter mit langem **i**: S. 160
• **Gewusst wie:** Einen Gegenstand beschreiben: S. 171/172	• Das Akkusativobjekt: S. 173/174 • Wörter erfinden: S. 175	• Wörter mit stummem **h**: S. 176 • Großschreibung von Nomen – Nominalgruppe: S. 177/178
• Ein Interview führen: S. 189 • Einen Bericht schreiben: S. 190 • **Gewusst wie:** Das Layout gestalten: S. 191/192	• Das Dativobjekt: S. 193/194 • Gesprochene und geschriebene Sprache: S. 195	• Anredepronomen: S. 196 • Komma und Konjunktion: S. 197/198

© 2021 Cornelsen Verlag GmbH, Berlin.
Alle Rechte vorbehalten.

Quellenverzeichnis

Textquellen

7 **Maxeiner, Alexandra:** Meine Klasse. Aus: Labor Ateliergemeinschaft (Hrsg.): Ich so du so. Alles super normal. Beltz & Gelberg in der Verlagsgruppe Beltz, Weinheim & Basel 2017

8 **Port, Moni:** Ich so, du so. Aus: Labor Ateliergemeinschaft (Hrsg.): Ich so du so. Alles super normal. Beltz & Gelberg in der Verlagsgruppe Beltz, Weinheim & Basel 2017 (Ausschnitt, verändert)

10 **Ahrens, Renate:** Hello Marie! Aus: Hello Marie – alles okay? Eine deutsch-englische Freundschaftsgeschichte. © Rowohlt Taschenbuch Verlag, Reinbek bei Hamburg 2007 (Ausschnitt, verändert)

27 **Kästner, Erich:** Wir sitzen nicht auf Thronen. Aus: Gedichte. Atrium Verlag, Zürich 1999

27 **Green, Jen:** Verschiedene Bäume. Aus: Bäume. Entdecke die verborgene Welt des Waldes. Übersetzt von Eva Sixt. Dorling Kindersley Verlag, München 2019 (Ausschnitt, verändert)

28 **Lindgren, Astrid:** Ronja Räubertochter. Übersetzt von Anna-Liese Kornitzky. Verlag Friedrich Oetinger, Hamburg 1982 (Ausschnitt, verändert)

29/30 **Grimm, Jacob und Wilhelm:** Rotkäppchen. Aus: Kinder- und Hausmärchen gesammelt durch die Brüder Grimm. In drei Bänden. Erster Band. Insel Verlag, Frankfurt am Main 1974 (verändert)

47 **Pang, Hannah:** Die Füchsin und der Wolf. Aus: Pang, Hannah: Der Mond. Mystische Geheimnisse und wissenschaftliche Fakten. Übersetzt von E. M. Hofmann. 360 Grad Verlag, Schriesheim 2018

47 **Claudius, Matthias:** Abendlied. Aus: Claudius, Matthias: Sämtliche Werke. Winkler, München 1968 (verändert)

48 **Pang, Hannah:** Bringen wir mal Licht ins Dunkel. Aus: Pang, Hannah: Der Mond. Mystische Geheimnisse und wissenschaftliche Fakten. Übersetzt von E. M. Hofmann. 360 Grad Verlag, Schriesheim 2018 (Ausschnitt)

67 **Rowling, Joanne K.:** Das Drachenei. Aus: Rowling, Joanne K.: Harry Potter und der Stein der Weisen. Übersetzt von Klaus Fritz. Carlsen Verlag GmbH, Hamburg 1998 (Ausschnitt, verändert)

68 **Rowling, Joanne K.:** Das Drachenbaby. Aus: Rowling, Joanne K.: Harry Potter und der Stein der Weisen. Übersetzt von Klaus Fritz. Carlsen Verlag GmbH, Hamburg 1998 (Ausschnitt, verändert)

69/70 **Funke, Cornelia:** Der Sturm. Aus: Funke, Cornelia: Drachenreiter. Cecilie Dressler Verlag GmbH und Co. KG, Hamburg 1997 (Ausschnitt, verändert)

87 **Reider, Katja:** Cool in 10 Tagen. Rowohlt Taschenbuch Verlag, Reinbek bei Hamburg 2019

88 **Reider, Katja:** Cool in 10 Tagen. Aus: Cool in 10 Tagen. Rowohlt Taschenbuch Verlag, Reinbek bei Hamburg 2019 (Ausschnitt, verändert)

89 **Steinhöfel, Andreas:** Inger. Aus: Andreas Steinhöfel: Froschmaul-Geschichten. © Carlsen Verlag GmbH, Hamburg 2006 (Ausschnitt, verändert)

90 **Steinhöfel, Andreas:** Froschmaul-Geschichten. © Carlsen Verlag GmbH, Hamburg 2006 (Ausschnitt, verändert)

91 Diagramme lesen. Aus: Medienpädagogischer Forschungsverband Südwest (Hrsg.): KIM-Studie 2018. Freizeit und Medien. Basis: alle Kinder, n = 1231 (Auszug, verändert)

93 **Steinhöfel, Andreas:** Paul Vier und die Schröders. © Carlsen Verlag GmbH, Hamburg 1992 (Ausschnitt)

108 **Novelli, Luca:** Die Erfindung des Lichts. Aus: Edison und die Erfindung des Lichts. Übersetzt von Anne Braun. © Arena Verlag, Würzburg 2006 (Ausschnitt, verändert)

127 **Kienle, Dela:** Was schwimmt denn da? Aus: Haie, Wale und Delfine. Ravensburger Buchverlag Otto Maier GmbH, Ravensburg 2018 (Ausschnitt, verändert)

128 **Dixon, Dougal:** Bühne frei für unsere Wale! Aus: Als die Wale laufen konnten und andere unglaubliche Spaziergänge durch die Evolution. Übersetzt von Susanne Schmidt-Wussow. Knesebeck GmbH & Co Verlag KG, München 2019 (Ausschnitt, verändert)

129 **Müller, Simone:** Aufgehorcht! Schweinswale beim Hörtest. Aus: GEOlino extra: Wale & Delfine. Gruner + Jahr GmbH & Co KG, Hamburg (56/2016) (Ausschnitt, verändert)

130 **Baur, Dr. Manfred:** Das Familienleben der Delfine. Aus: Wale und Delfine. Die sanften Riesen. WAS IST WAS. Bd. 85. Tessloff Verlag, Nürnberg 2013 (Ausschnitt, verändert)

132 **Englert, Sylvia:** Frag doch mal die Maus: Wale und Delfine. Carlsen Verlag GmbH, Hamburg 2019 (Ausschnitt, verändert)

132 **Sigg, Stephan:** Kein Plastik für den Wal – Lena kauft unverpackt. Camino im Verlag Katholisches Bibelwerk, Stuttgart 2019 (Ausschnitt, verändert)

148 **Marquardt, Sarah:** Darauf radeln wir. Aus: GEOlino extra: Rund ums Rad. Gruner + Jahr GmbH &Co KG, Hamburg (63/2017) (Ausschnitt, verändert)

165 **Marquardt, Sarah:** Was ist eigentlich eine Erfindung? Aus: GEOlino extra: Erfindungen. Gruner + Jahr GmbH & Co KG, Hamburg (40/2013) (Ausschnitt, verändert)

166 **Favilli, Elena; Cavallo, Francesca:** Ann Makosinski. Aus: Good Night Stories for Rebel Girls. 100 außergewöhnliche Frauen. Übersetzt von Birgitt Kollmann. © Carl Hanser Verlag GmbH & Co KG, München 2017 (verändert)

168 **Leitzgen, Anke M.; Grotrian, Gesine:** Müll. Forschen, Bauen, Staunen von A bis Z. Beltz & Gelberg in der Verlagsgruppe Beltz, Weinheim & Basel 2014 (Ausschnitt, verändert)

183 **Widmark, Martin:** Falschmeldungen im Valleby-Blatt. Aus: Detektivbüro LasseMaja. Das Zeitungsgeheimnis. Übersetzt von Maike Dörries. © Ueberreuter Verlag GmbH, Berlin 2014

184 **Widmark, Martin:** Das Zeitungsgeheimnis. Aus: Detektivbüro LasseMaja. Das Zeitungsgeheimnis. Übersetzt von Maike Dörries. © Ueberreuter Verlag GmbH, Berlin 2014 (Ausschnitt, verändert)

203/204 **Bade, Eva; Thörner, Cordula:** Die Jahreszeiten. Aus: Eselsbrücken. Merksätze, Gedichte und ganz viel Lustiges. Carlsen Verlag GmbH, Hamburg 2016 (verändert)

207 **Brockes, Barthold Heinrich:** Die Welt ist allezeit schön. Aus: Brockes, Barthold Heinrich: Auszug der vornehmsten Gedichte aus dem Irdischen Vergnügen in Gott. Mit einem Nachwort von Dietrich Bode. Metzler, Stuttgart 1965 (verändert)

207 **Maar, Paul:** Gegenwart. Aus: Gelberg, Hans-Joachim (Hrsg.): Großer Ozean. Gedichte für alle. Beltz & Gelberg in der Verlagsgruppe Beltz, Weinheim & Basel 2000

209 **Krüss, James:** Märzküsse. Aus: Der wohltemperierte Leierkasten. Gedichte für Kinder, Erwachsene und andere Leute. cbj, München 2013 (verändert)

211 **Busta, Christine:** Der Sommer. Aus: Die Sternenmühle. Gedichte für Kinder und ihre Freunde. Otto Müller Verlag, Salzburg 1959

213 Herbstlied. Aus: Wolter, Gottfried (Hrsg.): Ars Musica, Band 1, Singbuch. Musik und Text: traditionell aus England. dt. Text: Hannes Kraft. Möseler Verlag, Wolfenbüttel und Zürich 1962

213 **Bräunling, Elke:** Herbst. Aus: Hör mal, Oma! Ich schenk Dir ein Gedicht von Jahr und Tag. Selbstverlag 2013 (verändert)

215 **Maar, Paul:** Die Kälte. Aus: Das fliegende Kamel. Geschichten von Nasreddin Hodscha, neu erzählt von Paul Maar. Verlag Friedrich Oetinger GmbH, Hamburg 2010

215 **Maar, Paul:** Winterliche Zungenbrecher. Aus: Kakadu und Kukuda. Mit Gedichten, Geschichten und Spielen durchs ganze Jahr. Verlag Friedrich Oetinger GmbH, Hamburg 2016 (Ausschnitt)

© 2021 Cornelsen Verlag GmbH, Berlin. Alle Rechte vorbehalten.

Bildquellen

Bildkomposition der Collagen und dekorative Elemente (Pinnnadeln, Klebstreifen): Cornelsen/Sandra Knopke

S. 7 Comic: „Kann ich mal die Hautfarbe?" von Jörg Mühle, Stifte: Zuni & Kirsten Zubinski, aus: Labor Ateliergemeinschaft: Ich so du so, © 2017 Beltz & Gelberg in der Verlagsgruppe Beltz · Weinheim Basel.; **S. 8** Cover: Labor Ateliergemeinschaft: Ich so du so © 2017 Beltz & Gelberg in der Verlagsgruppe Beltz · Weinheim Basel.; **S. 9** o.: Shutterstock.com/Siriwatthana Chankawee, Mi.: mauritius images/Alamy/ Friedrich Stark, u.: picture alliance/AP Photo; **S. 12** Hände: Shutterstock.com/WindAwake; **S. 15** Papier: Shutterstock.com/RRice; **S. 19** Shutterstock.com/Paul Hakimata Photography; **S. 28** l.: Astrid Lindgren: Ronja Räubertochter: Das Gewitterkind, Verlag Friedrich Oetinger, Hamburg 2017., r.: Astrid Lindgren: Ronja Räubertochter, mit Illustrationen von Ilon Wikland, Verlag Friedrich Oetinger, Hamburg 1982.; **S. 29** l. u. r. u.: bpk/Knud Petersen; **S. 31** v. o. n. u. 1: Shutterstock.com/Milan Zygmunt, 2: Shutterstock.com/FOTOGRIN, 3: Shutterstock.com/Monkey Business Images, 4: Shutterstock.com/colourbird; **S. 42** stock.adobe.com/eric; **S. 48** Hannah Pang: Der Mond. Mystische Geheimnisse und wissenschaftliche Fakten, mit Illustrationen von Thomas Hegbrook, 360 Grad Verlag, Schriesheim 2018.; **S. 49** Kopernikus: Shutterstock.com/Nicku, Erde: Shutterstock.com/robert_s, u.: Shutterstock.com/Mia Shaly; **S. 50** v. o. n. u. 1: Shutterstock.com/Triff, 2: Shutterstock.com/Dotted Yeti, 3: Shutterstock.com/Triff, 4: Shutterstock.com/vovan; **S. 56** Shutterstock.com/Castleski; **S. 57** Gerst: mauritius images/alamy stock photo/NASA Photo, Tereschkowa: mauritius images/alamy stock photo/Pictorial Press Ltd, Hammock Koch: mauritius images/alamy stock photo/NASA Photo, Merbold: mauritius images/alamy stock photo/The NASA Library; **S. 60** stock stock.adobe.com/mzabarovsky; **S. 67** Ei: stock.adobe.com/Dario Lo Presti; **S. 68** Cover u. r.: Joanne K. Rowling, Harry Potter und der Stein der Weisen, © Carlsen Verlag GmbH, Hamburg 2005.; Cover u. l.: Joanne K. Rowling, Harry Potter und der Stein der Weisen, © Der Hörverlag, München 2008.; **S. 70** Cover: Cornelia Funke: Drachenreiter, mit Illustrationen von Cornelia Funke, Cecilie Dressler Verlag GmbH & Co. KG, Hamburg 1997.; **S. 72** Bildschirm: Shutterstock.com/RTimages; **S. 76** Shutterstock.com/Anna Kucherova; **S. 77** Shutterstock.com/Shamleen; **S. 87** u. r.: Katja Reider: Cool in 10 Tagen, mit Illustrationen von Anke Kuhl, © 2019 Rowohlt Verlag GmbH, Hamburg.; **S. 88** Illustration: Anke Kuhl, aus: Katja Reider: Cool in 10 Tagen, mit Illustrationen von Anke Kuhl, © 2019 Rowohlt Verlag GmbH, Hamburg.; **S. 89/90** Silhouetten: Peter Schössow; **S. 90** Buchcover: Andreas Steinhöfel: Froschmaul-Geschichten, mit Illustrationen von Peter Schössow, © Carlsen Verlag GmbH, Hamburg 2019.; Hörbuchcover: Andreas Steinhöfel: Froschmaul-Geschichten, mit Illustrationen von Peter Schössow, © Hörbuch Hamburg HHV GmbH, Hamburg 2015.; **S. 91** Diagramm KIM-Studie: Cornelsen/Heike Börner. Quelle: Medienpädagogischer Forschungsverband Südwest (Hrsg.): KIM-Studie 2018. Freizeit und Medien. S. 14.; **S. 93** Andreas Steinhöfel: Paul Vier und die Schröders, © Carlsen Verlag GmbH, Hamburg 2008.; **S. 94** Leseleine und Bilder in den Lupen: Cornelsen/Heike Börner; **S. 96** Shutterstock.com/ChameleonsEye; **S. 107** Fackel: Shutterstock.com/Only_NewPhoto, Kerze: Shutterstock.com/Aksenova Natalya, Petroleumlampe: stock.adobe.com/luna, Öllampe: stock.adobe.com/Maxal Tamor, LED: Shutterstock.com/eightstock, Energiesparlampe: stock.adobe.com/gradt, Papier u.: Shutterstock.com/RRice, Edison: Shutterstock.com/Everett Collection; **S. 108** Glühbirne: Shutterstock.com/Dja65; **S. 109** Handy: Shutterstock.com/Stanisic Vladimir, Lampe: Shutterstock.com/Emanuele Ravecca, Kühlschrank: Shutterstock.com/CoolPhotoGirl, Turbine: Shutterstock.com/Hywit Dimyadi, Generator: mauritius images/dieKleinert; **S. 110** Kraftwerk Querschnitt: Oliver Regener; Kraftwerk: Shutterstock.com/Viktorus, Solarzelle: Shutterstock.com/Smileus; **S. 111** Cornelsen/Peter Wirtz; **S. 115** Papier o. l.: Shutterstock.com/RRice; **S. 116** Shutterstock.com/eightstock; Autoscheinwerfer: Shutterstock.com/iviewfinder, Ampel: stock.adobe.com/USantos, Taschenlampe: Shutterstock/emodpk, Anzeigetafel: Shutterstock.com/alice-photo; **S. 117** Shutterstock.com/NicoElNino; **S. 119** mauritius images/Westend61; **S. 123** stock.adobe.com/Christian; **S. 125** Zielscheibe: Shutterstock.com/artyway; **S. 128** Papier u. l.: Shutterstock.com/RRice, Cover: Dougal Dixon: Als die Wale laufen konnten und andere unglaubliche Spaziergänge durch die Evolution, mit Illustrationen von Hannah Bailey, © Knesebeck GmbH & Co. Verlag KG, München 2019; **S. 129** stock.adobe.com/Colette; **S. 130** Papier o.: Shutterstock.com/RRice, u. r.: Shutterstock.com/vkilikov; **S. 132** Cover A: Sylvia Englert: Wale und Delfine, © Carlsen Verlag GmbH, Hamburg 2019.; Cover B: Stephan Sigg: Kein Plastik für den Wal – Lena kauft unverpackt, mit Illustrationen von Anna-Katharina Stahl; © Camino im Verlag Katholisches Bibelwerk, Stuttgart 2019.; Website (Hintergrund): Cornelsen/Klein & Halm; **S. 133** Shutterstock.com/Andreas Meyer; **S. 137** mauritius images/alamy stock photo/VWPics/Francois Gohier; **S. 139** mauritius images/Minden Pictures; **S. 143** Shutterstock.com/Prostock-studio; **S. 145** Müllwagen: stock.adobe.com/majorosl66, Fähre: stock.adobe.com/Jan Schuler; **S. 147** Draisine: stock.adobe.com/Sergey Kohl; **S. 148** BMX: stock.adobe.com/constantinos, Mountainbike: Shutterstock.com/stockphoto-graf, Rennrad: Shutterstock.com/steamroller_blues, u. l.: stock.adobe.com/Torsten, u. r.: stock.adobe.com/viennapro; **S. 149** alle Schilder: stock.adobe.com/sunt; **S. 150** Papier: Shutterstock.com/RRice; **S. 160** Shutterstock.com/Giacomo Pratellesi; **S. 165** Faustkeil: stock.adobe.com/Juan Aunión, Rad: Shutterstock.com/vilax, Pflug: stock.adobe.com/popov48, Buchdruck: Shutterstock.com/Dja65, Mikroskop: Shutterstock.com/Stockagogo Photos, Lok: Shutterstock.com/Umlaut1968, Dose: Shutterstock.com/Mega Pixel, Fahrrad: Shutterstock.com/Babich Alexander, Jeans: Shutterstock.com/Chiyacat, Auto: stock.adobe.com/Schepers_Photography, Klettverschluss: Shutterstock/Ekaterina43, Satellit: Shutterstock.com/Phonlamai Photo, Konsole: Shutterstock.com/Hector Sanchez, USB-Stick: Shutterstock.com/Anton Starikov; **S. 166** o.: dpa Picture-Alliance/ZUMAPRESS, u.: Elena Favilli und Francesca Cavallo, Good Night Stories For Rebel GirlS. 100 außergewöhnliche Frauen. Aus dem Englischen von Birgitt Kollmann © 2017 Carl Hanser Verlag GmbH & Co. KG, München 2017; **S. 167** Cornelsen/Heike Börner; **S. 168** o. l.: Shutterstock.com/Dave Turner, o. r. u. u.: aus: Tinkerbrain/Leitzgen/Grotrian, Forschen, bauen, staunen – Müll © 2014 Beltz & Gelberg in der Verlagsgruppe Beltz · Weinheim Basel.; **S. 169** Papier: Shutterstock.com/RRice, Wagenrad: Shutterstock.com/Zhou Eka, Speichenrad: Shutterstock.com/bergamont, Alurad: Shutterstock.com/Evannovostro; **S. 171** Shutterstock.com/Oleksandr_Delyk; **S. 172** o.: Shutterstock.com/Oleksandr_Delyk, u.: Shutterstock.com/Andy Dean Photography; **S. 173** Shutterstock/Farknot Architect; **S. 174** stock.adobe.com/svenabend; **S. 177** Shutterstock/Dragana Gordic; **S. 178** o.: Shutterstock.com/Oleksandr_Delyk, u.: mauritius images /Westend61; **S. 183** o.: Shutterstock.com/Fabio Principe, Papierboot u. -hut: Shutterstock.com/Aleksangel; **S. 184** Papier: Shutterstock.com/RRice, Cover: Martin Widmark: Detektivbüro LasseMaja, Das Zeitungsgeheimnis, mit Illustrationen von Helena Willis, © Ueberreuter Verlag GmbH, Berlin 2014.; **S. 186** Shutterstock.com/Syda Productions; **S. 190** Papier: Shutterstock.com/RRice; Zeichnung: Cornelsen/Christiane Bruns; **S. 191** Libre Office: The Document Foundation, Berlin; **S. 192** o.: Libre Office: The Document Foundation, Berlin; **S. 198** Cornelsen/Heike Börner; **S. 199** Shutterstock.com/Robert Kneschke; **S. 200** r.: Shutterstock.com/Helen Sushitskaya, l.: Shutterstock.com/UncleFedor; **S. 201** Shutterstock/Lightspring; **S. 209** Bastelanleitung: Cornelsen/Christiane Bruns; **S. 210** o.: stock.adobe.com/Jacek Chabraszewski, u.: Shutterstock/Real Moment; **S. 211** stock.adobe.com/gicku91; **S. 212** v.l.n.r.: Wollbiene und Holzbiene: stock.adobe.com/Eileen Kumpf, Pelzbiene: stock.adobe.com/Revilo Lessen, Maskenbiene: stock.adobe.com/Rainer Schmitz, Biene auf Blüte: stock.adobe.com/DrMathias, Bienenweide: stock.adobe.com/Susann Bausbach, Insektenhotel: stock.adobe.com/mmuenzl; **S. 213** Cornelsen/Heike Börner/Christiane Bruns; **S. 214** Shutterstock/Poleijphoto; **S. 217** stock.adobe.com/sunt

Registerblatt Kinder dieser Welt lächeln (2x): stock.adobe.com/Perednniankina, verstehen (2x): Shutterstock.com/Paul Hakimata Photography, sich erholen (2x): stock.adobe.com/EvgeniiAnd, gucken (2x): Shutterstock.com/Gelpi, Aussehen (2x): Shutterstock.com/wavebreakmedia, Mädchen mit Fächer: Shutterstock.com/clicksdemexico, Haar (2x): Shutterstock.com/Ohishiapply, Haut (2x): Shutterstock.com/Luis Louro, gleich (2x): Shutterstock.com/Lopolo, fröhlich (2x): stock.adobe.com/ruslanita, Wortkarten/deutsch/englisch (4x): Cornelsen/Sandra Knopke, Junge/Daumen hoch: Shutterstock.com/ESB Professional, Kind (2x): stock.adobe.com/Niks Ads, Weltkarte (2x): Shutterstock.com/IndianSummer, Windrose: stock.adobe.com/Waldemar Hölzer, Freiheitsstatue: stock.adobe.com/Fotowelt, Iglu: stock.adobe.com/koya979, Matrjoschka: stock.adobe.com/Tatjana Balzer, Löwe: Shutterstock.com/Eric Isselee, Pinguine: stock.adobe.com/Vladimir Seliverstov/Silver, Origami: stock.adobe.com/magann, Flagge, Berge (2x), Wellen, Tannen, Schiff: Cornelsen/Sandra Knopke; **Registerblatt Im Wald** spazieren (2x): stock.adobe.com/Sergey Novikov, finden (2x): Shutterstock.com/ROMAN KALISHCHUK, Eule: stock.adobe.com/Andreas, schützen (2x): Shutterstock.com/Alek-

© 2021 Cornelsen Verlag GmbH, Berlin.
Alle Rechte vorbehalten.

sey Boyko, pflanzen (2x): Shutterstock.com/A3pfamily, Mann mit Kettensäge/Baumstamm (2x): Shutterstock.com/Kletr, Eichhörnchen (2x): Shutterstock.com/VOJTa Herout, Laubbaum (2x): stock.adobe.com/Fotoschlick, hart (2x): Shutterstock.com/SOMCHAI BOONPUN, Fuchs/orange (2x): Shutterstock.com/Milan Zygmunt, Reh: Shutterstock.com/Erik Mandre, stachelig (2x): Shutterstock.com/Spayder pauk_79, matschig (2x): Shutterstock.com/Evtushkova Olga, Wurzel (2x): Shutterstock.com/varuna, Pilz (Foto): Shutterstock.com/Imagesine, Nadelbaum (2x): stock.adobe.com/by-studio, Hintergrund: Shutterstock.com/Dzmitrock, Blätter: Shutterstock.com/irur, dekorative Pilze, Vogel: Cornelsen/Sandra Knopke; **Registerblatt Sonne, Mond und Sterne** strahlen (2x): Shutterstock.com/paulista, abheben (2x): Shutterstock.com/3Dsculptor, betrachten (2x): Shutterstock.com/Celig, staunen (2x): Shutterstock.com/Lyubov Kobyakova, Milchstraße (2x): Shutterstock.com/Antares_StarExplorer, Mondsichel (2x): Shutterstock.com/Romolo Tavani, Sonnensystem/Planet (3x): Shutterstock.com/Mia Shaly, glühend (2x): Shutterstock.com/Triff, schwerelos (2x): Shutterstock.com/Vadim Sadovski, Mondzyklen (voll u. halb, je 2x): Shutterstock.com/Patryk Kosmider, Weltall (2x): Shutterstock.com/Triff, Stern (2x): Shutterstock.com/Tjeffersion, Satellit/Satellitenschüssel: Shutterstock.com/Vectorpocket, Erdkugel: Shutterstock.com/Art Alex, Hintergrund: Shutterstock.com/Phadangs; **Registerblatt Drache**n spucken (2x): stock.adobe.com/Elena Schweitzer, fauchen (2x): Shutterstock.com/Storozhenko, schlüpfen (2x): Shutterstock.com/zhekakopylov, angreifen/Ritter (3x): stock.adobe.com/xunantunich, Drache (2x): stock.adobe.com/Draco77, Echse (2x): Shutterstock.com/Anna Kucherova, Feuer (2x): Shutterstock.com/Duda Vasilii, schuppig (2x): Shutterstock.com/Jojo Textures, magisch (2x): stock.adobe.com/Style-o-Mat, schrecklich/zackig (3x): Shutterstock.com/DeepGreen, Ungeheuer/Kralle (3x): stock.adobe.com/igorkarlov, grün-gelber Drache, Vektor: Shutterstock.com/tereez, Drachenboote: Shutterstock.com/Shi Yali, Drachenlaterne: stock.adobe.com/toa555, Hintergrund (Buch): Shutterstock.com/LanKS, Sterne: Cornelsen/Sandra Knopke; **Registerblatt Mädchen und Jungen** ärgern (2x): Shutterstock.com/Littlekidmoment, sich versöhnen (2x): Shutterstock.com/TinnaPong, helfen (2x): Shutterstock.com/Poznyakov, mögen (2x): Shutterstock.com/lanych, Freundschaft (2x): Shutterstock.com/Pixel-Shot, Hobby (2x): Shutterstock.com/Prostock-studio, Kleidung (2x): Shutterstock.com/suerz, frech (2x): Shutterstock.com/Yganko, enttäuscht (2x): Shutterstock.com/SergiyN, witzig (2x): Shutterstock.com/DenisNata, unglücklich (2x): Shutterstock.com/Sabphoto, Streit (2x): Shutterstock.com/AMJonik.pl, Sport (2x): Shutterstock.com/Dean Clarke, Spaß (2x): Shutterstock.com/Monkey Business Images, Ballettschuhe: stock.adobe.com/Africa Studio, Roboter: stock.adobe.com/Vladislav Ociacia, Junge mit Tennisschläger: Shutterstock.com/SewCream, Junge im Rollstuhl: Shutterstock.com/Daisy Daisy, Filmstreifen: stock.adobe.com/stockpics, Doodle-Zeichnungen u. Hintergrund: Cornelsen/Sandra Knopke; **Registerblatt Strom überall** Glühlampe (2x): Shutterstock.com/Stefan Holm, leiten (2x): Shutterstock.com/patpitchaya, aufladen (2x): stock.adobe.com/radeboj11, einschalten (2x): Shutterstock.com/momoforsale, ausschalten (2x): Shutterstock.com/momoforsale, Leuchtmittel (3x): stock.adobe.com/stockphoto-graf, Kabel (2x): Shutterstock.com/Billion Photos, Kühlschrank (2x): stock.adobe.com/CoolGirl, sparsam (2x): Shutterstock.com/LvNL, elektrisch (2x): stock.adobe.com/Kara, erneuerbar (2x): stock.adobe.com/GO, nicht erneuerbar (2x): stock.adobe.com/maldesowhat, Steckdose (2x): Shutterstock.com/Mr Aesthetics, Spannung (2x): Shutterstock.com/Wall-e16, Solarzelle (2x): Shutterstock.com/Smileus, Taschenlampe: Shutterstock.com/Ignat Filippov, Laptop: stock.adobe.com/Patryk Kosmider, Saugroboter: stock.adobe.com/Andy, restliche Elemente (Notizzettel/Schwein, Sonne, Wolke, Smog, Hintergrund): Cornelsen/Sandra Knopke; **Registerblatt Vom Leben der Wale** abtauchen/Fluke/Ozean (4x): Shutterstock.com/Ethan Daniels, auftauchen (2x): stock.adobe.com/Sue Leonard, atmen (2x): stock.adobe.com/robertharding, retten (2x): stock.adobe.com/Image'in, Delfin/glatt (3x): stock.adobe.com/Asher, Finne/Schwertwal (2x): stock.adobe.com/Christian Musat, flink (2x): Shutterstock.com/Alex Stemmer, gewaltig (2x): stock.adobe.com/Musicman80, friedlich (2x): Shutterstock.com/ohrim, Wal (2x): Shutterstock.com/Igor Kruglikov, Kalb: mauritius images/alamy stock photo/VWPics/Francois Gohier, Plastikmüll: Shutterstock.com/Rich Carey, Walzeichnungen l. o.: Shutterstock.com/Varlamova Lydmila, Walarten r.: Shutterstock.com/Bodor Tivadar, dekorative Elemente (Seestern, Seetang, Wellen, Blasen): Cornelsen/Sandra Knopke; **Registerblatt Mein Fahrrad** klingeln (2x): stock.adobe.com/nito, bremsen (2x): Shutterstock.com/Yevhen Prozhyrko, abbiegen (3x): Shutterstock.com/chirayusarts, reflektieren (2x): Shutterstock.com/daguimagery, Fahrradhelm (2x): Shutterstock.com/Kinga, Fahrradweg (2x): Shutterstock.com/Kao-len, Lenker (2x): stock.adobe.com/Alexander, kaputt (2x): Shutterstock.com/Zhdanova Olha, sportlich (2x): stock.adobe.com/duncanandison, verkehrssicher (2x): stock.adobe.com/Quelle nennen!/LeslieAnn, rostig (2x): Shutterstock.com/Noppadon1889, Verbot (2x): stock.adobe.com/jojoo64, Unfall (2x): Shutterstock.com/Toa55, Pedal (2x): Shutterstock.com/TunedIn by Westend61, BMX-Fahrer: Shutterstock.com/4 PM production, Nachtfahren: Shutterstock.com/maxpro, Wortzettel „Fahrrad", Hintergrund: Cornelsen/Sandra Knopke; **Registerblatt Einfach genial!** nachdenken (2x): Shutterstock.com/OZ photo, erforschen (2x): Shutterstock.com/Matej Kastelic, experimentieren (2x): stock.adobe.com/Robert Daly/KOTO, tüfteln (2x): Shutterstock.com/Dmytro Zinkevych, Drohne (2x): Shutterstock.com/Oleksiy Mark, Erfinder (2x): stock.adobe.com/Georgios Kollidas, Funke (2x): Shutterstock.com/nd3000, genial (2x): Shutterstock.com/alexblacksea, außergewöhnlich (2x): stock.adobe.com/Schepers_Photography, fleißig (2x): stock.adobe.com/MNStudio, mechanisch (2x): Shutterstock.com/vvoe, Mikroskop (2x): stock.adobe.com/Maksym Yemelyanov, Maschine (2x): stock.adobe.com/Juulijs, Idee (2x): Shutterstock.com/sondem, Carl Benz: bpk/Kunstbibliothek/SMB/Photothek Willy Römer, Dose: Shutterstock.com/Mega Pixel, dekorative Elemente (Zahnräder, Blasen): Cornelsen/Sandra Knopke; **Registerblatt Eine Zeitung entsteht** interviewen/Mikrofon (3x): stock.adobe.com/minicel73, korrigieren (2x): Shutterstock.com/Pixsooz, besprechen (2x): Shut-terstock.com/Gorodenkoff, drucken (2x): stock.adobe.com/lyzs/Westend61, Schülerpost (Artikel, Schlagzeile, Titel, fett, kursiv, schmal, breit): Cornelsen/Sandra Knopke, Tastatur (2x): Shutterstock.com/jakkapan, Sitzung (2x): Shutterstock.com/Monkey Business Images, Mädchen mit Kamera: stock.adobe.com/GIROMIN Studio, Zeitungsständer: dpa Picture-Alliance/Martin Gerten, Junge liest Zeitung: Shutterstock.com/Fabio Principe, Tablet/Handy: stock.adobe.com/Scanrail, Kinder auf Fahrrad: stock.adobe.com/Mathew Hayward, Kinder mit Projekt: Shutterstock.com/LightField Studios, Farbflecken: Shutterstock.com/Semiletava Hanna, Papier Schülerzeitung: stock.adobe.com/ Chris Ison, Hintergrund: Cornelsen/Sandra Knopke; **Registerblatt Jahreszeiten und Feste** backen (2x): stock.adobe.com/Doris Heinrichs, singen (2x): stock.adobe.com/Olesia Bilkei, schmücken (2x): stock.adobe.com/Monkey Business, Laub/aufwirbeln (3x): Shutterstock.com/Jacek Chabraszewski, Feier (2x): stock.adobe.com/lev dolgachov/Syda Productions, Feuerwerk (2x): Shutterstock.com/Bplanet, Frühblüher (2x): Shutterstock.com/hfuchs, Schmetterling (2x): Shutterstock.com/Ferdy Timmerman, gemütlich (2x): Shutterstock.com/Valentyn Volkov, zufrieden (2x): Shutterstock.com/Neirfy, kühl (2x): stock.adobe.com/LeslieAnn, Lagerfeuer: stock.adobe.com/SCRIBA, Kranz: stock.adobe.com/fottoo, Erdbeere: Shutterstock.com/masa44, Biene: stock.adobe.com/viperagp, zart (2x): stock.adobe.com/keneaster, Ostereier: stock.adobe.com/Robert Leßmann, Kinder tauchen: Shutterstock.com/Denis Moskvinov, Strandkorb: stock.adobe.com/Cornelia Schwenner, Obstkorb: stock.adobe.com/alisseja, Mähdrescher: stock.adobe.com/Sly, Kürbis: Shutterstock.com/asife, Kinder auf Schlitten: stock.adobe.com/dglimages, Luftschlange: Shutterstock.com/zhekoss, Origami-Weihnachtsmann: Shutterstock.com/fotohunter, restliche Elemente (Igel, Katzenmaske, Frosch, Hintergrund): Cornelsen/Sandra Knopke

Illustrationen

Eva Czerwenka: Cover, S. 10, 11, 13, 14, 16–19, 21–27, 29, 32, 33 (Specht, Eule, Amsel), 34 (Tinto), 37–46, 49, 53, 55, 58–67, 69, 70, 78, 80 (Tinto), 81, 82, 83 (Feuerwehr), 84, 86, 89, 91, 92, 94, 95, 97, 98–102, 103 (Tinto, Computer), 104–106, 109, 117, 118 (Tinto), 119–122, 124, 126, 128, 129, 131, 132, 136, 142, 144–146, 150, 153–155, 159-164, 170, 175, 176, 179–182, 185-188, 191, 193–197, 202–206, 208, 216, 223, Wörterliste S. 8, Tinto auf allen Registerkarten
Tobias Krejtschi: alle Kapitelvignetten, S. 20, 33 (Meise, Tinto), 47, 52, 54, 55 (Tinto), 71–75, 79 (Tinto), 80, 81 (Tinto), 83, 100 (Tinto), 103, 110, 112, 114, 126 (Glühlampe, LED), 135, 140 (Tinto), 146 (Wal), 151, 152, 156–158, 159 (Tinto), 165 (Fragezeichen), 169, 171 (Tinto), 175 (Tinto), 176 (Tinto), 177, 207, 209, 211
Ingrid Sissung: S. 15, 30, 34, 35, 51, 79, 85, 87, 99 (Katze), 113, 115, 118, 141, 171, 183, 189, 215

© 2021 Cornelsen Verlag GmbH, Berlin. Alle Rechte vorbehalten.

So kannst du schwierige Wörter üben

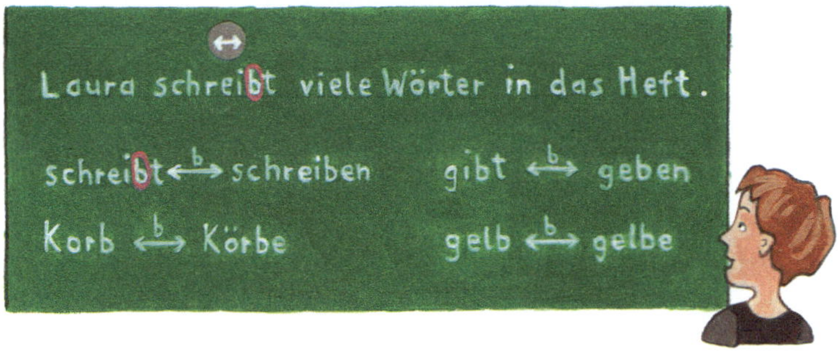

Rechtschreibgespräch
Betrachte den Satz. Markiere Stellen, bei denen du beim Schreiben unsicher sein könntest. Welche Strategie hilft dir, die richtige Schreibung zu finden? Nutze die Strategie und finde drei Wörter, bei denen dir diese Strategie auch hilft. Bilde mit jedem Wort einen Satz.

Stoppspiel
Ihr braucht: Stoppuhr, ein Blatt Papier, Übungswörter
Stellt die Stoppuhr auf 30 Sekunden. Prägt euch die Wörter ein, die ihr üben wollt. Dreht die Übungswörter um. Jeder schreibt nun alle Wörter auf, die er sich gemerkt hat. Kontrolliert gegenseitig. Für jedes richtige Wort gibt es einen Punkt.

Knickdiktat
Zeichne eine Tabelle mit sechs Spalten. Schreibe deine Fehlerwörter in die 1. Spalte. Lies das erste Wort genau. Merke dir schwierige Stellen. Knicke die 1. Spalte nach hinten. Schreibe das Wort auswendig auf. Knicke die 1. Spalte wieder nach vorne. So übst du alle Wörter. Kontrolliere am Ende mit der 1. Spalte.

Trainingskarte
Deine Lehrerin schreibt dir Trainingswörter auf deine Karte. Gib die Karte einem Partnerkind. Es diktiert dir die Wörter. Schreibe die Wörter auf. Die Stark-Strategien helfen dir. Dein Partnerkind kontrolliert. Es macht einen senkrechten Strich hinter jedes richtig geschriebene Wort.

© 2021 Cornelsen Verlag GmbH, Berlin.
Alle Rechte vorbehalten.

TINTO 4

Basisordner
Sprache • Lesen

von

Christiane Bruns, Eva Jochmann, Sybille Schaub, Julia Schröder, Martin Wörner

Redaktion: Andrea Siebert
Bildredaktion: Rebekka Gerlach, Susann Wieja
Illustration: Eva Czerwenka, Tobias Krejtschi, Ingrid Sissung (Zuordnung s. S. 222)
Collagen: Sandra Knopke
Symbole der Lernbereiche auf jeder Seite: hawemannundmosch, Berlin
Umschlaggestaltung: tritopp, Berlin
Layout und technische Umsetzung: Heike Börner, Berlin
Notensatz: Kontrapunkt Satzstudio, Bautzen

www.cornelsen.de

Einige Webseiten, deren Internetadressen in diesem Lehrwerk angegeben sind, wurden von Cornelsen mit fiktiven Inhalten zur Veranschaulichung und Illustration von Aufgabenstellungen und Inhalten erstellt.
Die Webseiten Dritter, deren Internetadressen in diesem Lehrwerk angegeben sind, wurden vor Drucklegung sorgfältig geprüft. Der Verlag übernimmt keine Gewähr für die Aktualität und den Inhalt dieser Seiten oder solcher, die mit ihnen verlinkt sind.

1. Auflage, 2. Druck 2022

Alle Drucke dieser Auflage sind inhaltlich unverändert und können im Unterricht nebeneinander verwendet werden.

© 2021 Cornelsen Verlag GmbH, Berlin

Das Werk und seine Teile sind urheberrechtlich geschützt. Jede Nutzung in anderen als den gesetzlich zugelassenen Fällen bedarf der vorherigen schriftlichen Einwilligung des Verlages. Hinweis zu §§ 60 a, 60 b UrhG: Weder das Werk noch seine Teile dürfen ohne eine solche Einwilligung an Schulen oder in Unterrichts- und Lehrmedien (§ 60 b Abs. 3 UrhG) vervielfältigt, insbesondere kopiert oder eingescannt, verbreitet oder in ein Netzwerk eingestellt oder sonst öffentlich zugänglich gemacht oder wiedergegeben werden. Dies gilt auch für Intranets von Schulen.
Soweit in diesem Lehrwerk Personen fotografisch abgebildet sind und ihnen von der Redaktion fiktive Namen, Berufe, Dialoge und Ähnliches zugeordnet oder diese Personen in bestimmte Kontexte gesetzt werden, dienen diese Zuordnungen und Darstellungen ausschließlich der Veranschaulichung und dem besseren Verständnis des Inhalts.

◇ Texte mit diesem Zeichen wurden aus didaktischen Gründen gekürzt oder einzelne Formulierungen wurden didaktisch vereinfacht. Genaue Informationen stehen in diesem Textquellenverzeichnis bei den betreffenden Texten.

Druck: Salzland Druck, Staßfurt

ISBN: 978-3-06-084480-7 (Basisordner)
ISBN: 978-3-06-084501-9 (Lösungen zum Download)

PEFC
PEFC/04-31-2251

PEFC zertifiziert
Dieses Produkt stammt aus nachhaltig bewirtschafteten Wäldern und kontrollierten Quellen.

www.pefc.de

© 2021 Cornelsen Verlag GmbH, Berlin.
Alle Rechte vorbehalten.